自助·助人
——朋辈辅导论

周　红　蔡洁钒　李俐滢　著

WUHAN UNIVERSITY PRESS
武汉大学出版社

图书在版编目(CIP)数据

自助・助人:朋辈辅导论/周红,蔡洁钒,李俐滢著.—武汉:武汉大学出版社,2024.11

ISBN 978-7-307-23846-6

Ⅰ.自…　Ⅱ.①周…　②蔡…　③李…　Ⅲ.人际关系—通俗读物　Ⅳ.C912.11-49

中国国家版本馆 CIP 数据核字(2023)第 118235 号

责任编辑:周媛媛　冯红彩　　责任校对:牟　丹　　版式设计:文豪设计

出版发行:**武汉大学出版社**　(430072　武昌　珞珈山)

(电子邮箱:cbs22@ whu.edu.cn　网址:www.wdp. com.cn)

印刷:武汉中科兴业印务有限公司

开本:720×1000　1/16　印张:18　字数:314 千字

版次:2024 年 11 月第 1 版　　2024 年 11 月第 1 次印刷

ISBN 978-7-307-23846-6　　定价:88.80 元

序

我们生活的每一天都发生着各种助人行为，无论是在学校、机关、社区、公司等单位，还是在课室、写字楼、商场、公园等场所，人与人之间的相互帮助随处可见，或指导，或解难，或答疑，或陪伴，或出力，或鼓励……当然，每个人在得到他人帮助之时或之后，还需要通过自助来应对生活中的问题和危机。总之，这个社会每个人都可能成为助人者，不过绝大多数人属于非正式的帮助者，只有极少的帮助来自专业工作者。

一、本书写作的初心

在高校有一支非专业的助人队伍——朋辈辅导员（peer counselor）。他们是有热情、有能力且在同学中具有威信及亲和力，并经过心理培训的学生。笔者曾是学校心理辅导中心主任、专职心理辅导老师，全心全力地建立且打造出深圳大学的两支朋辈辅导员队伍。第一支队伍是于2002年4月成立的深圳大学大学生心理健康教育协会（简称校“心协”，其成员称为“心协人”），宗旨是“普及心理健康知识，提高大学生心理素质”，口号是“帮助有困惑的人纾解困惑，让健康的人更健康”。第二支队伍是于2005年5月开始在全校范围内招募的班级心理信息员（后改称班级心理委员，简称心委），主要职责是宣传心理健康知识，第一时间发现同学的心理困扰，适时适度与之一起面对问题，彼此促进，共同成长。

笔者陪伴朋辈辅导员成长、培训朋辈辅导员的专业素养和督导朋辈辅导员开展工作已十七年有余，一路走来深深体会到：做好朋辈辅导工作的基础和关键是助人者须先自助，朋辈辅导员一方面要与自己进行更深入的对话，觉察自己，看见自己，与自己建立更和谐的关系，促进个人成长；另一方面要通过一定的专业学习、思考和实践，具备一定的帮助意识，掌握相应的助人理论与方法，提升工作胜任力。这些成长需求可以在专业心理老师的指导下，通过一定的专业培训与自身的不断思考与实践，达到认识自己、获得成长，以及陪伴同学、帮助同学的朋辈辅导目标。

这就是笔者想撰写一本关于朋辈辅导学习用书的立场。本书可供朋辈辅导员使用，让非专业学生更有效地进行理论学习和辅导实践。希望其他读者能在书中发现并找到适合自己的解决心理困扰的线索。

二、本书写作的母本

笔者从 2005 年开始向全校朋辈辅导员开设“朋辈心理辅导训练课程”，这是一门助人的准专业训练课程，是朋辈辅导员的岗前培训课程。

课程讲授大纲具体如下：

课程学习宗旨：帮助朋辈辅导员建立自助与助人的意识，使其更好地与自己、与他人进行有效沟通，与他人和谐相处。

课程学习原则：希望朋辈辅导员通过课中经验分享与小组讨论，用心学习与体悟；在实际生活的个体辅导与团体训练中，用心思考与实践。

课程学习目标：通过系统课程培训，协助朋辈辅导员学习面对自己，促进其心灵获得成长；面对他人时，可成为优秀的聆听者。

课程学习内容：心理辅导与朋辈辅导的概念与原理，关怀技巧理论与应用，心理互助计划的设计与实施。

课程学习方式：教师课程讲授与指导，参与式教学方法。

三、本书主题的思考

（一）关于“朋辈关怀”的思考

1. 基于对“朋辈辅导”概念内涵的解读

专业性心理辅导是通过系统的辅导理论与技术来帮助有需求的人解决问题，增进自我了解，并促进个人成长；朋辈心理辅导（简称“朋辈辅导”）是指受训过的非专业工作者通过心理安慰、鼓励、劝导和支持等方式进行的一个心理帮助过程，这种同辈间相互给予的其实不是真正的专业辅导，而是准专业的帮助，即一种心理陪伴。

2. 基于对朋辈辅导双方关系设置的解读

专业心理辅导中的辅导双方是助人者与求助者，是一种专业设置下的两个陌生人之间互相信任、具有疗愈性的工作联盟关系，建立辅导关系包括尊重、真诚、共情，除了遵循保密原则外，还应遵循中立原则，具有边界感特质。朋辈辅导中的朋辈有“朋友”和“同辈”两重含义，朋辈辅导的辅导双方有着熟悉的同学间、朋友间的友情关系，同时遵循着互相关心原则，这种辅导关系更容易被同龄人接受。

3. 基于对朋辈辅导帮助工作范围的解读

专业心理辅导为有需求的人提供成长困扰、心理问题、精神困境等方面的心理帮助，促进来访者身心健康与全人成长，坚守着职业伦理准则。朋辈辅导是受训过的朋辈辅导员为来访同学或同龄朋友提供朋友间温暖、同侪间陪伴、挚友间共鸣，协助有需要的伙伴学习面对自己，察觉情绪、探索观念，坚守着朋辈真诚理念。

综上，朋辈间的“辅导”实质上是“心理关怀”。因此，本书“朋辈辅导”的概念内涵设定为“朋辈关怀”。

（二）关于“关系取向”的思考

1. 基于“人即关系”的人性特质之思考

马克思说过，人的本质是一切社会关系的总和。① 人作为关系而存在于天地之间的，与人、事、物的一切关系紧密相连。与人的关系，包括自己、父母、恋人 / 爱人、同胞 / 孩子、亲友、同学 / 同事、合作伙伴、邻居等。在这些人际关系当中，最核心且最重要的是自己和自己的关系，因为人们看到的人、事、物都只是自己想要看见的影像，只是映射出了自己的所思所想，呈现了自己的人格特质、思维方式、情绪状态、行为模式。对自我的了解与接纳是建立和谐自我关系的前提和根本，这是关系取向下的自助模式。

2. 基于“辅导即关系”的本质特征之思考

卡夫卡说，心理辅导是生命的流露。在辅导中最重要的元素是心理辅导关系，这一辅导关系是两个具体且独特的个体之间在一定专业设置下的关系，但本质上是人与人的关系。辅导者不仅用理论去工作，更重要的是

① 马克思恩格斯选集：第一卷 [M]. 北京：人民出版社，1995：60.

把自己投入关系当中，因为辅导双方对当下的感受、对彼此之间关系的感受是十分重要的。辅导者不仅用言语工作，而且作为思维方式、情绪表达、人际模式、生活态度等方面的正向榜样，在潜移默化中对来访者产生影响，这是关系取向下的助人模式。

综上，心理辅导的真谛是自助与助人，从整体发展角度看，既体现了人与人的相互依存关系，也反映了人类和谐关系发展的基础。

四、本书导读

本书内容分总论篇、自助篇、助人篇三个部分，每一篇又包含四章，全书共十二章。

第一部分为总论篇。该篇旨在建构朋辈辅导理论框架。第一章“朋辈叙事：历史和概念”，主要介绍了朋辈辅导的发展历史、基本概念；第二章“辅导双方：特质和设置”，主要分析了辅导者的基本素养与来访者的特质；第三章“辅导理论：立场和指引”，主要阐述了朋辈辅导中所依据的学术理论与方法；第四章“辅导伦理：边界和坚守”，主要介绍了朋辈辅导中所要重视且遵守的助人边界。

第二部分为自助篇。该篇旨在建构朋辈辅导自助框架。第五章“心理发展：同一性与自信”，了解大学生心理发展规律，建立合理自我同一性；第六章“认知合理：理智性与力量”，对话自我不合理信念，学会智慧思考；第七章“情绪管理：平衡性与价值”，明晰情绪的价值，体悟感同身受；第八章“人际沟通：协同性与独立”，理解沟通的含义，以便更好地与自己、与他人相处。

第三部分为助人篇。该篇旨在建构朋辈辅导助人框架。第九章“帮助关系：尊重与真诚”，尊重、真诚、保密的关系是关怀助人的重要开端；第十章“倾听回应：同理与对话”，他人立场下的理解性对话是关怀助人的核心环节；第十一章“辅导实践：面谈与团训”，个体面谈和团体训练是关怀助人的主要抓手；第十二章“危机干预：识别与转介”，发现与转介是关怀助人的重要任务。

每一章包括五部分内容：课前思考，主题分享，课中研习，课后实践，理论解析。

课前思考：了解相关信息，调查相关状况，思考相关内容。

主题分享：提供较系统的心理学、心理辅导的理论与技能。

课中研习：理论联系实际，讨论思考尝试操作，学以致用。

课后实践：回到班级，分享课堂所学内容，开展心理服务。

理论解析：针对研习话题，进行理性思考，提供理论依据。

每一章中的“主题分享”环节，是为了更好地清晰表述，也为了更好地促进理解和掌握，既一目了然又形象直观，所以我们在详细诠释绝大多数理论知识点前，尝试将理论观点图示化，具体做法是先将知识点简述为关键词或短语，再通过相应图形展示出来，使用比较多的是菱形，当然根据知识点的数量也使用其他图形，包括三角形、五边形、六边形、圆形等。

五、本书的编写情况

本书是深圳大学学生工作品牌项目的结项成果。

2018 年 11 月，三位从事心理辅导工作的专职心理辅导老师和学院辅导员以“自助·助人·互助——深圳大学学生全人成长计划”为课题研究方向，申请“学生工作精品项目”立项成功，开始了为期三年的研究与实践。

项目分工完成情况：

周红：项目总负责人，课题研究总规划，项目实践总督导，全书写作。

蔡洁钒：项目申请书、结项申请书的撰写，活动组织与实施。

李莉滢：朋辈辅导中心负责人，活动执行与总结。

六、阅读本书前或确立朋辈辅导员意愿的心理预测

你愿意成为一名朋辈辅导员吗？

如果不太确定，那么通过一个小小的心理游戏来觉察自己的意愿吧！

你适合做什么？

从下列物品中选择一个你喜欢的：

扳手、试管、圆珠笔、小提琴、麦克风、洋娃娃

选好了吗？

所选象征物品及其代表的工作类型如下：

扳手（实用型）——耐劳，有操作机械的能力，喜欢做与机械、工具、动物、植物有关的工作。是勤奋的技术师，如机械师、电气师、工程师。

试管（研究型）——有数理能力和科学研究精神，喜欢观察、学习、思考、分析和解决问题。是重客观的科学家，如生物、医学、化学等方面的研究者。

圆珠笔（传统型）——有敏捷的文书和计算能力，喜欢处理文书或数字资料，注意细节，会按照指示完成琐碎的事。是谨慎的实务家，如会计师、银行工作人员、文书人员、秘书、资料处理员。

小提琴（艺术型）——有艺术创作的能力，喜欢运用想象力和创作力，从事有关美感的工作。是表现美的艺术家，如音乐家、画家、设计师、演员。

麦克风（领导型）——有领导和说服他人的能力，喜欢以影响力、说服力和人群互动，追求政治或经济上的成就。是有自信的领导者，如企业家、政治家。

洋娃娃（社会型）——有教导、宽容、与人和谐相处的能力，喜欢与人接触，以教学或协助的方式增加他人的知识、自尊心、幸福感。是教育或社会工作者，如教师、心理辅导师、社会工作者。

不知你是否随心而动？答案是否正是你心之所想的，如果是，真心祝福你！

让我们一同进入助人自助的行列吧！

目　录

CONTENTS

总论篇

朋辈辅导：通向清澈的关系世界

这个世界充满了非正式非专业的助人者。

第一章　朋辈叙事：历史和概念

朋辈辅导是一种温暖、真诚、互助的心理服务行为，是一种相近价值观、相似生活体验的心理对话行为，是一种具有专业培训与督导的心理辅助行为。

【课前思考】

作为一名朋辈辅导员，你是如何解读即将开始的“朋辈心理辅导训练课程”的？

★ 我认为在这门课程里，我会学到与人沟通的技巧，加强自己的人际交往能力，让自己变得自信、阳光、健康并且可以帮助他人。

★ 这门课程就是一个很好的平台，供朋辈在相互了解、相互学习、相互沟通中改善自我、发展自我、超越自我，携手在大学一同成长，同时也帮助班级里的同学成长。

★ 我认为这门课程让我们了解了很多与人相处的方式，特别是与处于困境或心情不佳的人的相处方式，增强人际交往能力。

★ 进行心理辅导，不论你对面坐着的是谁，你都应该以朋友的身份来和他交谈，这应该就是课程训练的目的吧。

★ 这是一个心与心交流的场所，敞开心扉，把自己的快乐和忧虑展现出来，从情感表达中获得解脱和释然。

★ 我觉得这是一次心灵之旅，不仅能让作为朋辈辅导员的我们敞开自己的心门，还能在自身接受专业训练的同时，有机会帮助他人，进入他人的世界，能提升与他人交往的能力，体悟人来到世上的意义。

★ 老师会教我们怎么以朋友、同辈的身份去帮助身边的同学，也在上课中帮助我们提升自我。

★ 尽管作为大学生的我们心理不一定真正成熟，但是此课程可以帮助我们认识自己、认识他人。

★ 这是一个锻炼的机会，也是帮助同学的一个正确指引，这门课程会教我们如何更好地与同辈交流，帮助有需要的同学，让大家更健康、快乐地度过大学时光。

★ 这是一门关注大学生心理健康的课程，心理健康与否对一个人的人生发展有很大的影响。开设这门课程有利于促进大学生的心理健康成长，从而使其在未来的发展中少走弯路。

★ 我认为这门课程是教我们如何更好地与人沟通，学会人与人之间心与心的交流方法，通过交流让同学摆脱内心的烦闷与苦恼，变得更加开朗自信，同时这门课程会让我们的心态更好，让我们学会如何进行有效沟通。

★ 这门课程教导我们了解同学易出现的心理问题，以及如何帮助同学解决心理问题。

★ 我认为这门课程应该是通过各种活动体验及老师的讲解与引导，教会我们如何与人交流，从而更好地了解本班同学的心理问题，进而帮助他们，同时提升自己的一门课。

★ 这门课程主要通过老师与同学、同学与同学之间的交流与分享，让大家沟通、思考和成长，使学生学会调节情绪，学会观察、了解他人的情绪，及时发现并解决身边同学出现的问题。

★ 这是一门教导我们如何面对大学生活、如何处理情绪的课程，学习这门课程，可以帮助班级里需要帮助的人。

★ 我认为作为一名朋辈辅导员，首先自己要具备良好的心理素质与健康向上的心态，在学习中成长，用真诚感染周围的人。

★ 在我看来，本课程是专门为大学生了解自己、了解生活而开设的培训课程，也是一门提升个人交往能力的课程。

★ 我觉得通过学习，可以更全面地站在他人的角度思考问题。我是独生子女，从小到大都以自我为中心考虑问题，希望课程学习结束后我会更为他人着想。

★ 正如我的学长（也是班级心理委员）所说的，这是一门助人利己的课程，相信通过对这门课程的学习，我不仅可以学到一些为他人打开心结的方法和技巧，帮助同学们健康快乐地生活，而且可使自己变得更加完善，身心更加健康。

★ 这门课程可以帮助我们解决一些心理问题，也可以让我们用学到的专业知识去帮助他人，既可以改善我们对人生目标的追求，也可以完善自我价值观。

★ 减少人与人之间的隔阂，加强人与人之间的沟通。

★ 我认为这是一门让我们学会怎样更好地深入大学生群体，了解各种积极、消极等想法、做法的课程，以及能够及时反馈同学的各种状态的工具。

★ 我认为这是一门能给朋友、同学在遭遇心理困惑时提供建议和帮助的心理委员的必修课程，是一种不仅可以提高自身心理素质，还能学会帮助他人的工具。

【主题分享】

◆ 理论知识点一：朋辈辅导缘起于美国

朋辈辅导缘起于美国，如图 1-1 所示。

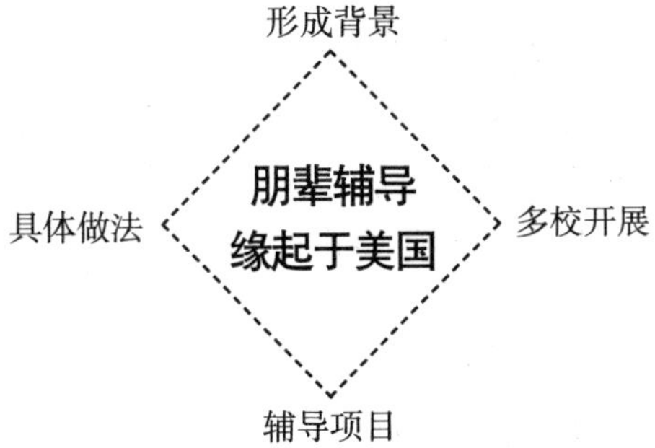

图 1-1　朋辈辅导源起于美国

1. 形成背景

朋辈辅导起源于 20 世纪 60 年代的美国，其形成背景有社会现状背景、学校生活背景、心理辅导背景、理论学术背景（图 1-2）。

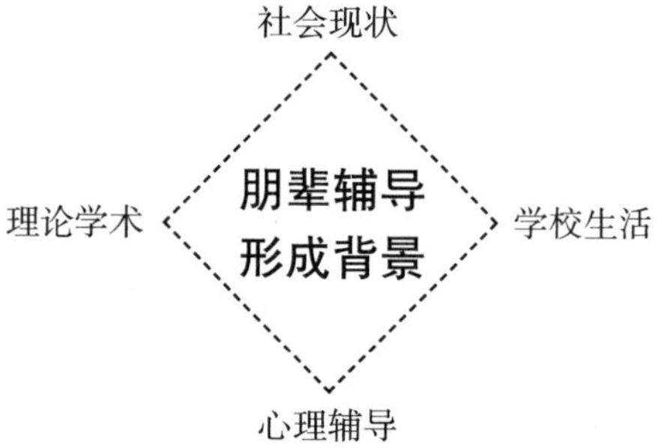

图 1–2　朋辈辅导形成背景

（1）社会现状背景：第二次世界大战之后，在 20 世纪 60 年代，美国的摇滚乐、嬉皮士等文化运动，以及种族歧视、暴乱等社会危机逐步影响着一代青年的身心发展，动摇着人们的道德观和价值观，无意义与空虚感与日俱增。

（2）学校生活背景：20 世纪 60 年代，当时美国社会动荡与危机波及学校，学生的学业困扰、就业压力、信仰危机等心理问题日益突出，学校里的不良行为逐渐增多，美国学校内严重缺乏能够辅导学生的专业心理教师。虽然不断培养专业人员，但远远不能满足社会公众的期待和适应学校学生成长的需要。

（3）心理辅导背景：20 世纪六七十年代，一些心理学家开始探讨在学校培训学生成为半专业助人者，旨在帮助其他需要帮助的学生，为此在心理卫生领域掀起了一场非专业心理辅导运动。朋辈辅导这一全新的心理工作模式正是顶着缺少专业水平的质疑声音迅速发展起来，并逐渐被大家熟悉和认可的。

（4）理论学术背景：20 世纪五六十年代，以马斯洛、罗杰斯为代表的人本主义心理学派，强调人的正面本质和价值，强调人的成长和发展，倡导自我实现。这为朋辈辅导奠定了理论根基。

20 世纪 60 年代中期，由学生对学生进行学业朋辈辅导，取得了一定的成效，继而在世界各地逐渐推广开来。1984 年，美国成立全美朋辈互助者协会（the National Peer Helper Association，NPHA），后更名为全美朋辈教育协会（the National Association of Peer Programs，NAPP）。20 世纪 90 年代，朋辈辅导员制度几乎遍布欧美等发达国家的高校。

2. 多校开展

美国朋辈辅导大部分集中在学校（图 1–3），应用的领域涉及人格辅导、情绪辅导、自我探索辅导、生涯辅导、适应性（跨文化适应、学校适应）辅导、性心理辅导、学业辅导、道德伦理辅导、问题解决辅导、人际关系辅导、危机干预辅导、经济问题辅导、时间管理辅导、社会兴趣辅导等。

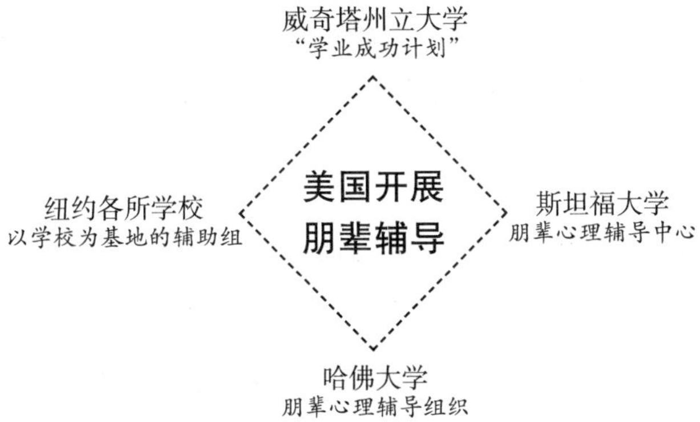

图 1-3　美国多校开展项目

美国威奇塔州立大学（Wichita State University）的“学业成功计划”于1970年制订，是一项由美国教育部和威奇塔州立大学合作开展的，旨在通过形式多样的学业援助系列服务，帮助大学新生和学习困难的学生顺利完成威奇塔州立大学学业的计划。其中，朋辈伴读是该项计划的重要组成部分之一。

美国斯坦福大学的朋辈心理辅导中心成立于1971年，是一个完全由学生管理和运转的组织，目的是为在校生提供同龄人的心理帮助，包括面对面辅导和电话辅导、自杀预防热线和哀伤辅导、冲突调解、酒精和药物预防等。朋辈心理辅导中心提供24小时的心理服务，所有朋辈辅导员的服务都是义务和志愿的。

美国哈佛大学有多个朋辈心理辅导组织，其中有5个本科朋辈辅导团体和1个研究生朋辈辅导团体，如“回响热线”“13号室”“反应”“共同热线”，主要提供学校适应、人际关系、学业、压力等方面的朋辈辅导。

在纽约，学校设有以学校为基地的辅助组（school-based support team，SBST）。SBST由心理学家、朋辈辅导员、教育评估专家、社会工作者和语言矫正师组成，为学生提供心理诊断和评估、心理辅导等服务。

3. 辅导项目

美国朋辈辅导项目如图1-4所示。

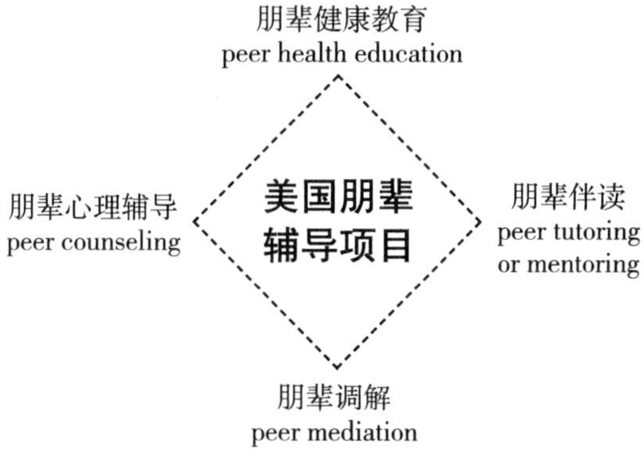

图 1–4　美国朋辈辅导项目

朋辈健康教育，是指从学生中选拔出健康使者，向其他学生宣传健康知识，或作为朋友帮助学生改变不健康的行为，或让有不健康行为的学生参与到朋辈互助中，以身示范，其中健康教育内容包括对饮食紊乱的科学认识、对性心理卫生的正确认知、对艾滋病的有效防治，等等。

朋辈伴读，是指从成绩优秀的高年级学生中挑选出来的学生，他们受到一定的培训和督导后，帮助新生尽快适应学校生活，包括发展社交技能、合理管理时间、制订学习计划和生涯规划等，为有学习与生活困扰的学生提供学习技能、生活技巧和心理问题等方面的朋辈辅导。

朋辈调解，是指学校从学生中选拔出的朋辈调解员（peer mediator）依靠沟通和调解技巧为有冲突或有争端的学生双方提供第三者的介入和帮助，使冲突双方加深对自我和他人的认识，提高面对冲突沟通的技巧，有效地解决问题。

朋辈心理辅导，是指在美国的一些中学和大学里，一些学生在接受一定的专业心理辅导培训后，辅助专业心理辅导老师，通过热线电话和门诊辅导两种形式，为寻求心理辅导的同学提供主动倾听和支持性疗法，帮助他们宣泄情感、解决问题，以促进学生个人成长。

4. 具体做法

朋辈辅导国外做法见图 1–5。

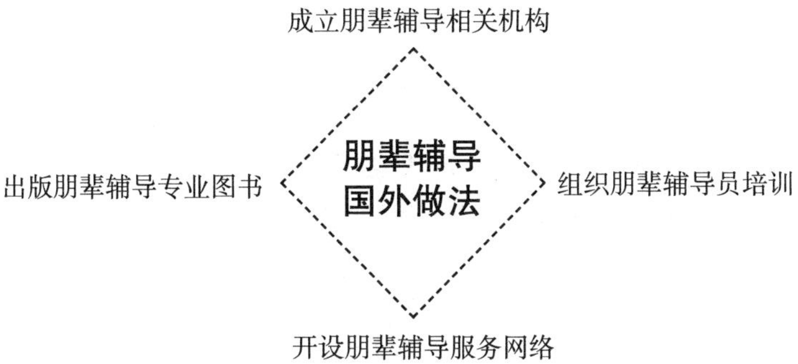

图 1-5　朋辈辅导国外做法

成立朋辈辅导相关机构。英国的牛津大学是最早明确引入朋辈辅导机构的高等学校。1969 年，威兰德（Vriend）开创了朋辈辅导领域的第一站。她利用受训练的具有较高成就的中学生帮助较低成就的学生开展辅导服务工作，并撰写了研究报告。

组织朋辈辅导员培训。20 世纪 90 年代，英国在牛津大学开始推行朋辈支持计划，学生宿舍每个单元都设有一名朋辈辅导员，各学院都有朋辈辅导员队伍。2003 年，英国里丁大学增设朋辈辅导培训师，负责指导朋辈心理辅导工作。

开设朋辈辅导服务网络。欧美国家的高校在开展心理辅导工作时，往往有效地整合各种资源，利用家庭、社区、社会的力量形成辅导合力，构建了由心理辅导师、专业辅助人员、教师、朋辈辅导员、社会工作者组成的心理辅导网络，扩大了辅导范围。

出版朋辈辅导专业图书。1965 年，卡库（Carkhu）出版了第一本训练"门外汉"成为半专业人员的图书。20 世纪八九十年代，美国出版了一批朋辈辅导的专业图书，如 *Peer Counseling*（1989 年）、*A Guide to Peer Counseling*（1999 年）等。

◆ 理论知识点二：朋辈辅导基本理念

1. 什么是朋辈辅导？

朋辈辅导基本概念见图 1-6。

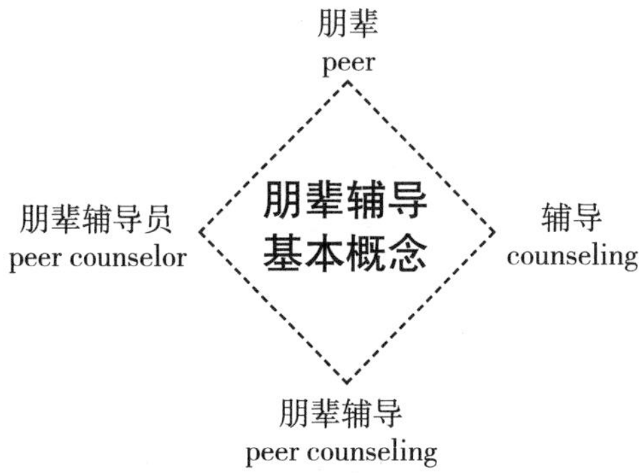

图 1–6　朋辈辅导基本概念

（1）什么是朋辈？顾名思义，朋辈即“朋友”和“同辈”之意。“朋友”指相互认识且具亲和力、值得信任的人；“同辈”指同年龄或年龄相近者，同龄伙伴通常身处相似的学习环境，接受同样的社会文化，有着相同的兴趣爱好。在相互信任的前提下，同龄人之间比较容易相处，也比较容易沟通和理解，因此也就很容易相互影响。

（2）什么是辅导？辅导在此指心理辅导，香港中文大学教育学院的林孟平教授将心理辅导定义为一个过程，在这个过程中，心理辅导员致力于与来访者建立一个具有治疗功能的关系，来协助其认识自己、接纳自己，进而欣赏自己，以至于可以克服成长的障碍，充分发挥个人的潜能，统合并丰富人生发展，迈向自我实现。

（3）什么是朋辈辅导？朋辈辅导指的是非专业工作者（接受过相应的理论与技能培训和督导过的学生）作为帮助者，通过安慰、鼓励、劝导和支持等手段，为同学、朋友提供的一种具有准心理辅导功能的帮助活动，为此我们一般把朋辈辅导等同于朋辈心理辅导。在高校，年龄相当的大学生经过学校专业心理辅导老师的准专业培训，为同学提供的陪伴倾听、精神支持、经验分享等心理互助活动即朋辈辅导。

（4）什么是朋辈辅导员？朋辈辅导员是指经过选拔和培训后，向寻求帮助的年龄相当的受助者，提供具有心理辅导功能的人际帮助的非专业心理辅导者。在高校，朋辈辅导员遍布学校的各个角落，如班级心理委员、大学生心理健康成长社团成员、宿舍长等。

2. 朋辈辅导的意义

朋辈辅导的意义如图 1–7 所示。

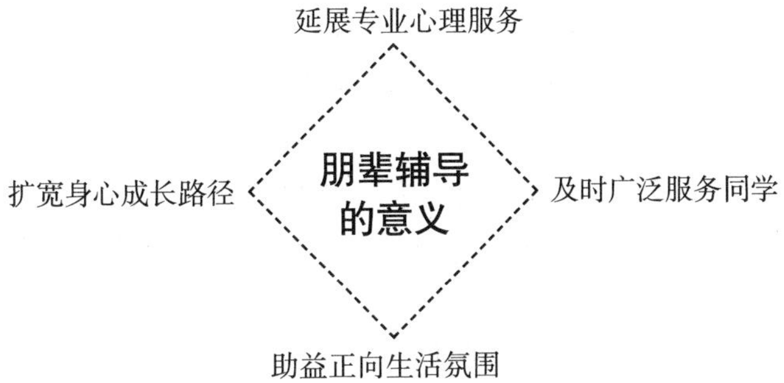

图 1-7　朋辈辅导的意义

（1）延展专业心理服务。随着大学生人数的日益增多以及学校多个校区的建设发展，专职心理老师力量配备不足的压力日趋凸显，而朋辈辅导员恰是学校专业心理辅导队伍的重要补充，可缓解这一压力；专业心理辅导老师更多的是接受并帮助极少数主动求助的学生，学生一旦出现心理问题，心理老师难以及时发现、及时干预或辅导，而朋辈辅导员可以填补这一工作的空白区，成为高校心理健康教育与辅导三级预防中的重要一环。

（2）及时广泛服务同学。由于大学生在价值观、学习经验、生活方式及所关注的问题等方面具有较多的共性，朋辈辅导员就生活在同学中间，能及时发现问题，方便与求助的同学较早建立互动关系和相互信任的帮助关系；更容易深度体会求助同学的感受，及时给予同学关怀和陪伴；较之专业心理辅导，朋辈心理辅导较少受时间、地点、语言等因素的影响，操作起来相对简便。

（3）助益正向生活氛围。朋辈辅导员在学院和学校专业心理辅导中心的支持和指导下，除了发现、帮助有困扰的同学外，更多的是面向班级同学和舍友，在教室或校园其他场所或通过微信班群等互联网媒介普及宣传心理健康知识，开展团体心理训练和形式多样的心理健康活动，提高同学的心理健康意识，促进其身心健康和营造互助友爱的班级氛围，也为形成学校的良好心理氛围努力工作。

（4）扩宽身心成长路径。朋辈辅导向大学生提供了一个学习、实践、成长的机会，让同学在互助中认识到自己可以独立，学习表达自我、发展自我，学会为自己的事情负责。朋辈辅导工作也给大学生提供了一个为他人服务、体悟互助的良好途径，如何向他人提供有用的信息、如何发现与转介有困扰的同学等，助人经历可以让朋辈辅导员在未来生活、工作环境中对他人的需要更加敏感，从而予以有效应对。

◆ 理论知识点三：朋辈辅导体系的建构

1. 中国开展朋辈辅导

从20世纪末开始，中国引入朋辈辅导的概念，高校开始本土化地运用心理委员制度来培养朋辈力量，使朋辈辅导在中国得到有效开展，见图1–8。

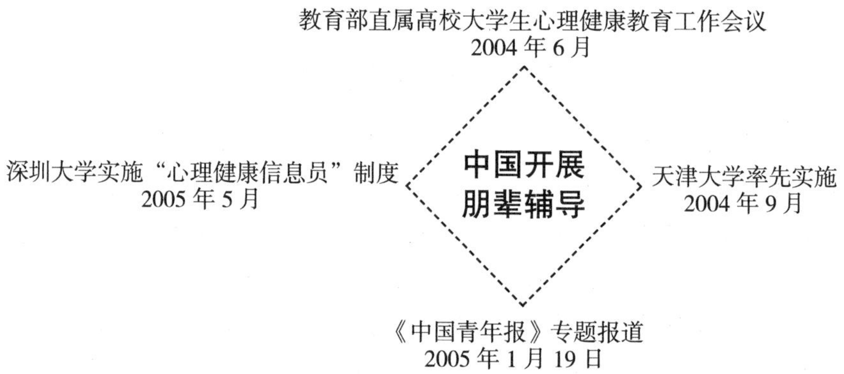

图1–8　中国开展朋辈辅导

2004年6月，教育部直属高校大学生心理健康教育工作会议在湖南长沙中南大学召开，时任教育部副部长袁贵仁在会上作了《提高认识 狠抓落实 大力推进大学生心理健康教育工作》的讲话。面对一系列大学生恶性事件，各高校心理专家深入思考提前发现和预防的路径，提出要重视建立学生心理互助机制，调动学生自我教育的能动性，如帮助学生建立心理健康协会，支持学生开设心理互助热线，等等。

2004年9月，天津大学在学校各级领导的支持下，基于调查报告及时召开了成立心理委员制度的专题研讨会，开拓创新学生心理健康工作，在全校各年级尝试设立心理委员一职，在全国率先提出并实施了以“心理委员”为基础的危机干预快速反应机制，此项工作很快便获得了各大院校的认可和推行。

2005年1月19日，《中国青年报》发表了题为《班级有了心理委员，天大心理危机干预全面启动》的文章，迅速把“班级心理委员”制度传播到全国各地。随后，复旦大学、浙江大学等高校也相应建立“班级心理委员”工作机制；有的高校专门设立了朋辈心理中心，如中国人民大学在宿舍楼内设立的“朋辈小屋”。

2005 年 5 月，深圳大学积极响应，由学生处（现改为学生部）学生心理辅导中心与各学院配合，在每个班级设立“心理健康信息员”（2010 年改称心理委员），制定班级心理健康信息员工作制度，目的在于建构并完善大学生心理健康教育的服务、帮助、转介网络。同年，深圳大学面向全体朋辈辅导员开设朋辈心理辅导训练课程，系统地传授和实践朋辈辅导理论与方法。2009 年，深圳大学制定朋辈心理辅导制度，在朋辈心理辅导的宗旨、内容、途径，以及朋辈辅导员的选拔、培训、督导与管理上作了更完整的规范和要求。2019 年，“深圳大学传播学院朋辈辅导中心”成立。深圳大学积极构建朋辈辅导员个人成长学习平台、专业成长实践平台，以“助人自助”为理念，以“尊重、真诚、互助”为原则，致力于通过朋辈陪伴与分享，建立关心自己、关爱他人、共同成长的心理健康意识，营造良好的心理氛围。

2. 国内高校朋辈辅导的做法

笔者从 1990 年学习心理辅导开始，有着 30 余年高校一线心理辅导工作实践，发现大学生出现心理困惑后，首先是依靠自己，其次是找身边同学、朋友交流，寻找专业心理辅导的学生少之又少。可见，高校的朋辈辅导已成为心理健康教育的有益补充。我国高校的朋辈辅导研究始于 20 世纪末，全国一些高校积极主动地培养大学生心理健康教育骨干，设立朋辈辅导员制度，广泛开展朋辈辅导，并对朋辈辅导的体系构建、培训管理进行了理论思考和实践研究。朋辈辅导国内做法如图 1–9 所示。

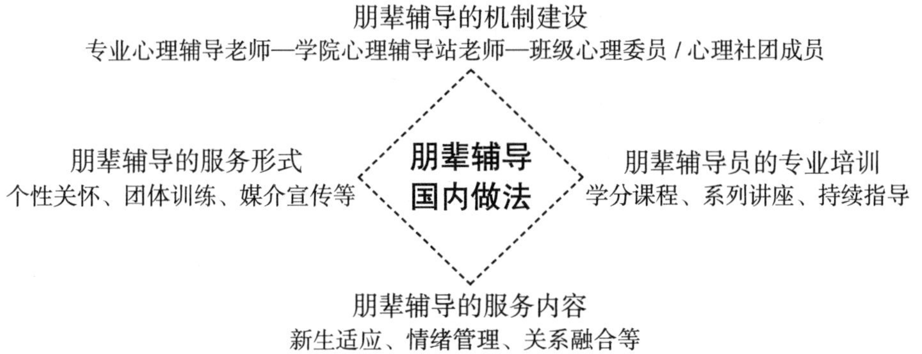

图 1–9　朋辈辅导国内做法

（1）朋辈辅导的机制建设。高校一般设立“专业心理辅导老师—学院心理辅导站老师—班级心理委员 / 心理社团成员”这种“金字塔”型朋辈心理辅导模式，充分利用朋辈资源来弥补校园心理辅导工作的不足，提高班级凝聚力，建立良好的社会支持系统，协助学生探索自我适应环境，促进学生成长。

（2）朋辈辅导员的专业培训。朋辈辅导员的个人素质和能力是影响朋辈辅导效果的关键因素。设有朋辈辅导制度的高校应加大对朋辈辅导员系统、持续的培训力度，包括开设学分课程和系列讲座，并为朋辈辅导员提供不间断的指导。朋辈辅导员只有经过严格选拔和系统培训，才能正式开展工作。

（3）朋辈辅导的服务内容。朋辈辅导的服务内容是依从大学生群体的生存需要和成长需求而设定的。其中，生存需要主要有心理适应、学习压力、人际相处、情感状态等，成长需求主要有生涯规划、自我认同、生活目标等。一旦这些未得到满足或未处理得当，则会带来情绪困扰和认知偏差。

（4）朋辈辅导的服务形式。朋辈辅导的服务形式主要有面对面个体关怀、班级心理训练、心理健康知识宣传（线上或线下、文字或图像）等，让大学生有更多的机会了解和知晓心理健康知识，建立心理健康意识，学会与同伴、朋辈辅导员接触和交流，便于学校搭建更多一同面对、一同成长的平台。

◆ **理论知识点四：朋辈辅导工作定位**

朋辈辅导工作定位如图 1–10 所示。

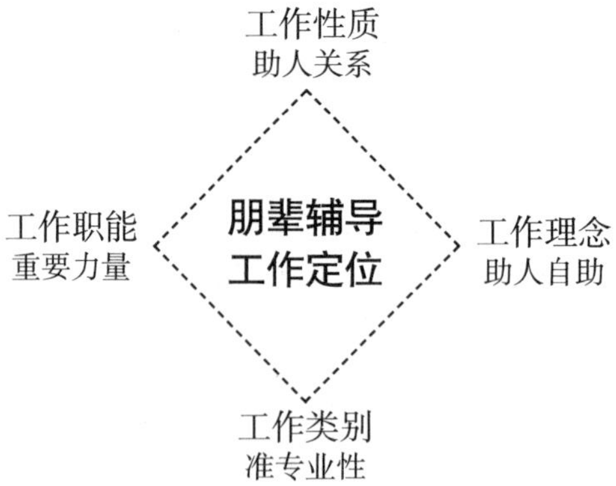

图 1–10　朋辈辅导工作定位

1. 工作性质：助人关系

助人关系指在这种关系中，两个个体共同解决其中一人的困扰，以期使有困扰的个体增强能力，克服生活中的困扰或作出更有效的决定，以促进其成长。

可见，助人是一种心灵关照的关系，是他人与自己心灵相互关照的体现。助人是一种陪伴协助的过程。助人工作是科学，也是艺术；助人过程需要技术，更需要人文智慧。

2. 工作理念：助人自助

朋辈辅导的基本态度：每个生命都应受到关注。生命没有贵贱之分，人人都是平等的；每个生命都有其存在的意义和价值，都应该得到尊重；每个生命都很珍贵，都应得到关爱，接受人间真情，得到社会的关注与帮助。

朋辈辅导的核心目标：培育生命内在素质。内在素质是生命不断成长的内驱力，是生命赖以存在的重要基石。

朋辈辅导的有效方式：用生命影响生命。生命不是控制，而是尊重；不是说教，而是分享；不仅是言传，更是身教。

3. 工作类别：准专业性

相对于专业心理辅导来说，朋辈辅导被称为“准心理辅导 / 非专业心理辅导”，是同龄人之间开展的心理互助活动。朋辈辅导员并没接受相对完整的专业学习和长期的实践训练，只是通过专业心理辅导老师的短期培训上岗；朋辈辅导范围只限于陪伴、关怀、鼓励，超过能力范围则需转介。

4. 工作职能：重要力量

朋辈辅导是学校心理健康教育的重要补充。朋辈辅导员生活在同学之中，他们关注、了解同学们的身心健康状况，能及时提供帮助，有着不可替代的作用，是学院及心理辅导中心与班级同学之间沟通的“信息通道”。由于同龄 / 同辈之间在价值观、学习经验、生活方式及所关注的问题等方面具有较多的共性，因此，朋辈辅导员的话语和行为能对求助同学起到较好的示范、安慰、鼓励、劝导和支持等作用，这些是对专业心理辅导作用的一种补充。朋辈辅导员是学校心理健康教育的重要力量之一。

◆ 理论知识点五：朋辈辅导工作原则

在朋辈辅导中，需要严格遵守下列 4 条基本原则（图 1–11）。

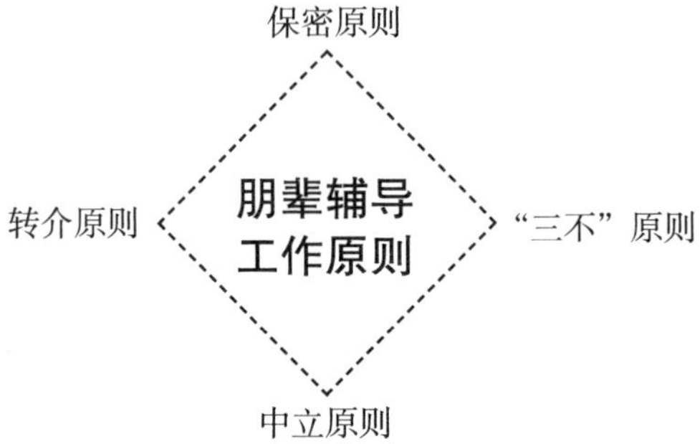

图 1-11　朋辈辅导工作原则

1. 保密原则

朋辈辅导中不得逾越帮助关系，不向第三者公开来访同学的姓名，拒绝关于来访同学情况的调查，尊重来访同学的合理要求；具有强烈的义务意识，乐于为同学服务。但是，如果来访同学有自伤、伤人的行为倾向，或是法庭要取证时，则可以突破保密原则。

2. “三不”原则

“三不”原则，即不判断、不批评、不指责。朋辈辅导的主要任务是情绪管理、观念沟通，进行朋辈关怀，而非心理分析。朋辈辅导员通过鼓励支持和沟通对话协助来访同学宣泄负向情绪和改善偏差认知，困扰由此会得到缓解甚至消除。

3. 中立原则

朋辈辅导的目的是促进助人自助，“助人”是途径，“自助”是结果，即通过朋辈辅导员的帮助能够使来访同学达到自助的目的。因此，在辅导过程中，需要做到不给建议，不予指导，只是陪伴来访同学觉察情绪、看见问题，促使其主动寻找到解决问题的方法。

4. 转介原则

开展朋辈辅导是用自己的个人素养和专业能力提供高质量的心理关怀，若遇到不能解决的问题时，不能随意同他人探讨来访同学的问题，而应向专业人士寻求专业指导，即在超出自己的能力范围时，在安全的前提下，要向来访同学说明转介的理由，适时转介。

◆ **理论知识点六：朋辈辅导工作优势**

朋辈辅导工作优势如图 1-12 所示。

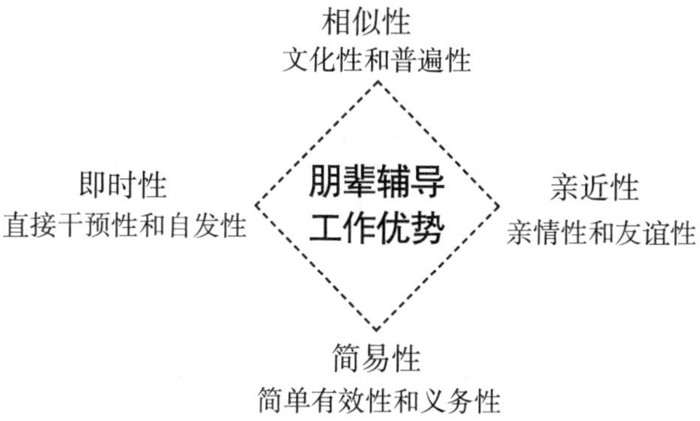

图 1-12 朋辈辅导工作优势

1. 相似性

朋辈辅导具有文化性和普遍性。朋辈辅导双方的文化背景相似、年龄相当、爱好相投、价值观相近，面对同样的生活氛围，使用相同的聊天表情，说着相同的网络流行语，关注相同的校园话题，彼此之间具备容易了解、理解、共鸣与沟通等优势。

2. 亲近性

朋辈辅导具有亲情性和友谊性。朋辈辅导双方更多的是舍友、好朋友、同班同学、同乡，双方空间距离接近、交往频繁，拥有同窗情、同学谊、朋友情，还有知心朋友的深厚友情，这些使得彼此容易相互接纳，容易建立良好的帮助关系。

3. 简易性

朋辈辅导具有简单有效性和义务性。朋辈辅导使用的关怀技巧简单易学且不乏实用性，包括主动倾听、理解他人、识别并处理情绪、不评价他人、非言语交流、在对话中认清相关重要信息、复述等，提供安慰、鼓励、劝导等心理支持非常便利。

4. 即时性

朋辈辅导具有直接干预性和自发性。朋辈辅导员和同学生活在一起，朋辈辅导员作为同学心理困扰的第一发现者，适时发现有需要的学生，能够及时到位，适时伸出援手，给予有效的帮助。朋辈之间互帮互助的行为更多是自发产生的。

◆ **理论知识点七：朋辈辅导工作设定**

朋辈辅导工作设定如图 1-13 所示。

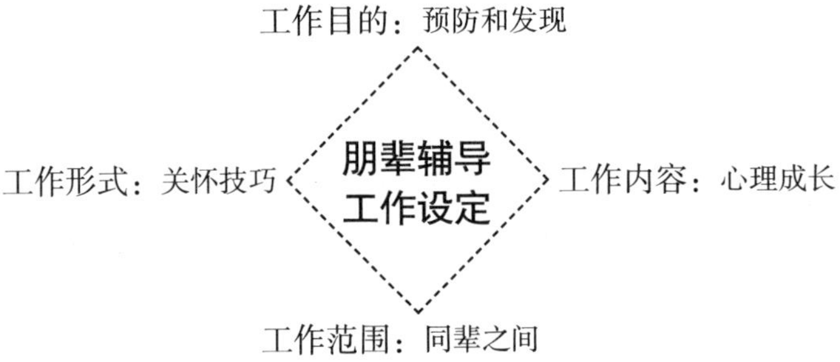

图 1-13　朋辈辅导工作设定

工作目的重在预防和发现，细心觉察身边同学的情绪变化，及时将心理困扰消解在萌芽状态。

工作内容指向关注辅导双方的心理成长，用心感受和探索自我内在需求，建立健康的自我形象。

工作范围限于同辈之间，及时在班级、宿舍、校园里的其他地方发现、关注、帮助有需要的同学、朋友。

工作形式采用关怀技巧，耐心地建立尊重、真诚的帮助关系，通过倾听与同理心回应来陪伴和支持。

◆ **理论知识点八：朋辈辅导工作难点**

朋辈辅导在高校的心理健康教育中有着举足轻重的作用，但在具体的实施过程中还存在许多不足，如图 1-14 所示。

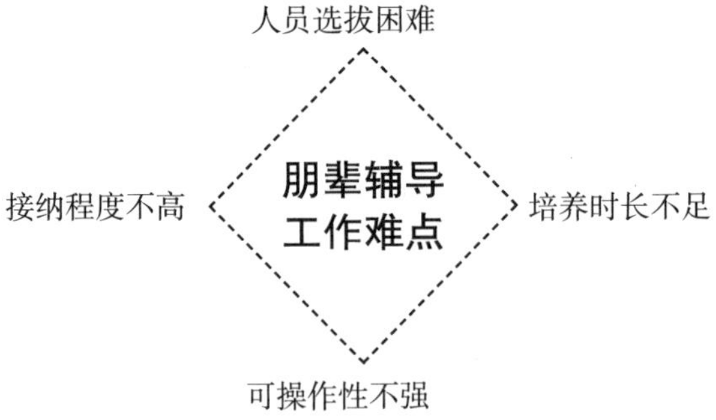

图 1-14　朋辈辅导工作难点

1. 人员选拔困难

一个优秀的朋辈辅导员应具备以下几种品质，包括专业的知识结构、合理的自我概念、正向的人生态度、完善的人格特征、助人的态度技巧等。

如果按照这一要求选拔朋辈辅导员，那么会非常艰难，同时这种尺度也很难把握。

尝试解决：在数量上，加大朋辈辅导工作的宣传力度，吸引更多的优秀学生加入这一行列；在质量上，重点加强个人成长的培训，促进参与学生的自我成长与完善。

2. 培养时长不足

朋辈辅导员的培养和训练是做好朋辈辅导的首要条件。专业培养的系统性和持续性是需要足够的时间来保证的，但不少高校的资源有限，实际的朋辈辅导员培训往往时间短、课时少，难以针对全面系统的朋辈辅导理论与技能进行讲授和研习。

尝试解决：在培训时间不能改变的情况下，可以从讲授内容上作些调整：一是强化自助模块，即朋辈辅导员的个人成长研修；二是提升助人模块，即朋辈关怀技巧的能力。

3. 可操作性不强

教师培训视角开设的朋辈辅导课程更多的是偏重理论性，课堂上研习时间偏少，即使在研习时也存在课堂学习环境少安全性、研习对象少真实性、研习问题少适时性等问题，使朋辈辅导员难以投入，导致研习效果减弱。

尝试解决：在培训内容上除理论讲授外，还可从大学生实际且典型案例入手来强化对理论的理解与掌握；在培训形式上通过参与式教学方法，增强研习的现场感和直观体验感。

4. 接纳程度不高

由于一些学校对朋辈辅导缺乏有效的管理，在日常生活中相应的宣传不到位，另外朋辈辅导不同于专业心理辅导，它只是一种准专业水平，因此在辅导问题、目标、方法上与专业心理辅导有很大的差别，致使不少学生对朋辈辅导持怀疑态度。

尝试解决：建立高校朋辈辅导员资格认证制度，促进优秀朋辈辅导员增强助人能力和责任感；朋辈辅导员要在班里正式且真诚地分享自己的工作身份、工作内容，让同学充分了解。

【课中研习】

◆ 研习一：根据自己的实际填写课程期望卡

课程期望卡如图 1–15 所示。

课程期望卡

亲爱的同学：

在课程开始之前，老师希望先了解你对本课程的期待与想象，也期待通过下述问题与讨论，彼此找到更多分享与成长的可能。

1. 你是自愿成为班级心理委员的吗?

2. 你希望在这门课中收获到什么?

3. 为此，你准备在即将开始的课程里做些什么?

图 1–15　课程期望卡

◆ **研习二：朋辈辅导状况自评问卷**

朋辈心理辅导训练课程是全体心理委员和其他朋辈辅导员的上岗必修课。为了更好地建立良性的师生关系，加强相互沟通，促进课程实施的有效性和心理委员助人自助的意识与技能，在开课前请大家对朋辈辅导状况作自我评估。（表 1–1）

表 1–1　朋辈辅导状况自评问卷

序号	自评内容	评分									
		1	2	3	4	5	6	7	8	9	10
1	对辅导中心的了解										
2	对朋辈辅导的了解										
3	对朋辈辅导的喜欢										
4	共同性可有助朋辈										
5	大学生很需要辅导										
6	辅导就是与人聊天										
7	陌生感少有利辅导										
8	辅导就是给人意见										
9	辅导对象是变态的										
10	对自己的满意程度										
11	对自己的了解程度										
12	建立良好人际关系										

续表

序号	自评内容	评分									
		1	2	3	4	5	6	7	8	9	10
13	愿倾诉自己的烦恼										
14	懂得管理自己情绪										
15	有困扰常求助自己										
16	对同学的熟悉程度										
17	对他人情绪的识别										
18	乐于倾听同学心声										
19	了解他人内心感受										
20	善于倾听有效回应										

注：1 ~ 10 评分制，1 分为完全不认可 / 不确认，10 分为完全认可 / 确认。

◆ 研习三：小组讨论——求助与帮助

1. 关于求助

（1）列出曾经向周围的人倾诉或求助的困扰：________________

（2）帮助者是（在合适选项打“√”，下同）

知心朋友（　）　　宿舍同学（　）　　异性朋友（　）

异地朋友（　）　　其他（　）

（3）帮助者对你的帮助

① 效果良好（　）　　有不良效果（　）　　没有什么效果（　）

② 使你情绪好转（　）

③ 使你的态度发生变化（　）

④ 使你的认识和观念发生变化（　）

⑤ 使你的行为或行为习惯发生变化（　）

⑥ 促使你面对现实和积极行动（　）

⑦ 使你的人格发生变化（　）

（4）在求助过程中让你受阻的情况是：________________

（5）若求助效果不好或不太好，你认为原因在于：____________

2. 关于帮助

（1）列出曾经帮助身边人的困扰：________________

（2）求助者是

知心朋友（　）　　宿舍同学（　）　　异性朋友（　）

异地朋友（　）　　其他（　）

（3）你认为你对求助者的帮助

①效果良好（ ） 有不良效果（ ） 没有什么效果（ ）

②使他/她情绪好转（ ）

③使他/她的态度发生变化（ ）

④使他/她的认识和观念发生变化（ ）

⑤促使他/她的行为或行为习惯发生变化（ ）

⑥使他/她面对现实和积极行动（ ）

⑦使他/她的人格发生变化（ ）

（4）在帮助过程中让你受阻的情况是：________________

（5）若帮助效果不好或不太好，你认为原因在于：__________

【课后实践】

（1）自行观看美国电影《心灵捕手》。

对每个从事心理辅导工作的人和每个困惑于自我、生活的人来说，《心灵捕手》会给其带来强烈的心理震撼，使其在对心理辅导有感性认识的基础上，也让其对人生有新的感悟，对自我有新的思索。

（2）上网或去图书馆了解国内外朋辈辅导的开展情况。

【理论解析】

◆ 研习一：填写课程期望卡

同学分享——

1. 期待收获

» 面对各种日常困扰调节好心态的实用技巧。

» 学会与同学更好地进行交流，帮助他人解决生活中或心理上疑虑的技能。

» 获取更多有关心理方面的知识来帮人帮己。

» 掌握积极正面的与人沟通的方法。

» 学会帮助同学解决心理困扰。有时同学、朋友会找我倾诉，但我总不知道怎么安慰他们或给他们一些什么建议，希望通过对这门课程的学习，可以提高我的助人能力。

» 希望可以收获一些方法来缓解如今生活所带来的压力。

» 学会更好地交流的方式及解决他人和自己遇到的疑问。

» 学会在自己心理状态不好的时候进行自我调节，并学会帮助他人。

» 如何更好地与人沟通，可以有哪些话题或角度让我们更好地与人交流；如何与他人共同工作，一起面对事情。

» 可以更全面地想问题，而不是以自我为中心。

» 怎样处理同学之间的人际关系及情感纠纷等问题。

» 希望能从老师的讲授中、同学的交流分享中获得不一样的思考，在思考与体验中成长，以培养更好的自助与助人能力。

» 我是一个有点内向的人，所以希望通过这门课程让自己学会如何与人交流，从而帮助他人。

» 希望能够形成一个良好的心态，因为良好的心态在沟通中会影响他人，还希望学会有效沟通的方法和一些心理方面的知识。

» 学会用更平和的心态面对生活中的各种挑战与困难，让自己的内心变得更加强大。

» 希望学会与他人良好沟通的方法，学会读懂他人内心的方式。

» 希望在班上收获友谊，提升人际处理能力，提高自身品格。

» 能让自己身心成长，塑造一个更加成熟完善的自我。

2. 有益行动

» 尽可能多地阅读相关图书，观看相关影视作品。

» 首先拿出对课程的热情，其次看有关课程方面的图书。

» 多了解心理方面的知识，多与身边的朋友沟通。

» 课后多读一些相关图书，多看一些相关的电影、电视剧，课堂上积极参与交流并时时思考。

» 充分准备，认真学习听课，多参与活动。

» 认真听课，并且将所学应用于实践。

» 树立良好心态，从自我做起，每天积极乐观，充实地学习、生活。同时，努力学习课程中老师所讲内容，充实自己，提升能力，从而帮助同学。

» 认真听课，认真学习，认真思考，积极讨论。

» 认真了解这门课的要求、授课内容及学习目标，以便更好地投入课程。

» 认真研习，积极思考，从而提升自我。

» 认真听课，记录下重要的内容，之后与同学进行交流。

» 把自己带入课堂。

» 读一些与心理相关的图书，准备一本笔记本记录自己的心灵历程。

» 上课认真听讲，积极参与活动，认真学习其中的意义。

◆ **研习二：讨论求助与帮助**

学生研习分享——

1. 求助时接受帮助效果不好的原因分析

» 道理都明白，但我还是不明白为什么情况变得如此不堪。

» 求助时我思想不够开放，还不能明白辅导者的意思。

» 我的心里很乱，无法听进任何劝说。

» 心结打不开，是我自己把问题想得太复杂。

» 辅导者没有真正地告诉我应该怎么做。

» 我的自卑心理太严重，比较封闭，不善于与人沟通。

» 辅导者没有站在我的角度思考问题。

» 辅导者没有让我克服做噩梦时的恐惧心理，我一直在逃避面对。

» 对方不能深刻理解我的感受。

» 说的永远比做的容易，很难真正地去做自己本来应该做的事。

» 对方没有对实际遇到的问题进行认知分析，仅凭主观印象来思考。

» 我不认同对方帮助我的观点，觉得她的话语都是表面的，不够深入。

» 我是一个固执的人，但有时多愁善感，很难与人产生共鸣。

» 我觉得别人不能理解我的想法，所以不能帮到我。

2. 求助时接受帮助效果尚好的原因分析

» 从冲突双方两个角度考虑问题，来处理问题。

» 被倾听，负向的态度和情绪有些好转。

» 信任辅导者，把自己的问题说得很全面、很完整，辅导者能对症下药。

» 对方一直在陪伴我，心境得到舒缓。

3. 帮助时效果不好的原因分析

» 我无法切身地感受需要帮助的人的烦恼，所以提出的建议也不很切实。

» 我的说服力不够，以至于求助者未能理解我的真正想法。

» 彼此的努力还不够，毕竟开导需要双方的努力。

» 求助者不认真倾听，不当回事。

» 我没有很专业的辅导知识和技巧。

» 我没有深入地了解求助者的问题成因和性格特点。

» 我的帮助经验不够成熟。

» 彼此想法有差异，我的认知不够丰富。

» 我的语言很空洞、无力，无法扭转求助者的想法。

» 对于许多事我没有切身体验，就无法了解那种苦恼的心情，也不知如何回应。

» 我缺乏倾听的耐心，经验较少，无法解决求助者的实际问题。

» 我认为我没有更深入地了解事情，只是求助者在电话里单方面陈述，这影响我对事情真相的判断。

» 我找不到关键点，不能在根源处解决，也许是世界观、人生观、价值观不同，使沟通困难加大。

» 我不能站在求助者的立场上去考虑其所遇到的问题。

» 我没有设身处地，体会不到求助者的那种感觉，难以与之产生共鸣。

» 没有产生共鸣，不能真真切切地感受求助者的想法。

» 我自身不自信，无法深入求助者的内心世界。

» 我的专业程度不够，方法不具体。

» 我无法确定求助者在想什么，也改变不了他的想法。

» 我没经历过这些事，所以不能准确捕捉到求助者的瞬间感受。

» 求助者不想听不合他意的劝诫。

4. 帮助时效果较好的原因分析

» 理解求助者的想法。

» 辅导者掌握好辅导知识，有助于求助者困惑的解决。

» 我较多地了解求助者。

» 我能比较好地感同身受。

第二章　辅导双方：特质和设置

心理辅导是一项必须由辅导者和来访者共同努力才能完成的工作。辅导者是陪伴来访者看见自己、探索问题的助人专家，来访者是察觉自我、成长自己的助己专家。这是一个有建设性意义的“双专家工作机制”。

【课前思考】

1. 请提前向已在做心理委员的学生了解心理委员是什么

★ 说实话我当初当选心理委员时认为这职位很水，平常没什么事干。但后来发现心理委员在班里也是有作用的，当心理委员也是可以锻炼自己的。

★ 心理委员可能不是什么心灵的天使，也可能不是什么心理治愈师，但他可以是一面镜子，帮助他人看见自己的现状，可以帮他人厘清想法；他可以是一个小小的树洞，可以让每个人把自己的心事倾诉给他。心理委员也许很普通，虽然不像班长、团支书那样做很多事情，但可以成为班里同学之间的纽带，帮助大家一起解决问题，让班级更团结。

★ 心理委员是什么？你也许会说是治愈心灵伤口的良药，是同学无助时的依靠。然而实际情况是，我们能做的很有限，因为我们也是学生，我们也才刚刚步入准社会——大学。不可能说我们是心理委员，就能帮助同学解决一切烦恼，舒畅他们的心情。那是不可能的，因为我们还是太年轻，不够专业。

★ 我们是心理委员，而不是有万能口袋的“哆啦 A 梦”，也就是说我们能在一定程度上帮助他人，但能帮助的毕竟有限，不然何须心理老师和心理医生这些专业人员。所以从一开始，我们就要明确自己的职责：在尊重他人、遵守道德的基础上，在自我能力允许的范围以内，去帮助有心理困惑的同学。

★ 原则上来讲，在大学里担任班级心理委员都是四年任职，中途没有特殊原因是不更换的，原因是更换了会不利于持续了解班级心理动态，工作没有连续性。

★ 作为一名心理委员，其实最重要的是先处理好自己的心理困扰。毕竟人生在世，不如意之事十有八九。自己遇到了，应及时从心理困扰里抽离出来，防止变成心理问题或精神疾病。那么出现心理危机时该如何解决？“朋辈心理辅导训练课程”中会有系统培训。例如，可以找朋友诉说，可以去跑步，可以去找老师聊聊，等等。当然，最重要的是自己要有强大的内心。

★ 心理委员比较重要。一方面，大学生的心理健康十分重要，大学阶段正是五湖四海思想碰撞与交汇的关键时期，也是我们从少年成长为成年人的重要过渡时期。大学生在相处时，难免会发生一些冲突，人与人之间的矛盾倘若置之不理，很可能愈演愈烈从而酿成大祸。另一方面，大学时期也是恋爱时期，有恋爱就难免有失恋与打击。心理尚未成熟的同学在失恋时会有各种身心问题，包括情绪低落、失眠、沮丧、崩溃等，这时心理委员的及时发现与干预，将大大地帮助失恋同学更快、更好地走出失恋困境。

2. 影响有需要的同学求助专业心理辅导的原因

★ 我曾在班级里做了一个小调查，班上有49人，其中42人参加，调查的结论是：当你出现心理困惑需要得到帮助时，60%左右的同学会寻求朋友的帮助，20%左右的同学会选择自己默默承受，而只有5%左右的同学会选择求助专业的心理辅导机构。所以有需要的同学向身边有亲和力的同学（包括心理委员）求助成了比较便利的途径。

★ 相对于和专业心理辅导老师的交流，同龄人之间的交流阻碍会更小，有些不愿意跟老师说的事情，在面对同龄人时也许就不会犹豫，朋辈辅导员就能深入了解有困扰学生的难题。

★ 有较多同学觉得求助专业心理辅导是件不光彩、不体面的事情，担心求助后会受到嘲笑，担心会受到好奇者的注视，担心去接受心理辅导会被人认为得了精神病，担心被人同情，所以承认自己有心理需求是令人害怕的，不想让其他人知道自己陷入了困境。

★ 有些同学不相信有人能了解真正的自己，不相信有人能真正关心自己，害怕心理辅导老师不能理解自己，担心心理辅导老师不能完全了解自己的感受，所以不想告诉他人自己内心的想法，不愿意向陌生人透露自己的隐私，不习惯与心理辅导老师说话。

★ 有同学认为心理困扰的责任在于自己，为此解决心理困扰的责任也应是自己，所以只有自己才能帮助自己，自己的事情只有自己才能解决。

【主题分享】

◆ **理论知识点一：辅导者的角色**

辅导者有多重角色，如图 2-1 所示。

图 2-1　辅导者角色

1. 辅导者是一个普通的人

普通人是指社会生活中的一员，一样的都在学习、生活、工作，一样的都是三餐四季，一样的都有高光时刻，也有很多心理烦恼和人生困惑，所以来访者遇到的现实困难和心理压力，辅导者一样也会遇到，喜怒哀乐常伴随。

2. 辅导者是一个受训过的人

辅导者不是没有心理问题的人，而是学会了解决心理问题的专业助人者，即辅导者须接受正规系统的专业培训，经过长期的努力和临床实践，方能执业。受训内容包括了解心理学基本原理、学习心理辅导理论与技术、个人成长督导等。

3. 辅导者是一个擅长提供帮助的人

辅导者是与来访者一起面对问题、解决问题的同路人。辅导者积极与来访者建立帮助关系，并提供支持，帮助来访者识别问题、找到问题的根源，提升应对能力，帮助来访者认识自我价值，作出更合理、健康的选择。

4. 辅导者是一个具成长的人

辅导者会以饱满的热情面对生活，对周遭世界的人、事、物都充满好奇，不断进行自我探索与成长，在学习中认识自己，在问题中了解自己，在工作中看见自己，在生活中完善自己，逐步使自己成为人格健全、生命丰盈的人。

◆ **理论知识点二：朋辈辅导员的角色**

朋辈辅导员也有多重角色，如图 2-2 所示。

图 2-2　朋辈辅导员角色

1. 朋辈辅导员是校园中的大学生

朋辈辅导员的身份是大学生，是各个学院各个年级自愿参加或被选拔的学生。他们生活在同学中间，对同学有充分的了解，这让辅导工作具有便利性与及时性。

2. 朋辈辅导员是同学中的热心者

朋辈辅导员是同学中有热情、有能力、具有威信及亲和力的大学生。他们主动关注他人，真诚关心他人，愿意付出，热心帮助他人，以善待人，乐于与身边的同学交流共勉。

3. 朋辈辅导员是培训后的助人者

朋辈辅导员经过学校朋辈辅导课程的系统学习和心理辅导老师的专业督导，能在第一时间发现同学的心理困扰，耐心陪伴，安慰、支持、鼓励有困惑的同学。

4. 朋辈辅导员是成长中的探索者

朋辈辅导员积极关注自我成长，勤于觉察自身感受，勇于承担责任，不惧困难失败，善于倾听自己内心的声音，努力自我更新、自我完善。

◆ 理论知识点三：朋辈辅导员的要求

作为一名朋辈辅导员，在素质、态度、能力、伦理上都有一定要求，如图 2-3 所示。

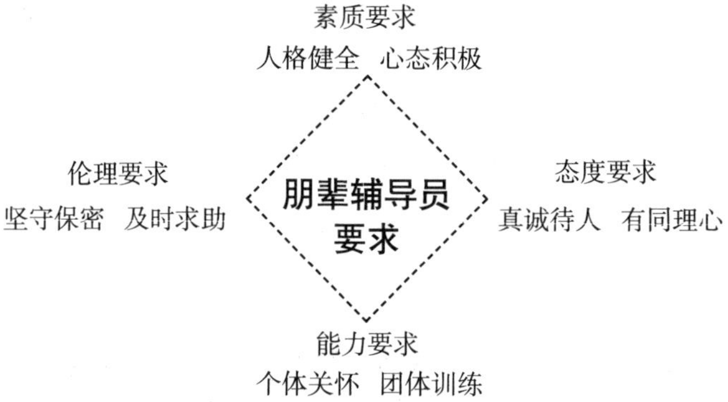

图 2-3　朋辈辅导员要求

1. 素质要求：人格健全、心态积极

富有爱心，具备良好的品德和责任心；有勇气和自信心，有良好的自我意识；富有亲和力，平易近人，热情开朗；有幽默感、友善。

2. 态度要求：真诚待人、有同理心

关爱他人，乐于助人，有一定的奉献精神；对人宽容，尽心尽力履行自身的职责和义务，适时关怀同学，及时伸出援手；感同身受、尊重接纳。

3. 能力要求：个体关怀、团体训练

有较成熟的个体关怀技巧，善于倾听并接纳来访者的倾诉，具有良好的语言表达能力；同时具有丰富的团体训练技巧，有良好的组织协调和人际沟通能力。

4. 伦理要求：坚守保密、及时求助

以有需要同学的利益为重，尊重他人隐私，有较强的保密意识；在工作中遇到困难情况时会及时请教心理咨询老师，不随意拿同学的困扰跟他人探讨。

◆ 理论知识点四：朋辈辅导员的组成

高校朋辈辅导员的组成如图 2-4 所示。

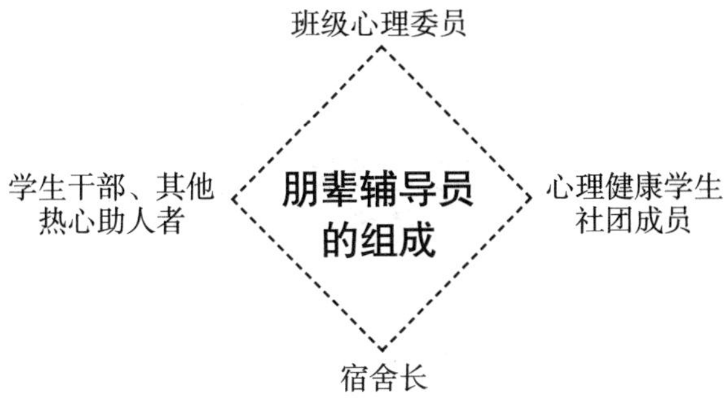

图 2-4　朋辈辅导员的组成

目前，高校朋辈辅导员主要由班级心理委员、心理健康学生社团成员、宿舍长、学生干部及其他热心助人者组成，前三类是经过较系统的朋辈知识辅导与技能培训的学生，后两类是主动和自发的学生。其中，班级心理委员是朋辈辅导工作的重要组成力量。

◆ 理论知识点五：心理委员

心理委员是朋辈辅导员队伍的中坚力量之一。以深圳大学为例，我们来了解心理委员及其工作（图 2-5）。

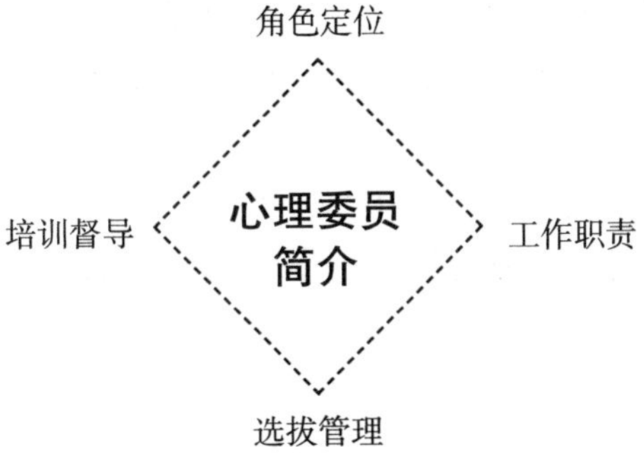

图 2-5　心理委员简介

1. 角色定位

心理委员制度是朋辈辅导的本土化形式，心理委员是学校、学院与学生之间的联络员，是老师与同学之间的心理桥梁，是朋辈辅导员，主要承担四个角色（图 2-6）。

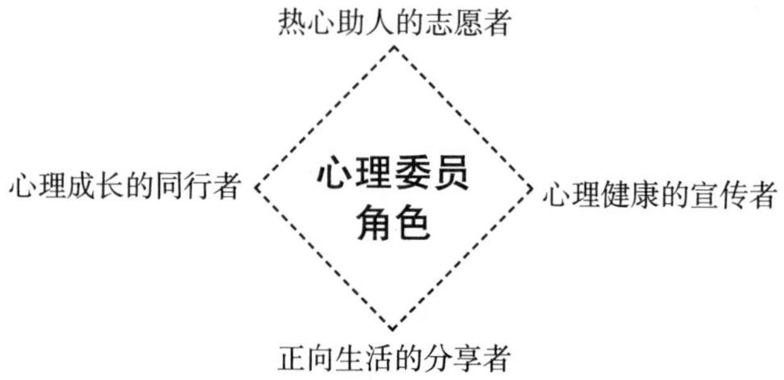

图 2-6 心理委员角色

（1）热心助人的志愿者。心理委员心怀热情，在为同学们带去关切和温暖的同时，自己也感受奉献的愉悦，懂得奉献的价值。

（2）心理健康的宣传者。心理委员大力开展心理健康知识科普宣传活动，让同学们更清晰地了解心理健康素养，提升心理素质。

（3）正向生活的分享者。心理委员稳定的情绪、合理的观念、向上的力量、平衡的心态，既是自我成熟的标志，也能潜移默化地影响身边的同学。

（4）心理成长的同行者。心理委员与同学一同面对和体验学习生活、人际交往、情绪压力、亲密关系、压力应对和生命意义等自我成长话题。

2. 工作职责

相对淡化心理辅导功能，突出针对班级的心理知识宣讲和普及、氛围营造、信息获取等功能，心理委员的工作重点在于推动班级心理健康教育工作（图 2-7）。

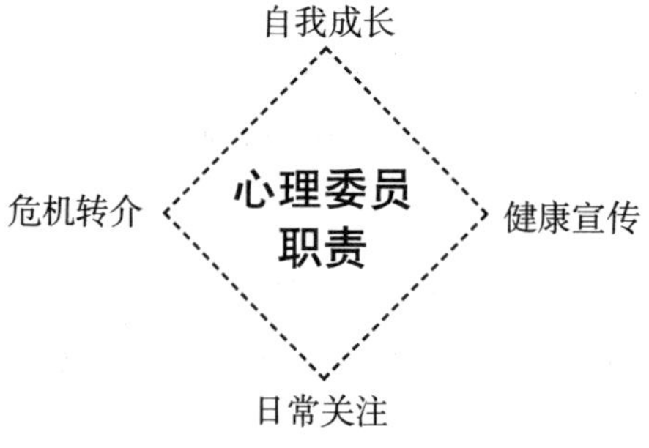

图 2-7 心理委员职责

（1）自我成长。心理委员要在平时的生活中不断学习成长，提升自我素质，发挥榜样带头与示范作用。

（2）健康宣传。面向全班同学大力宣传普及心理健康知识和开展心理健康主题活动；参与和推广学院、学校心理辅导中心的相关心理健康教育活动。

（3）日常关注。建立班级同学情绪档案；开展一对一心理关怀，接纳、倾听来访同学；组织小组心理沙龙、班级心理训练（如凝聚力训练、人际关系训练）；等等。

（4）危机转介。及时发现，适时陪伴，通告老师，协助转介有情绪异常、心理危机的同学。

3. 选拔管理

心理委员管理主要有四种形式，如图 2-8 所示。

图 2-8 心理委员管理

（1）选拔方式。每年 11 月在各个班级中选拔心理素质好、愿意帮助同学的学生担任心理委员，一是通过自愿自荐，自觉意识到与班级同学建立良好关系的学生；二是通过班级推荐，发掘正向乐观、关注成长、乐于助人的学生。

（2）日常管理。由学院直接管理，每班设两人，即男女各一人，属于班级学生干部，也是学院心理辅导站工作成员。各学院指定一名辅导员老师负责本院心理委员管理工作，同时接受学校心理辅导中心的工作指导。

（3）工作会议。学院每月召开心理委员工作会议，负责老师与学院心理委员一同进行面对面沟通，收集、处理、反馈心理委员工作情况和学生心理状况。参加人数视学院心理委员的多少而定，或全年级一起或分年级召开。

（4）危机处理。建立学院学生心理危机干预机制，心理委员应成为情绪异常同学的第一发现者和干预者，并及时向学院反馈或转介学校心理辅导中心或专科医院。

4. 培训督导

心理委员上岗前的个人成长、专业知识与技能培训由学校心理辅导中心负责，上岗后主要由学院心理辅导站进行专业指导，由学校心理辅导中心进行专业督导（图 2–9）。

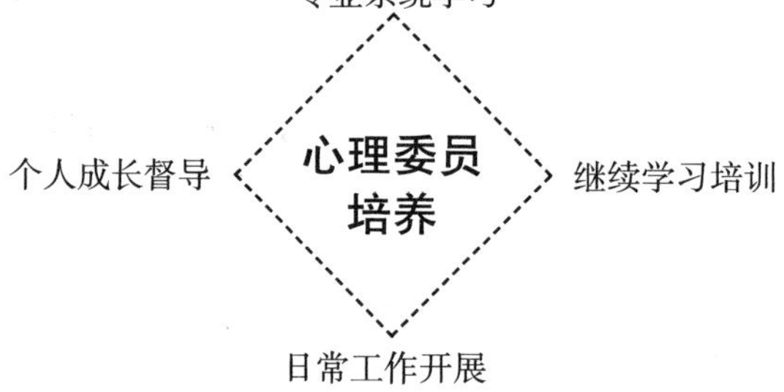

图 2–9　心理委员培养

（1）专业系统学习。“朋辈心理辅导训练课程”为心理委员上岗学习课程，主要包括朋辈心理辅导理论与实操技能，所有上岗心理委员均需参加。

（2）继续学习培训。心理委员需参加心理健康教育、朋辈辅导的相关讲座或工作坊，选修其他心理健康课程，阅读相关心理健康图书。

（3）日常工作开展。心理委员每月提交“班级同学情绪档案表”，学院心理辅导站和心理辅导中心适时督导心理委员开展朋辈关怀，提升关怀技巧。

（4）个人成长督导。学院心理辅导站要主动关注心理委员的心理健康状况和工作状态，学校心理辅导中心适时开展心理委员个人成长工作坊活动。

◆ 理论知识点六：学生心理健康教育社团

学校心理健康教育社团成员也是朋辈辅导员队伍的中坚力量之一。以深圳大学为例，学校成立了大学生心理健康教育协会（简称校“心协”）和学院“心协”等学生心理健康教育社团组织。校“心协”成立于 2002 年 4 月 19 日，是一个由学生部直接领导，由专业心理老师指导，由关注心理健康与青春健康、热心助人自助的大学生自愿参加、自主管理的学生社团组织。20 多年来，21 届 1100 多名“心协人”在指导老师的引领和协会成员的相互陪伴下，以“学习 · 实践 · 成长”的方式探索且前行（图 2–10），他们已然成为学生中健康形象和正向生活的代表。

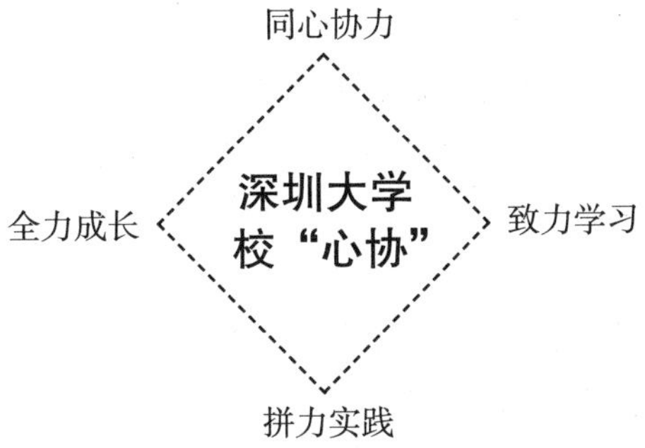

图 2-10 深圳大学校“心协”简介

1. 同心协力

校“心协”是学校心理健康教育社团，组织目标清晰，职责明确。

（1）协会宗旨：普及心理健康知识，提高大学生心理素质。

（2）协会口号：帮助有困惑的人消除困惑，让健康的人更健康。

（3）协会职责：助人自助。

（4）协会文化：以心灵成长为信念，以助人自助为宗旨，以正向生活为导向，以尊重感恩为精神，以主动负责为基石，以平等分享为方式。

2. 致力学习

校“心协”开展个人成长系列主题培训，分为自助课程和助人课程。

（1）自助课程：“心协人”需参加系列个人心理成长培训，包括目标管理、情绪管理、人际交往、自我认知、亲密关系、人格完善、生命意义等，由指导老师带领。同时，阅读分享《遇见未知的自己》《对生命说是》《重塑心灵》《生命的重建》《终身成长》等心灵成长必读书。

（2）助人课程：“心协人”需参加“朋辈心理辅导训练课程”的系统专业学习，边学边练，用心去倾听，关怀陪伴。同时，开展朋辈助人心理培训、朋辈互助心理沙龙等，包括帮助关系、倾听与回应训练、对话训练、同理心训练、合理情绪疗法研习、非暴力沟通等。

3. 拼力实践

校“心协”是自主管理的学生组织，“心协人”更是心理辅导老师的得力助手。“心协人”在校园内开展心理健康宣传，倡导身心健康生活，有效进行朋辈辅导。

（1）协助组织、参与的实践活动，包括心理健康主题宣传日 / 周 / 月、一年一度“心语”杯大学生心理健康课题研究大赛、青春健康主持人大赛、班级凝聚力训练、同伴教育者培训、班级“爱与性”教育培训等。

（2）自主策划、开展的实践活动，包括个人成长分享会、心理知识学习小组、心理电影赏析、人际关系小组心理训练、读书沙龙、微信公众号心理健康宣传、情景剧、手语大赛、活力节等。

4. 全力成长

20年来，“心协人”逐步成为大学生中“生命影响生命”健康形象的代表。

（1）在为人成长方面，“心协人”热爱生活、自信主动，暖人感恩、态度乐观，成为一个有深度、有广度的人。

（2）在处事成长方面，“心协人”情绪稳定、信赖随和、合理思维、执行力强，成为一个有气度、有力度的人。

（3）在助人成长方面，“心协人”热心助人、耐心陪伴、平等分享、有同理心，成为一个有温度、有风度的人。

◆ 理论知识点七：朋辈辅导员专业学习

专业的系统培训对朋辈辅导员的心理素质提升具有良好的促进作用，这里简单介绍一下“3W”专业学习模式。

3W 专业学习模式如下。

1. Why：为什么学

（1）成长的需要，如何获得更好的生活状态、安顿好自己，如何更有效地提升自我学习力、实现自我期待，我们都需要学习更好地自助。

（2）互助性存在，生活中有困顿是极自然、平常的，因此这个世界充满着非正式的助人者，我们需要学习更好地助人和自助。

2. What：学什么

朋辈辅导员的专业学习内容如图 2-11 所示。

图 2-11　朋辈辅导员专业学习

（1）个人的探索与成长。这是个人成长功课——复盘自我成长过程，清晰解读自我人生，探索自我成长困境，确立自我成长方向。

（2）自助的意识与方法。这是自我安顿功课——建立自我成长责任感，获得自我状态认同感，提升自我认知、人际沟通的能力。

（3）助人的态度与技巧。这是帮助他人功课——建立帮助关系的心理态度（无条件接纳、同理心），形成倾听回应的陪伴关怀技巧。

（4）转介的觉知和能力。这是危机干预功课——学会发现与关怀、诊断与识别、报告/转介的相关知识与能力。

3. How：怎么学

课程老师采用讲授引导式教学和参与式教学相结合的培训方式，以达到帮助朋辈辅导员提高工作胜任力、自我效能感和健康水平的目的。

（1）讲授引导式教学是指通过教师的系统讲解而使学生获得知识的教学模式。朋辈辅导员专业培训时的讲授法主要用于教师进行理论知识分享和问题讨论点评。

（2）参与式教学是指师生在一个相互平等的平台和氛围中共同去发现、探讨、研习和解决问题的教学方法。其主要包括头脑风暴、小组讨论、案例分析、角色扮演、视频研习、问题树、问题盒子、辩论赛等，如图 2–12 所示。

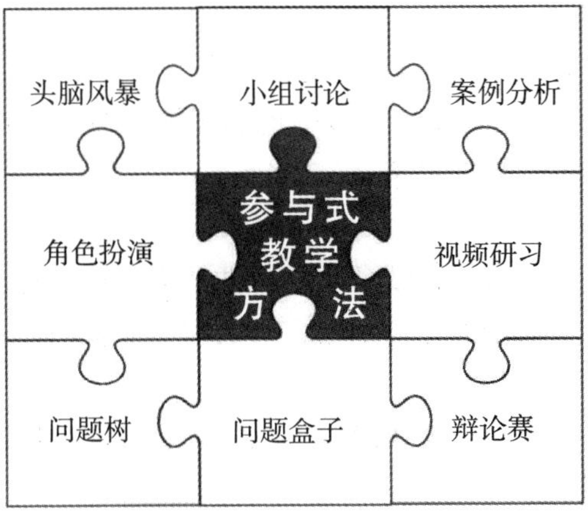

图 2–12　参与式教学方法

① 头脑风暴（brain storming），又称作“快速反应法”，也就是集思广益。

A. 特点

头脑风暴是比较简单和容易操作的参与式教学方法，非常实用，广泛应用于各种教育活动中。

B. 操作

准备阶段：准备好海报纸、笔等记录工具。

实施阶段：首先，教师提出一个开放性议题，学生根据议题畅所欲言、各抒己见，教师不加评论地将学员的所有想法记录在海报纸上，或由学生自己把想法写在海报纸上。其次，组织大家将记录下来的意见进行整理归类，分析各类的特点。最后，做出总结，得出必要的结论。

② 小组讨论（group discussion），是将一组人集中在一起就某个话题展开讨论的方法。

A. 特点

小组讨论是增强主动性和积极性的参与式方法，使不愿意动脑思考的学生在小组氛围中学习思考和表达，又可使想法不合理的学生得以及时纠正。

B. 操作

准备阶段：教师事先拟定好议题。

实施阶段：首先把学生分成小组进行讨论，教师鼓励小组成员充分地和大家分享自己的知识经验和思考，形成一个“观念产出”；其次请各小组代表和大家分享讨论的结果；最后由教师进行点评，并把学生提出的观点有机地整合到总结中。

③ 案例分析（case analysis），就是给出一个真实的事件或假想的情境，提出需要解决的问题让学生讨论，鼓励他们积极参与，研究案例提供的信息，并根据具体情况做出适当的决策。

A. 特点

案例分析是理论与实践相结合的参与性教学方法，每个人都可以发表自己的看法，共同讨论，培养分析问题、解决问题的能力。

B. 操作

准备阶段：案例可由学生在课程中提出，也可以根据课程教学目的和要求由教师在课前完成编写。

实施阶段：常以小组为单位分析案例，可以让每位学生发表自己对问题的看法，并做好记录；小组讨论结束后，每个小组派代表向全体成员汇报本组的讨论结果；小组汇报完后，教师做出归纳和总结，并对在案例分析中出现的问题进行解释。

④ 角色扮演（role playing），是以有效开发角色行动能力为目标的方法。根据课程内容，在教师的指导下，学生用表演的方式，将生活中可能遇到的、

有代表性的情境表现出来。

A. 特点

角色扮演是能够让人产生真实感受、体验事件过程的参与式教学方法。角色扮演可以转变为角色互换，通过互换角色来体验扮演不同角色所产生的感受。

B. 操作

准备阶段：开始前，教师应对角色扮演的方法做介绍；确定表演的内容和预期目标；设计表演场景，如时间、地点、人物等，台词可以事先规定，也可以自由发挥；确定角色扮演者。

实施阶段：利用事先准备好的情景剧剧本，让学生依照角色进行表演，短小的情景剧可以在现场用 10 ~ 15 分钟进行表演。一般剧情比较简单而且目的突出，可以适当使用简单服装和道具。教师在表演后进行点评与指导。

⑤ 视频研习（video study），是结合课程内容，采用录像、电影等视频教材，使学生在视觉、听觉上形成多方位的感受，引发讨论。

A. 特点

视频研习是充满趣味性，可激发学生的学习兴趣和热情的参与式方法，既可借助视频形式进行授课，又可通过视频媒介进行知识的传播。

B. 操作

准备阶段：教师事先根据课程内容选取视频，视频长度在 10 分钟之内。

实施阶段：教师向学生阐述视频研习的目的，介绍视频的相关背景，特别指出观看的重点；学生带着问题去观看视频，尝试发现问题、形成观点、参与讨论；教师进行点评与总结。

⑥ 问题树（problem tree），是问题分析的工具，是一种以树状图形系统地分析存在的问题及其相互关系的方法。

A. 特点

问题树是一种非常简单而实用的参与式教学方法，是一种直观、形象的图形工具，它能够帮助人们分析一个特定问题的原因和影响，让人们看到其中的联系，并将这些结构要素组织成一个树状图。

B. 操作

准备阶段：准备好已画上树状图的海报纸、彩笔若干。

实施阶段：问题树是一种树状的网络结构示意图，树干部分为核心问题，树根部分是问题的原因，树冠部分为问题的影响，果实为问题解决的策略。教师先将学生分组，5 ~ 6 人为一组，各组在画有树状图的海报纸上填写相关内容，此方法目标明确、问题清楚、填写文字过程简单，学生能够在很短的时间内完成比较复杂的任务，直观地看到问题背后的后果、原因与其中的各种联系，便于找出解决问题的途径和方案。

⑦ 问题盒子（problem box），是在现场有选择地回应学生提出的真实问题。

A. 特点

问题盒子是容易收集到真实问题、便于讨论的参与式教学方法。

B. 操作

准备阶段：准备好一个自制或现成的盒子。

实施阶段：教师根据课题主旨向学生收集现场写好且不署名的问题，将学生写好问题的纸条折叠后投入盒子；教师将所收集的纸条摇散后，自己或者让学生抽出一张纸条，对纸条上提出的问题进行当场解答；教师适时进行点评，提供科学阐释或补充回应。

⑧ 辩论赛（debate），在形式上是参赛双方就某一问题进行辩论的一种竞赛活动，实际上是围绕辩论的问题而展开的一种相关知识的竞赛，同时也是思维反应能力、语言表达能力的竞赛。

A. 特点

辩论法是参与度高，现场气氛活跃，深受学生喜爱的参与式教学方法，主要适用于容易引起争议或没有肯定结论的问题，通过辩论，让大家从正反两个方面对问题有深入的认识或者全面的思考。

B. 操作

准备阶段：教师要首先选定辩论题；将学生分为两组，每组 8 ~ 15 人。

实施阶段：让两组人对议题进行正反辩论，也可以在辩论后交换辩论题目再辩论。学生分为两组后，各组用白纸写出他们的论点，即答辩理由；辩论时间是 15 ~ 20 分钟；完成后各组选出 4 人，即一辩、二辩、三辩、四辩；按照辩论赛常规顺序，先从正方一辩开始陈述本方观点和理由，接着反方一辩提出自己的观点与立场，然后辩论双方逐一进行对话辩论；最后教师做出点评或总结。

◆ 理论知识点八：朋辈辅导员成长困惑

朋辈辅导员成长困惑如图 2-13 所示。

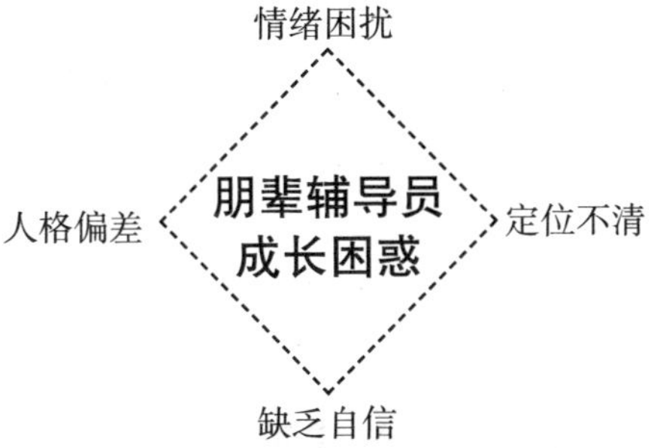

图 2-13　朋辈辅导员成长困惑

（1）情绪困扰。一些朋辈辅导员情绪表达不畅，遇到不解、不平的事时心中会产生难受、低落、愤怒等情绪，处于这些情绪状态的朋辈辅导员在面对有需要的人时，不容易感同身受。

观念澄清：朋辈辅导培训中一直强调，只有先照顾好自己的情绪，才能帮助身边的人。朋辈辅导员只有先保证自己情绪稳定、生活安全，才能为有需要的同学做一些力所能及的事。

（2）定位不清。一些朋辈辅导员存在工作定位认知偏差，面对有需要的人试图帮助其解决所有问题；常常以权威自居，过于主动出击，指导性意见太多且不合时宜。

观念澄清：朋辈辅导是在专业知识范围内工作，是一种心理上的接触，存在心理困惑正是一些大学生产生求助意愿或行为的动机所在，在来访同学知情同意下，放下主观参照标准，严守秘密，尊重、接纳来访同学，真诚对待和包容来访同学。

（3）缺乏自信。一些朋辈辅导员自我评价偏低，自我封闭，对自己所担任的助人工作犯怵，自认为难以胜任工作，所以在面对有需要的同学时会不知所措，反而影响了帮助关系的建立。

观念澄清：自信就是相信自己，其实每个人都是独一无二的，有着各自的优势与不足，看见自己擅长和胜任之处，尽力将自己的优点发扬光大，善待自己的不足，建立合理的自我框架。

（4）人格偏差。一些朋辈辅导员对自我要求很高，做事过于认真，对有需要的同学缺乏包容心，对不同的想法急于否认、拒绝，强求对方认同自己的思想，由于特别看重自我价值感，容易产生挫折感。

观念澄清：人格就是为人态度与行为模式。追求完美，幻想着自己可以有强大的能力，其实是一种自卑，是人格虚弱的表现。真正的健康做法是面对现实，脚踏实地。

◆ **理论知识点九：来访者的角色**

来访者是有着心理需要、前来向辅导者寻求帮助的人。来访者角色如图 2–14 所示。

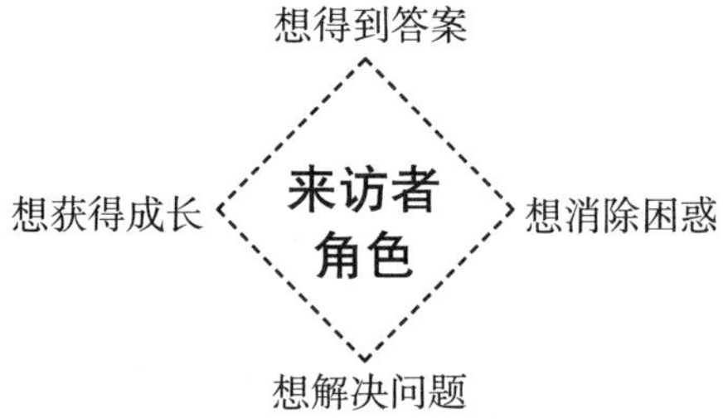

图 2–14　来访者角色

1. 想得到答案

来访者是寻求生活答案的人，即“对自我及生活认知带着一知半解或不解”的人。这里的“生活答案”包括身心健康的标准，自我人格特质、思维特点、行为模式合理与否，健康生活方式，等等。

2. 想消除困惑

来访者是存有成长困惑的人，即“遭遇到问题情境”或“没有善用机会”的人。这一“问题困境”是我们在生活中常会碰到的，包括人际冲突、生涯选择困难、学业问题、自卑自负、行为问题等。

3. 想解决问题

来访者是疑有心理问题的人，即“影响学习生活质量”或“想摆脱痛苦”的人。因被这些难题困扰着，他们感到纠结、困惑、烦恼、痛苦，可能也有抑郁症、焦虑症等神经症及精神疾病。

4. 想获得成长

来访者是追寻生命成长的人，即“有自我成长的需要”或“想解决人生困扰”的人。他们本身是健康的，想有更好的成长空间与方向，获得心理健康知识和能力，学会解决自身问题，拥有更好的人生状态，等等。

◆ **理论知识点十：适宜辅导的来访者**

心理辅导并不适合所有人，适宜辅导的来访者具有四方面的特征，如图 2–15 所示。

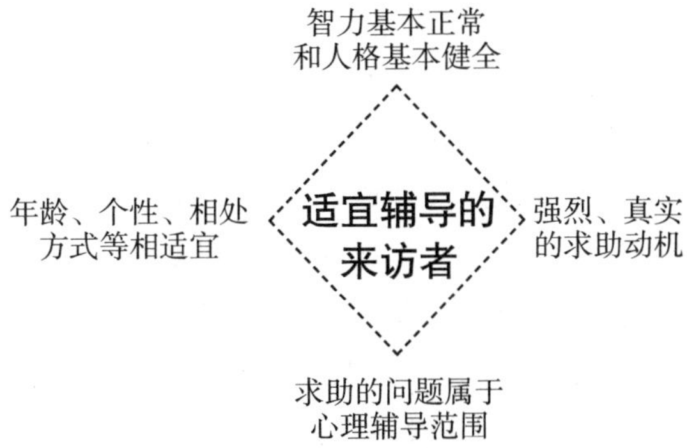

图 2-15　适宜辅导的来访者

1. 智力基本正常和人格基本健全

心理辅导是一个平等对话的助人过程，智力基本正常和人格基本健全是进行有效心理辅导的基本保证。一方面，正常的理性水平有助于对话，包括来访者能够叙述自己的问题以及相关情况，能理解辅导者传递的言语和非言语信息的含义，有一定的领悟能力，等等；另一方面，人格基本健全有助于调整，包括来访者在辅导者的帮助下重新认识和评价自己的所作所为是否符合客观需要，恢复内外协调一致、言行统一，及时调整自己与外部世界的关系，等等。

2. 强烈、真实的求助动机

心理辅导是一个以来访者为中心的助人过程，强烈、真实的求助动机是进行有效心理辅导的动力保证。一方面，目标的指引有助于行动的有效性和执行的有力性，来访者只有感到痛苦，才会想解决问题、减轻和消除症状，改善自身的心理与行为；另一方面，目标的确立有助于靶向思维的建立和帮助成效的促成，来访者在辅导者的陪伴下不断地厘清求助目标，即清晰、具体且符合事实的目标，从而推动辅导工作的有效进行。

3. 求助的问题属于心理辅导范围

心理辅导是一个面向正常人处理心理困境的助人过程，求助的问题属于心理辅导范围是进行有效心理辅导的专业保证。一方面，发展性的心理困扰属于心理辅导范围，包括与心理社会因素有关的各种适应性心理困扰或问题等，还有轻度神经症、行为问题、心理疾病、康复期的精神问题等；另一方面，障碍性的心理问题不适合进行心理辅导，包括处于发作期、症状期的精神病人（缺乏自知、自制力，与外界接触不良）、较严重人格障碍的人等。

4. 年龄、个性、相处方式等相适宜

心理辅导是一个有赖于建立帮助关系的助人过程，年龄、个性、相处方式等相适宜是进行有效心理辅导的外部保证。一方面，青年人比其他年龄段的人更适合接受心理辅导，其辅导效果更明显，因为青年人有较高的自我意识水平，比少年或儿童更易与辅导者进行理性对话；青年人人格尚未定型，心理困扰时间较短、程度较轻，比中老年人更具可塑性。另一方面，辅导双方心理相容，包括个性、价值观、人际相处等方面有较高的匹配性，彼此相互接受、相互容纳、相互吸引，辅导效果好。

◆ **理论知识点十一：来访者合理的求助行为**

来访者求助行为是否合理妥当，影响着辅导效果的好坏和困扰的改善。来访者合理的求助行为如图 2–16 所示。

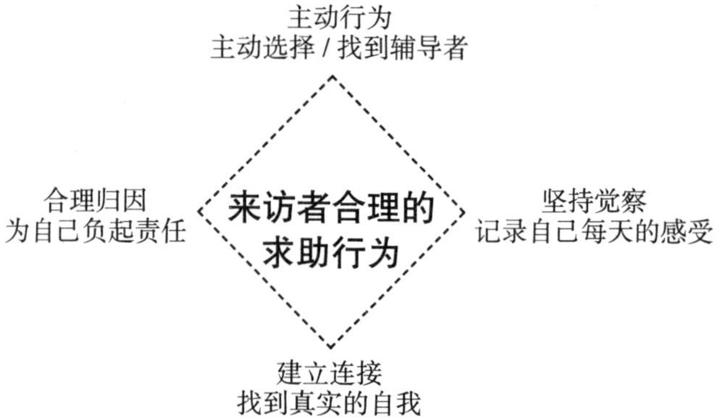

图 2–16　来访者合理的求助行为

1. 主动行为

主动选择 / 找到辅导者，并且能够建立信任，这样可以帮助来访者更好地敞开心扉，说出自己的感觉，建立帮助关系，也有助于辅导者通过辅导技巧帮助来访者全面地了解自己。

2. 坚持觉察

坚持记录自己每天的感受，记录情况的变化，记录和辅导者的对话，记录自己每一个新的领悟，这样每天都会有实实在在的收获。

3. 建立连接

学习找到真实的自我。在辅导者的帮助下，来访者要自己开始寻找——我是谁，我从哪来，要到哪去。当来访者变得真正开始喜欢自己、理解自己、肯定自己，并由衷地欣赏自己时，便会变得更幸福。

4. 合理归因

努力为自己负起责任。若一直把错误、责任归于原生家庭，来访者将停在原处，其实我们了解过去、重现伤痛的经历，是为了让来访者更深切地理解自己，看到自己为什么一直在延续小时候的模式，看到就意味着可以重新做选择，毕竟来访者现在是成人了，具备为自己做选择的能力和责任。

【课中研习】

◆ 研习一：心理定位类型测定

下面有 8 道单选题，主要用来了解自己在与人相处时的心理状态，继而深入了解自我生活态度，每个问题的选择无对错之分，请如实选择。

1. 在我内心深处，总是觉得　（　　）

A. 比其他人强　B. 比其他人差

C. 任何人都没什么了不起　D. 每个人都是有价值的

2. 我在与人沟通时，常常是　（　　）

A. 不知不觉地冒犯别人　B. 十分小心谨慎

C. 不知如何沟通　D. 自如和开放的

3. 我平时接受任务时，总是　（　　）

A. 讲好我个人的好处　B. 担心完不成任务

C. 不能让我承担责任　D. 立刻接受任务

4. 在个人发展（如学习）上，我常常觉得　（　　）

A. 不需要再学什么知识　B. 需要别人督促学习

C. 没必要接触学习方面的问题　D. 自己从不需要别人督促

5. 平时处理意见分歧时，我总是感到　（　　）

A. 对方看法不正确　B. 分歧是自己做得不好造成的

C. 把分歧扩大才好　D. 想方设法化解分歧

6. 我平时在解决问题时，经常是　（　　）

A. 不能按他人构想行事　B. 有他人出主意才放心

C. 无能为力　D. 相信自己能把问题处理好

7. 在日常生活中，我　（　　）

A. 觉得把话说大些挺过瘾　B. 有好多发愁的事

C. 经常听到对我不利的话　D. 时常做些有意义的事

8. 我平时的行动规律是 （　　）

A. 必须有正式指令才行动　　B. 常常评估自己行动

C. 不愿行动　　D. 受命或自发

◆ **研习二：个人特质问卷**

个人特质问卷（表 2–1）可帮助辅导者对自己与自己的关系、自己与他人的关系等方面有一个客观的、实事求是的把握和评价，以促成自我探索、自我提高。

表 2–1　个人特质问卷

个人特质	不太确定	并未具有	有时拥有	经常拥有
认识自己				
接纳自己、肯定自己				
欣赏自己、自爱、自信				
敏锐的自觉，愿意自省与反思				
尊重人，包括尊重人的价值				
信任人，包括信任人具有的潜能				
关心人，重视他人的成长和生命的素质				
愿意分享和分担他人的喜乐与痛苦				
开放的心灵，勇于面对生活的挣扎与挑战				
对己真诚，对人坦诚				
有冒险的能力				
乐于做帮助人的典范				
容许自己犯错，亦承担责任				
生命具有成长的取向，重视生命的素质				
幽默感				
充满活力				
积极的人生信念				
不主观，能产生同理心				
承认个人能力有限				
独立、果断				
明白自己是集体的一员，能充分认同他人				

注：这是一份反映个人特质的问卷，请你用“√”表示自己的实际状况。

◆ 研习三：小组讨论——关于求助

我们常常发现身边有许多需要尽快去求助，来协助自我走出困境的同学，但因种种原因没有去求助，结果导致自我困扰变成了较严重的心理问题。朋辈辅导员应如何推动有需要的同学建立更健康的求助意识，这是做好朋辈辅导、做好心理健康宣传重要的工作之一。

（1）请分析难以求助的原因。

（2）请列举勇于求助的理由。

【课后实践】

（1）在全班同学面前介绍自己：姓名，担任心理委员的初心，作为心理委员的工作范围与职责。

（2）在班上进行小调查：请同学们列出愿意关注自我身心健康的理由。

【理论解析】

◆ 研习一：心理定位

1. 心理定位的内涵

每个人在与人沟通之前其实已经对自己和他人有了先入为主的信念，或者说内心深处根深蒂固的“潜台词”——你是什么样的人，我是什么样的人。在确定我们自己和他人的定位时，将出现四种情况，即我好，你好；我好，你不好；我不好，你好；我不好，你不好（图 2–17）。

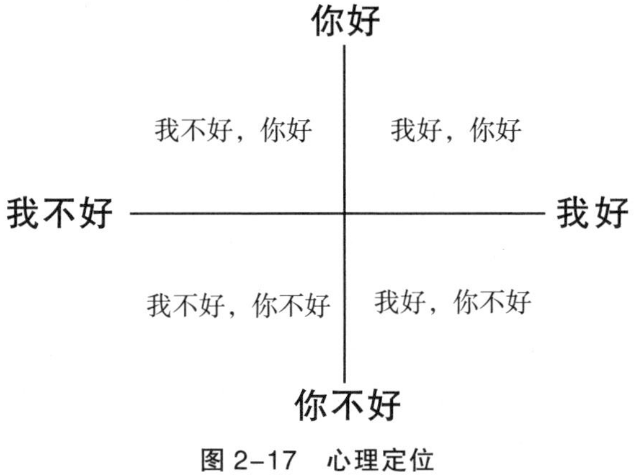

图 2–17　心理定位

2. 常见“心理定位”的观念

（1）“我好”，关于自己的正向结论，如“我很出色”“我很聪明”“我很有力量”“我很有眼光”“我什么事都能做”等。

（2）“我不好”，关于自己的负向结论，如“我很笨”“我很无能”“我什么都做不好”“我反应太慢了”“我不擅长处理人际关系”等。

（3）“你好”，关于他人的正向结论，如“你真棒”“你说得真好”“你这件事做得太漂亮了”“你真会打扮自己”“你真热心”等。

（4）“你不好”，关于他人的负向结论，如“你太爱表现自己了”“你虽然成功了，但是有靠山才得到的”“你真把自己当人物了，太自不量力了”等。

3. 解读四种心理定位

心理定位决定沟通中的基本态度，在沟通中影响着我们的判断、我们的感觉，并决定着我们最后的行为，是更深一层的“潜台词”。

（1）选择“我好，你好”定位的人，是适度自信的人，看自己是好的，看他人也是好的、值得信任的。当沟通中发生不一致时，会认为是人与人之间的差异造成了不同，会从信任的角度去沟通，客观地看问题出在哪里以及应如何解决。

（2）选择“我好，你不好”定位的人，是比较自负的人，看自己总是好的，看他人总带有偏见。总感觉要承认自己的价值就必须把对方压下来，只有证明了他人不好自己才是好的。表面上很强势，习惯指责他人，但内心有着不安和恐惧。

（3）选择“我不好，你不好”定位的人，是极度自卑的人，对他人和自己都充满了否定和失望，所以一直在否定自己，也否定别人。当在沟通中遇到问题时，不相信自己能解决，也拒绝他人的主动沟通，常常处于绝望无助的状态。

（4）选择“我不好，你好”定位的人，是比较自卑的人，倾向于否定自己，总觉得自己是失败者，认为他人比自己优秀，一直处于自我批判、自我贬低、自我拒绝的恶性思维循环之中不能自拔。

◆ 研习二：个人特质

有成效的朋辈辅导工作首要条件是一批优秀的朋辈辅导员，他们的情绪稳定性、人际特点、人格特质、学习力、价值观等是重要的助人要素。

◆ 研习三：关于求助

1. 难以求助的原因

（1）害怕承认自己软弱。不敢求助的人坚持认为寻求他人帮助等于示弱，就是在他人面前暴露自己的弱点，让其看到自己的短处，觉得自己很无用，会产生深深的无力感。

（2）害怕给人带来烦恼。不愿求助的人坚持认为寻求他人帮助等于给他人添麻烦，就是在增加他人的负担，自己的事不能变成他人的责任，不希望自己成为增加他人负担的人。

（3）习惯独自面对困境。不想求助的人坚持认为独立等于坚强，他们可能寻求过帮助，但最终靠自己处理好了事情，所以从小就习惯了在没有任何帮助的情况下独自解决问题。

（4）习惯给予他人帮助。不会求助的人坚持认为给予等于快乐，认为自己有一种道德上的义务去照顾他人，有着给予者的成就感，更擅长付出，帮助他人解决困难。

2. 勇于求助的理由

（1）每个人的能力都是有限的。在我们能力所不及时，独自承担问题感觉异常沉重时，就更会感到无力和无助。这时向人求助，在他人的帮助下我们的心理平衡也慢慢开始恢复。

（2）朋友就是用来麻烦的。每个人都有向善为善之心，这意味着只要我们求助于他人时，实际上有很多人乐意帮助我们。被需要感其实会让人感到快乐，甚至感到幸福。

（3）与人分担则压力减半。在我们寻求帮助、在他人伸出援手的同时互相帮助就开始了，一起面对脆弱、聚焦问题，尽全力来走出所处的困境，与人分担时，负担就得到减轻。

（4）帮助他人也要有边界感。礼貌地、尊重界限地求助与帮助，意味着在他人的能力范围内表达自己具体的求助需要，他人的帮助便会以一种无压力的方式呈现出来，彼此之间也会更加亲近。

第三章　辅导理论：立场和指引

朋辈辅导是一种人与人之间的沟通与帮助行为，哲学、心理学、社会学中的很多理念、原则和理论均可以用于朋辈辅导的学习与实践。

【课前思考】

1. 请收集身边同学对开展朋辈辅导的看法

★ 学校开展朋辈辅导，就是同学或者高年级的师哥师姐当中学习好的来给其他同学提供学习经验，出发点是好的，大部分也做得挺好，但是这几年越来越趋向于这么个情况：班级心理委员只是在班级微信群里发了一套一问一答的心理健康知识题，而且大多数同学并没有看。我认为心理健康知识宣传不能仅是阅读了解，还要采用同学喜闻乐见的形式来推广才有效果。

★ 我没有感觉到班级心理委员的存在，我们班有两位心理委员，男女各一人，我总觉得心理委员没有专业理论水平，也没什么辅导技巧，难以取得身边同学的信任，这样班级的心理委员工作也难以开展。我建议不仅让心理委员系统学习朋辈辅导理论与技术，也让更多的同学选修相关的课程，让更多的人走进健康与助人的行列。

★ 我是一名朋辈辅导员，为什么要加入这样一个队伍？一方面能够丰富自己的人生阅历，给自己的简历加分；另一方面可以认识更多的人，扩大自己的人脉。我在大一刚进学校的时候，受到过很多学长学姐的帮助，所以我自荐申请成为班级心理委员，接受了专业课程学习和实践指导，大二时期积极加入引导学弟学妹的行列，获准成为新生班级的导生，这是非常快乐的。所以我建议有时间的话可以加入一下，尽情体验。

★ 我现在大三了，做心理委员有两年多了，主要工作是开展班级心理健康宣传，协助学院开展心理健康活动，效果还行，但我本人收获更大，我在专业学习中，对人本主义心理学理论特别有感受，它是帮助我理解自己、改善自己时很重要的理论指引。

★ 我是一名刚被选为心理委员、被要求上“朋辈心理辅导训练课程”的学生，上课前其实是带着一种不情愿的心态来的，但是第一节课就被老师的一些话触动了，让我觉得这门课或许可以让自己学到很多东西。“寻找不同点”的心理体验让我感悟到其实主动地去微笑、去接受他人，主动让他人卸下防备是一件让人愉悦的事，因为你主动迈出了那一步，会让他人迈出很多步。通过老师的分享，我了解了如何做好朋辈辅导工作，并且作为心理委员的我们需要搭建一定的知识结构，包括心理健康知识、心理辅导理论、心理面谈技巧等，我非常期待接下来的学习与体验。

2. 请分享身边同学自助、助人的经验或启示

★ 我是过来人，有三年多的心理委员工作经历，真切感受到如果没有进行系统的朋辈辅导理论学习，就只是像一般人那样与人聊天是没有效果的，所以建议你先了解基本心理学与心理辅导理论，还要看看自己有没有引导能力，千万不要擅自去跟有困扰的人沟通。要么是你引导不对，令事态恶化；要么就是你被他反向引导了。

★ 课程老师说，大学生要有独立、健全的思想，通过学习批判性接受的方法去强大自己的内心，去建立一套属于自己的自我评价体系，一套属于自己的人生价值观，一套让自己足够强大的人生态度观。通过了解和思考人本主义的人性观，我有一种豁然开朗的感觉。每个人都有自己的价值，我也会去建立属于自己的世界观，独立且智慧的人生态度将是我个人成长的方向。

【主题分享】

◆ 理论知识点一：什么是心理辅导

朋辈辅导是心理辅导类型之一，遵循心理辅导的基本态度、原理与方法。成为朋辈辅导员，需要有一定的专业理论作为开展朋辈辅导工作的立场与指引，这是工作的根本。朋辈辅导员了解并理解什么是心理辅导，是对心理辅导基本理论与原理的把握。心理辅导的解读有四个方面，如图 3-1 所示。

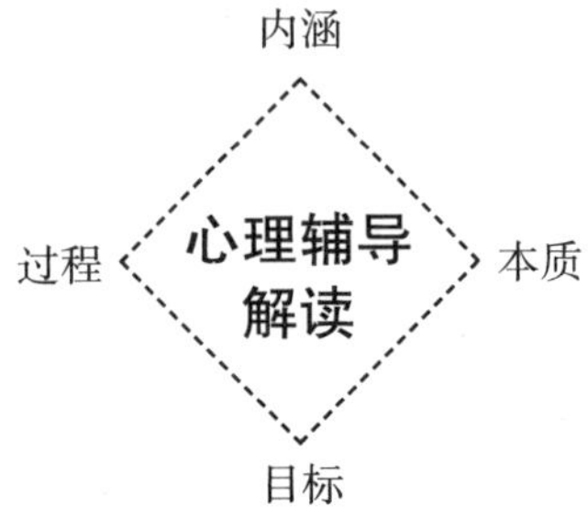

图 3-1　心理辅导解读

1. 心理辅导的内涵

心理辅导（psychological counseling）是一个过程，在这个过程中，辅导者致力于与来访者建立一个具建设性关系，以协助来访者看见自己、悦纳自己，面对和处理成长困惑，获得拥有幸福人生的能力。

美国《哲学百科全书》中关于心理辅导内涵的界定有四个方面，如图 3-2 所示。

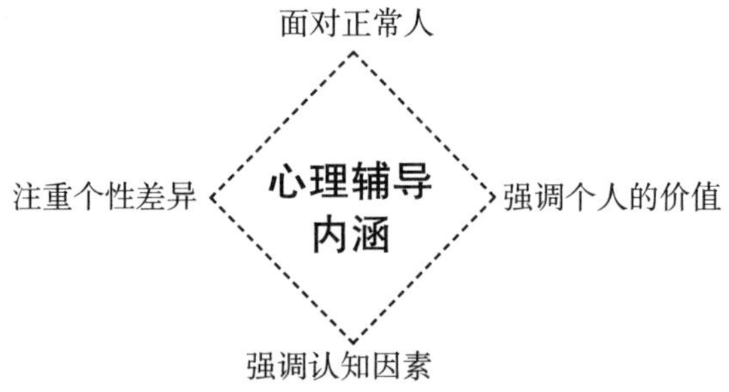

图 3-2　心理辅导内涵

（1）面对正常人。关于日常生活困扰、人对环境资源的利用以及必要时的改变，大多是发展性心理辅导。

（2）强调个人的价值。“天生我材必有用”，每个人都有自己独特的品质和存在的意义。

（3）强调认知因素。主要与不合理信念进行对话，重视理性在选择和决定中的作用。

（4）注重个性差异。在制定人生目标与计划、扮演社会角色等方面存在个性差异。

2. 心理辅导的本质

心理辅导的本质主要表现在四个方面，如图 3–3 所示。

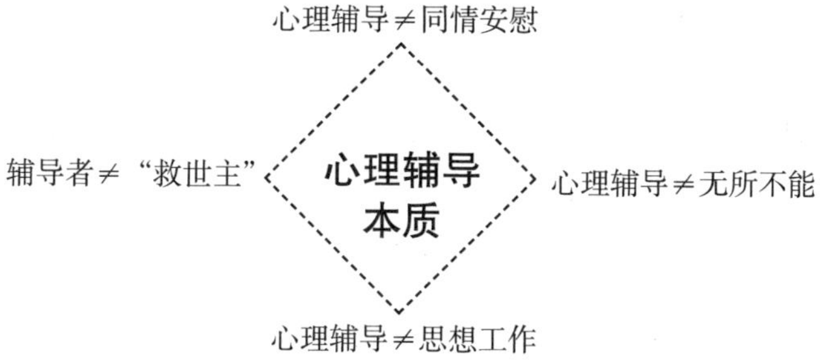

图 3–3　心理辅导本质

（1）心理辅导不等于同情安慰。心理辅导的目标是助人自助，帮助来访者经历痛苦，战胜痛苦，走出困惑，是共情而非同情。共情就是进入对方的精神世界，理解其精神负担，启发其面对困难，帮助其寻求自助良方，是一种平等对话；同情是安慰，可能可以缓解来访者的情绪困扰，也有可能适得其反，如居高临下、隔靴搔痒式的同情等易引起对方的拒绝和回避，是一种不平等的连接。

（2）心理辅导不等于无所不能。有人认为心理辅导是万能钥匙，什么样的“心锁”都能随之而开，所以在接受一两次心理辅导后，如果没有达到预期的效果，就会感到大失所望。其实，心理辅导是一个连续的、艰难的改变过程，辅导效果与来访者人格特质和生活经历息息相关，与来访者强烈的求助、改变的动机有关，没有持久的决心与之抗衡，是难以守得云开见月明的。

（3）心理辅导不等于思想工作。还有些人认为心理辅导就是做思想工作，因为二者都依靠谈话来改变人的观点和行为。其实心理辅导与思想工作是相辅相成的，它们的最终目的都是培养身心健康的有用人才。但是，思想工作侧重理性，重视社会和集体利益，强调说服教育，探讨“对不对”；而心理辅导侧重人性，肯定个人价值，采取中立态度，寻找心理症结，探讨“是什么”。

（4）辅导者不等于“救世主”。有些来访者把辅导者当作“救世主”，把问题和包袱丢给他们，认为只要求得一剂良方，便可万事大吉。实际上，辅导者在陪伴来访者时，主要作用是协助其看见问题，重聚力量与智慧去解决困扰，促进来访者的改变和成长，而无权把自己的价值观和愿望强加给来访者，更不能代替来访者去思考、改变和决定。真正的“救世主”只会是来访者自己。

3. 心理辅导的目标

心理辅导的目标是心理帮助所要取得的结果或达到的目的。

（1）辅导双方共同制定目标。辅导双方在一同面对心理困惑的表现和原因分析达成共识的基础上，辅导者引导和鼓励来访者思考和提出自己的要求及希望达到的目标。这将有助于辅导双方明确努力方向，在有限时间内进行有效沟通。

（2）辅导目标具有心理属性。心理辅导的内容主要是发展性心理困扰，来访者寻求的心理帮助主要包括心理适应、心理发展等，是正常人常常遇到的困扰。这将有助于辅导双方积极地开展合作。

（3）辅导目标具体、可行，有层次。辅导者要协助来访者把抽象、笼统甚至模糊的目标具体化，使其具有可行性。辅导目标是一个由外及里、由浅到深的内化过程，包括直接、中间与终极三个层次（图 3–4）。这将有助于对辅导价值和效果进行评估。

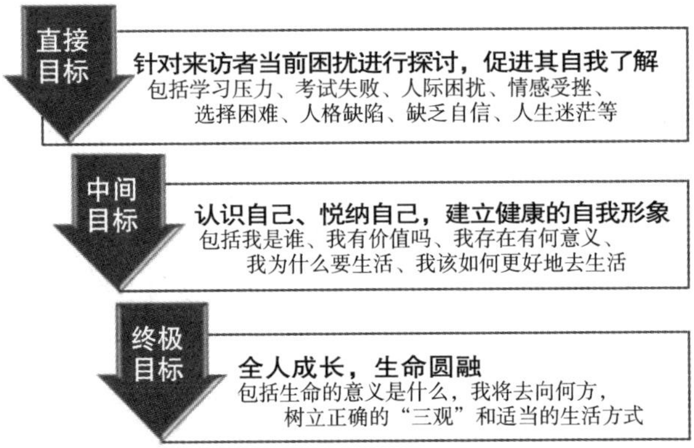

图 3–4　心理辅导目标（三层次）

4. 心理辅导的过程

心理辅导的真正意义在于辅导者协助来访者面对自己、感受自己，从而接纳自己，并学着去爱自己。香港中文大学林孟平教授在其所著的《辅导与心理治疗》一书中认为，心理辅导是一个过程，分为四个阶段。

第一阶段：预备阶段，建立初步帮助关系。只要走进心理辅导室，表明来访者愿意并有勇气去面对自己，这本身就是心理健康的一种表现。从这层意义上来说来访者的困扰已去一半，剩下一半由来访者与辅导者一同面对与探讨。

第二阶段：探讨感应阶段，共同探索问题。心理辅导是一种心灵的对话，没有判断，没有批评，没有指责，有的只是倾听、关注、同感与挑战，协助来访者自由尽情地倾诉，看见自己，思考自己，以找到问题症结。

第三阶段：行动阶段，尝试解决方案。协助来访者积极改变，在知道与做到之间缺一个尝试，来访者可以试试看，用行动在生活里去体悟，情绪会得到缓解，困扰会得以消除。

第四阶段：跟进阶段，给来访者提供面对生活的勇气。协助和鼓励来访者坚持探索和练习。

◆ 理论知识点二：人本主义心理学

人本主义心理学是朋辈辅导的理论基石之一。朋辈辅导员学习与应用人本主义心理学，其目的是学习建立朋辈辅导的基本态度与立场。

人本主义心理学兴起于20世纪五六十年代的美国，以马斯洛、罗杰斯为代表，被称为除行为主义学派和精神分析以外，心理学的“第三思潮”。人本主义心理学主张“以人为本”，特别强调人的正面本质和价值，并非集中研究人的问题行为，而是强调人的成长和发展。这为朋辈辅导的工作理念——助人自助与互助的确立提供了坚实的理论基础。

下面主要从与朋辈辅导相关的视角阐释人本主义心理学人性观、马斯洛需要层次理论、罗杰斯来访者中心疗法以及人本主义心理学的启示（图3-5）。

图3-5　人本主义心理学

1. 人本主义心理学人性观

在心理辅导中，人性观是一切心理辅导方法和技术的理论基础，辅导者的人性观直接影响其对来访者的看法、态度，影响着辅导效果。

人本主义心理学把人性置于心理学研究的核心地位。人本主义的人性观是“性善论”，认为人类本性中固有完善、善良、自我实现等积极方面，人是一种“正在成长过程中的存在”（图 3–6）。

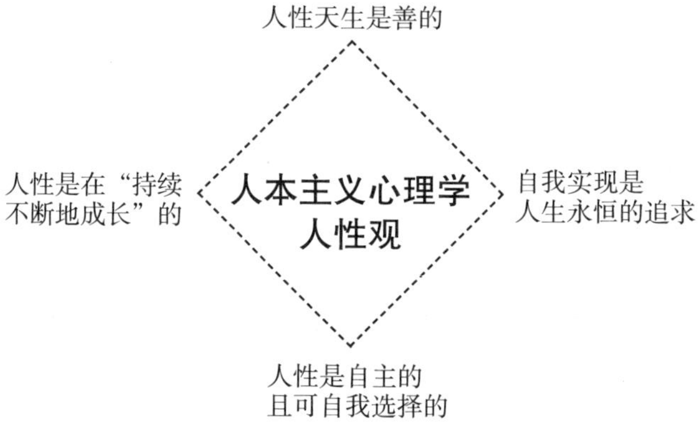

图 3–6 人本主义心理学人性观

（1）人性天生是善的。除罗洛·梅外，人本主义心理学家对人性持乐观态度，注重人的本性、自由和尊严，相信人有能力对自己进行指导，能够对自己的存在方式负责。只要有适当的成长和自我实现的环境与机会，人性就会在自我实现的先天动机驱动下不断向着健康的方向发展。人本主义心理学家承认人也会为恶，但那不是人的本性反映。

（2）自我实现是人生永恒的追求。自我实现是人类和人性发展所能达到的状态，是人性发展的方向。自我实现包含两层含义：一是完美人性的实现，即作为人类共性的潜能的实现，包括友爱、合作、求知、审美、创造等；二是个人潜能的实现，即具有个体差异的每个个体的个人潜能的充分展现。自我实现的人能自觉地克服自己的弱点，使自己更接近完善的人性，更充分地发挥潜能。

（3）人性是自主的且可自我选择的。人本主义心理学家相信人有自由意识，可自由地选择自己的未来。他们坚持这一主张的原因如下：有了自由和自主，人才可以尝试消除种种条件的限制，才可以做出选择，成为“一个功能得到完全发挥的人”（罗杰斯）；他的自我必须是自动整合和实现的（马斯洛）；他必须有一种自我觉知感和核心感（罗洛·梅）。

（4）人性是在“持续不断地成长”的。人本主义心理学家认为人类的机体能够进行自我调节，使人本身趋向和谐完美，主张人的行为具有理性很强的、敏锐的、有条不紊且复杂性的特质，即个体具有与自己的机体相符的自由意志的选择和自我实现的最终责任，以此发展自我、完善自我，促进人性不断地向着健康的方向发展。

2. 马斯洛需要层次理论

马斯洛被誉为人本主义心理学之父，他强调心理学应研究人性整体的思想。马斯洛最具价值、最具影响力的理论之一是需要层次理论。在心理辅导中，辅导者只有充分了解并理解来访者的心理需求，辅导对话更易产生共鸣（同理心），辅导效果更易提高有效性。这就是需要层次理论在心理辅导中的价值所在。

需要层次理论是马斯洛在 1943 年提出的，他认为，整体而言，人的需要是从低层级到高层级、从外在满足到内在满足的转化，进而将人的需求依阶梯式从低到高分为五种（图 3–7）。

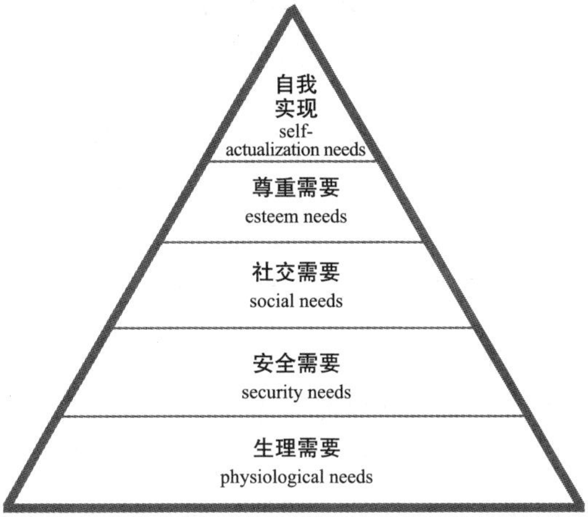

图 3–7　马斯洛需要层次理论

（1）生理需要是指人类维持生存和种族延续的需要，是人对食物、水分、空气、睡眠等的需要。它是人的所有需要中最基本、最原始的需要，也是最强有力的需要，是其他一切需要产生的基础。

（2）安全需要是指希求受保护与免遭威胁从而获得安全感的需要。人在生理需要相对满足的情况下，就会出现安全的需要。人们期求生活稳定、有保障，即表现了其安全需要。

（3）社交需要，即归属与爱的需要，是指每个人都有被他人或群体接纳、爱护、关注、鼓励和支持的需要。它是更高一级的需要，包括被人爱与热爱他人，保持友谊，被团体接纳等。

（4）尊重需要是在生理、安全、社交的需要得到基本满足后产生的对自己社会价值追求的需要，包括自尊和他尊两个方面。这种需要得到满足，就会感受到自信心、有价值和成就感。

（5）自我实现是最高层次的需要，是在上述需要得到满足后产生的。所谓“自我实现”，即追求自我理想的实现，在精神上臻于真善美合一的人生境界及理想全部实现的需要，也是一种创造和自我价值得到体现的需要。自我实现者具有14种人格特质，如图3-8所示。

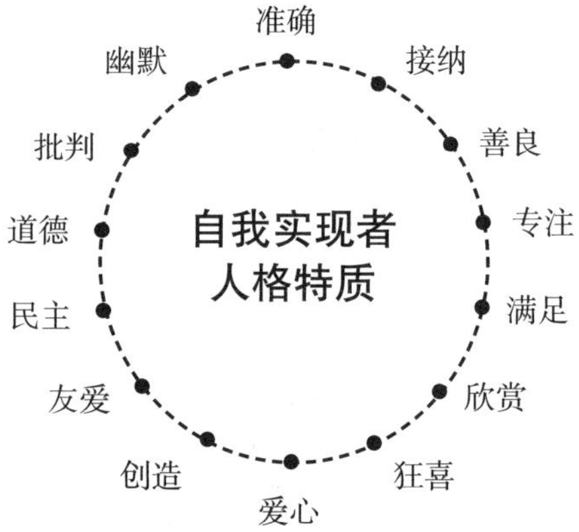

图3-8　自我实现者人格特质

3. 罗杰斯来访者中心疗法

罗杰斯是人本主义心理学的代表人物之一，主张将人本理念用于心理治疗的实践。罗杰斯最具价值、最具影响力的理论之一是来访者中心疗法。

罗杰斯从事心理辅导和治疗的实践与研究，主张以来访者为中心的心理治疗方法，首创的非指导性治疗（来访者中心疗法）被人们称为心理疗法的革命——从技术性的治疗转到注重人际关系（图3-9）。

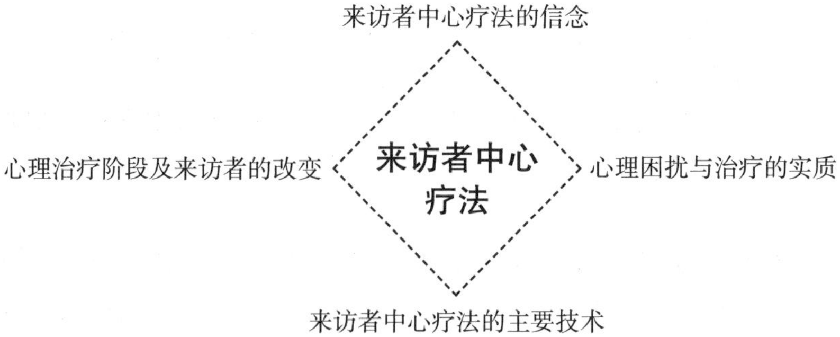

图3-9　来访者中心疗法

（1）来访者中心疗法的信念。坚信人性本善，人是完全可以信任的，且人具有自我实现和成长的能力，有很大的潜能理解自己的问题，而无须辅导者进行直接干预，如果处在一段特别的辅导关系中，人能够通过自我引导而成长。罗杰斯认为辅导者的态度和人格以及辅导关系的质量是首要的，辅导者的理论和技能是次要的，相信来访者有自我治愈的能力。

（2）心理困扰与治疗的实质。自我概念是来访者中心疗法理论理解心理困扰的关键，自我概念与经验之间的不协调是产生心理困扰的原因。个体为了保持自我对环境的适应，可能为了符合别人的期望而否认和改变自己的价值，但这种改变不符合自己的意愿。为此，来访者中心疗法的治疗实质是重建个体在自我概念与经验之间的和谐，或者达到个体人格的重建，使其恢复真正的自我。

（3）来访者中心疗法的主要技术。来访者中心疗法主要有三种技术：一是尊重接纳技术，完整接纳、平等待人、保护隐私，以创造一个安全、温暖的氛围使来访者可以最大限度地表达自己，从而获得自我价值感；二是真诚交流技术，辅导者以“真正的我”出现，不藏在专业角色的后面，不戴面具、不扮演角色，表里如一，真实可信；三是促进共情技术，辅导者站在来访者立场，了解并表达出其感受及内在世界，来访者与辅导者的情感对焦、思想并轨。

（4）心理治疗阶段及来访者的改变。心理治疗的七个阶段：①僵化和疏远，不主动寻求帮助和治疗；②来访者开始有所改变；③流畅自由地表达客观自我；④更自由地表达个人情感，表达时仍有顾虑；⑤自由地表达个人情感，接受自己的感受，仍有迟疑；⑥完全接受过去被阻碍、被否定的情感，自我和情感变得协调一致；⑦自我整合及治疗领悟延展到其他生活领域。来访者的变化：更为主动正向；更加协调；更加信任自己；更加适应；人格更完善，愿意使生命成为一个变化的过程。

4. 人本主义心理学的启示

人本主义心理学的基本观点对朋辈辅导具有重要的借鉴和启发意义，下面主要从研究对象、核心观念、理论体系、心理治疗等方面来分析人本主义心理学对朋辈辅导的启示（图 3–10）。

图 3-10 人本主义心理学启示

（1）人本主义心理学研究对象：健康的人。人本主义心理学家认为心理学要研究人，研究健康的人和成功的人，研究人独有的潜能和价值。人本主义心理学不仅把人与动物分开，而且突出人性、人的价值和尊严、人的主动性和独特性以及人的社会需要等人类高级精神生活的领域。

朋辈辅导启示：在大学，更多的学生是存有心理困扰的健康人，为此需要获得更多的身心健康知识，提升心理健康水平；面对来访者，首要的是关心其价值和尊严，重视和关注其精神生活及内在价值，而非将人生物化、机械化。

（2）人本主义心理学核心观念：自我实现。人本主义心理学家指出，人类的自我实现是作为人类共性的完满人性的实现和作为个体差异的个人潜能的实现，自我实现是人最基本且唯一的动机和目的，它指引人朝向满意的个人理想成长。

朋辈辅导启示：每名学生都有向上、向好的心理成长倾向，都有自我趋向完善或完美的自我实现潜能。来访者并不是有问题的人，而是暂时没有发挥出内在潜能的人，只要具备合适的环境，来访者就能够自我修正、自我发展。

（3）人本主义心理学理论体系：以人为中心。人本主义心理学家相信人性本善，相信人性本来就是倾向于创造性的、积极的、建设性的、关系的；强调人的主观性，相信每个人都有对现实的独特主观认识；主张每个人都有解决问题、改变自我、提高自我指导的创造力，人格成长和成熟的根源来自个体内部，而不是外部力量。

朋辈辅导启示：每位学生都是自我学习与生活的主体，都具有内在的建设性倾向和自我指导能力，朋辈辅导员要重视来访者的整体性和人际关系，要充分理解、积极关怀和耐心引导来访者，促进其处理困扰、恢复健康。

（4）人本主义心理学心理治疗：非指导性。人本主义心理学家首创非指导性治疗，着眼点放在来访者身上而不是问题本身，重视个体心理上的独立性和保持完整心理状态的权利；强调辅导者应建立尊重、真诚、无条件积极关注的态度，帮助来访者进行自我探索，发现自身问题，挖掘自身潜能，以促进自我成长。

朋辈辅导启示：心理辅导的关键是建立有效的、融洽的帮助关系，如此朋辈辅导员才能真正做到助人自助，协助和促使来访者困扰释放，生活态度和行为产生建设性的改变，形成健康的人格。

◆ 理论知识点三：认知疗法

认知疗法是朋辈辅导的理论基石之一。朋辈辅导员学习与应用认知疗法，目的是更好地运用朋辈辅导的基本方法与技术。

认知疗法于 20 世纪五六十年代在美国创立，它是根据认知心理学提出的认知过程影响情感和行为的理论假设，通过认知和行为技术来改变来访者不良认知的一种治疗方法。认知疗法基本上属于人本主义心理学范围。认知疗法中比较有代表性的是埃利斯的合理情绪疗法和贝克的认知行为疗法。

下面主要从与朋辈辅导相关的视角阐释认知疗法的人性观、理论思想、认知歪曲以及认知疗法的启示（图 3–11）。

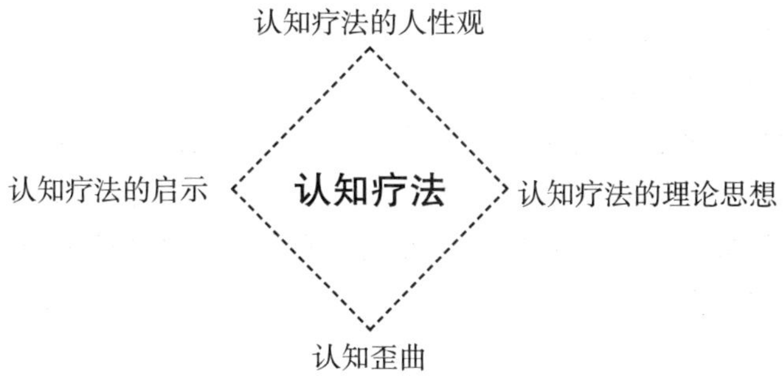

图 3–11　认知疗法

1. 认知疗法的人性观

每一种心理治疗理论与方法都有其相应的人性观，认知疗法也不例外（图 3–12）。

图 3-12 认知疗法人性观

（1）人本主义倾向强调人的成长、潜能与自我实现。人类的使命就是让蕴含在种子里的成长发展潜能逐步成为现实，即人在成长过程中有着向前向上的内驱力。

（2）理性与非理性是人类的两种思考方式。人的理性与非理性是并存的，当人们按照理性思维行动时，不仅动机性强、富有竞争精神，而且行动也会更有成效；而在非理性思维下，人们常常会逃避现实、自怨自艾。

（3）人们的内心困扰症结源于不合理观念。人是语言的动物，思维借助语言而进行，即当人们对客观世界的认识与解读存在负向或有偏差的"语言系统"（包括信念和认知方式）时就有可能引发烦恼。

（4）人具有改变和发展自己的能动性，为此我们需要接纳自己是个会不断犯错同时能够改善的人，即能有效地觉察出不合理认知并加以改变，人便能恢复适应良好的状态。

2. 认知疗法的理论思想

认知疗法的理论形成与发展是认知心理学家建立在摒弃精神分析的生物性和探索潜意识的治疗模式、认同人本主义的自我实现主观能动性治疗模式的基础上的。下面从朋辈辅导方法的视角了解认知疗法的理论基点、治疗观点、治疗过程和常用技术（图 3-13）。

图 3-13 认知疗法理论思想

（1）认知疗法的理论基点。认知疗法是主动的、指导的、有时间限制及有结构性的治疗法，是一种洞察治疗法，强调认知以及改变负面的思考与不适当的信念。治疗目标是辅导者协助来访者了解与处理自我挫败认知。埃利斯提出“人们的信念是可以理解的”基本观念，倡导“认知因素是改变感受与行为的一条途径”。

（2）认知疗法的治疗观点。认知疗法是通过改变思维和行为的方法来改变/扭转不合理认知，达到消除负向情绪和行为的短程心理治疗方法。

埃利斯的合理情绪疗法（rational-emotive therapy，RET）认为情绪困扰是由不合理信念、绝对性思考和错误评价所形成的，并认为人生来便具有用合理信念对抗不合理信念的潜能。RET 注重指导性，辅导者扮演指导者的角色，来访者处于接受合理信念的位置，通过辩论和面质帮助来访者改变不合理信念，并以理性的生活哲学促使来访者的压抑、焦虑、抑郁、敌对等负向情绪得以改善。RET 最核心的理论是 ABC 理论，具体阐释和应用请见第六章，在此不作详述。

贝克的认知行为疗法（cognitive behavioral therapy，CBT）认为“所有适应不良的行为与情绪，都源于适应不良的认知”。CBT 致力于与来访者建立合作气氛，认清其价值观，并在辅导中持续地促进来访者对自己的信念提出证据，帮助来访者克服认知的盲点、自我欺骗和不正确的判断，改变其认知扭曲或不合逻辑的思维方式，从而缓解症状。CBT 在临床应用上以治疗抑郁症最为突出。

（3）认知疗法的治疗过程。认知疗法具有结构性，具体表现在有固定的治疗过程（图 3–14）。

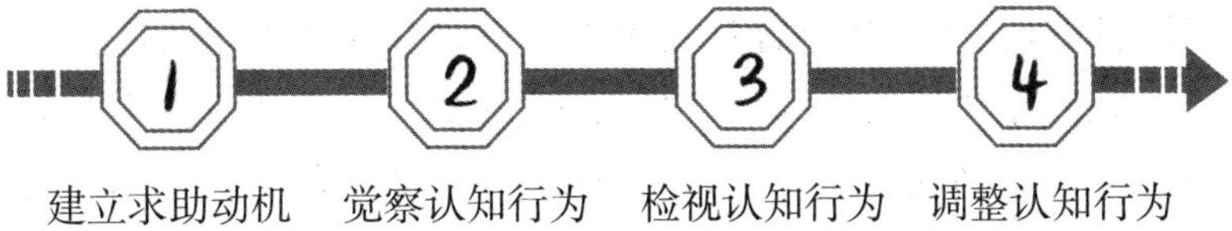

图 3–14　认知疗法的治疗过程

① 建立求助动机，辅导者给予指导、说明和认知示范，以协助来访者了解适应不良的认知—情绪—行为模式，双方对问题达成认知阐释上的统一。

② 觉察认知行为，辅导者协助来访者察看自己是否存在不合理的思维

习惯、思维观念，或者思维推理方式。

③ 检视认知行为，辅导者通过认知歪曲阐释视角协助来访者分析这些观念中哪些对自己存有负向影响且影响程度如何，从而开展对话，加深理解和领悟。

④ 调整认知行为，辅导者协助来访者在处理日常生活问题的过程中，将新的认知模式用到社会情境之中，取代原有的认知模式，逐步调整情绪与行为。

（4）认知疗法的常用技术。认知疗法有很多行之有效的治疗方法，下面介绍几种朋辈辅导员可以学习掌握的常用技术（图 3-15）。

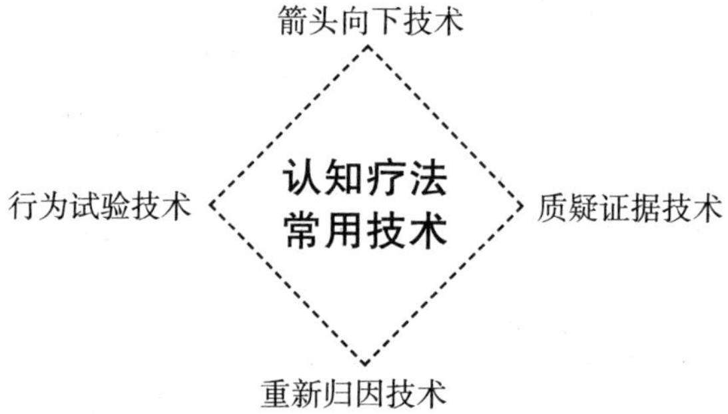

图 3-15　认知疗法常用技术

① 箭头向下技术。箭头向下技术是一个将问题具体化的过程，即应用提问方式促使来访者对自我内在想法进行探究，探究想法背后的想法，直到触及核心信念为止。辅导者常用问句："既然这样，那会怎么样？"具体的表达是："如果你的想法是对的或真的发生，它意味着什么，或它会怎么样，或它是什么意思？"

② 质疑证据技术。质疑证据技术是一个将观念合理化的过程，即通过探讨方式来鼓励来访者对自身偏颇观念进行质疑，质疑观念的不合理之处，找寻合理之处，直到这种质疑成为一个自主的习惯。辅导者常用问句："有什么证据证明你的想法是真的？""有没有替代性的解释？""如果你改变想法的话，会有什么影响？"

③ 重新归因技术。重新归因技术是一个将归因真实化的过程，即借助讨论方式来推动来访者对自己的臆想思维进行思考，思考对事件的产生原因所做的不现实解释，重新归因就是用一种更现实的角度来了解所发生的事。辅导者常用问句："除了你以为的，尝试着看看还有其他导致问

题的因素吗？”

④ 行为试验技术。行为试验技术是一种将效果有效化的过程，即通过共商方式支持来访者对自己新获观念进行试验，用新行为效果检验新的信念是否真实合理，以巩固新观念的有效性。辅导者常用问句：“回到生活中，能否试着证明刚才你所领悟的想法？”“能否分享下你的试验效果？”

3. 认知歪曲

认知歪曲又称认知偏差，是人们对自我的观念、想法和判断极其主观片面，缺乏足够根据，这种观念和想法给自己带来无尽的烦恼和困惑。消除认知歪曲是处理情绪问题的基础，而识别认知歪曲是消除认知歪曲的第一步。

《伯恩斯新情绪疗法》一书中列举了“十大认知歪曲”，见图 3–16。

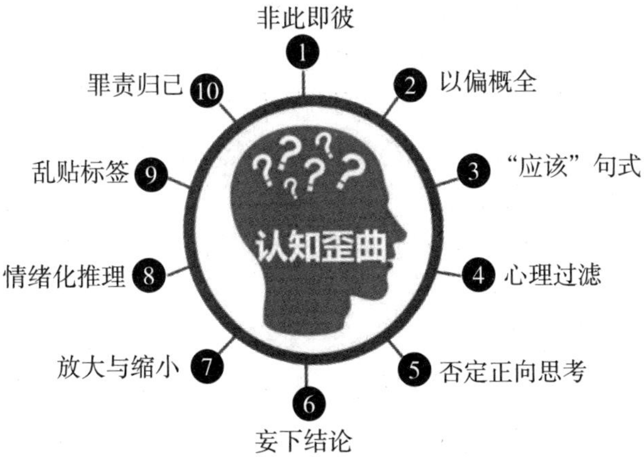

图 3–16　十大认知歪曲

大学生的心理困境主要来自认知歪曲（偏差），朋辈辅导员在面对来访同学的心理困境时，需要用心觉察其困境中的认知歪曲，才能进行有效对话，这是朋辈关怀的有力保证。下面简述部分大学生常见的认知歪曲表现，每个简述后面的破折号所指的观念是朋辈辅导员需要建立的合理信念。

（1）非此即彼。非此即彼又称两极化思维，用非黑即白的思维模式看待世界，如只要自己的表现有一点瑕疵，就宣告失败，就开始彻底地否定自己（“我就是个无能的废物”）。非此即彼的思维来源于追求完美主义，容易使人深陷失望沮丧的境地。——其实万事无绝对。

（2）以偏概全。只要发生一件负面事件，就表示失败会接踵而至，无休无止。比如受到他人的不公平对待，便产生这样的想法：“人全都是坏的”，甚至是“人类都不是什么好东西”。这种认知模式容易使人产生思维定式、固化观念、武断处事。——其实应就事论事。

（3）“应该”句式。其表现为对自己和他人的要求都非常高，习惯用“我应该做这个”“我绝对不能那样”来鞭策自己，用“你应该做那个”“你怎么能这样做，这不能接受”来要求他人。这种强加于他人和自己的“应该”，会令人烦躁、怨恨。——其实可用“希望”代替。

（4）心理过滤。其表现为人好像戴上了一副有色眼镜，镜片会过滤掉任何正面的内容，只允许负面内容进入脑海，专注地反复回味，然后就觉得这个世界就是消极的。这一过滤流程的学术名称是“选择性失明”。这一习惯易让人产生无助感。——其实事物有两个面。

（5）妄下结论。这是一种负向预言（先知错误），有些人不经过实际情况验证便迅速武断地得出负面结论，想当然地认为他人不尽如人意的行为就是针对自己，并且确信无疑。这些负面反应，容易使人在人际关系中采取疏离态度或予以反击。——其实“我认为”不一定是事实。

（6）罪责归己。这是“内疚之源”，表现为某个负面事件的罪责就在于自己，尽管毫无根据还是会武断地认为事情的发生，都是自己的错，或者它证明了自己的无能。这种极端的内疚，容易使人出现强大的沉重感，感到无法喘息。——其实凡事都有边界。

4. 认知疗法的启示

认知疗法在基本立场、认知歪曲、辅导关系、辅导技术等方面对朋辈辅导的启示如图 3–17 所示。

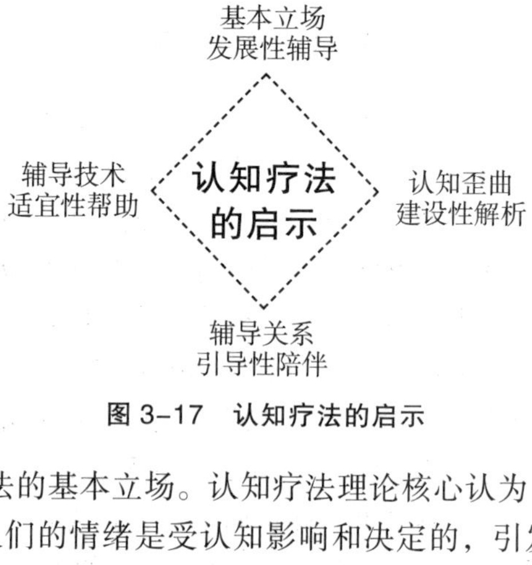

图 3–17　认知疗法的启示

（1）认知疗法的基本立场。认知疗法理论核心认为，认知是情感和行为反应的中介，人们的情绪是受认知影响和决定的，引发人们情绪和行为问题的原因不是事件本身，而是人们对事件的解释或认知观念。这一观念既有合理的、理性的，也有不合理的、缺乏理性的，情绪和心理上的困扰就是由不合理的、不合逻辑的认知造成的。这说明认知疗法适用对象为受过良好教育，有一定的逻辑思维、自我反思能力和智力水平的人群。

朋辈辅导启示：发展性辅导。正在接受高等教育的大学生完全符合这一适应对象要求。大学生在面对学习生活状态、自我人生选择、发展完善人格等成长课题中，合理认知与不合理认知并存，合理思维与观念带来更多的自我成就感，而不合理认知引发自我挫败感。作为朋辈辅导员，需要知晓这些是每名大学生都会经历的人生课题，是正常的发展课题。

（2）认知疗法的认知歪曲。认知歪曲是指个体对自己以及周围世界产生的偏见。随着年龄的增长，我们会不断巩固脑海中出现的不合理的、歪曲的想法和信念。当这些认知歪曲的思维模式成为人们的日常思维时，就很难进行准确识别。认知疗法将主要着眼点放在来访者的不合理认知（认知歪曲）上，通过识别负向思维、重构认知结构、建立新的认知评价体系，改善深层的认知歪曲，学会采用更适宜的方式应对生活事件。

朋辈辅导启示：建设性解析。大学生具有优良的文化素养和社会常识，但同时存在不同程度、不同形式的认知歪曲。大学生常见的认知偏差有：非黑即白，思考问题的二分法思维；从个别事件得出一般性结论的过分概括；认定某人、事、物会或不会发生的绝对化要求；负向事情发生时的糟糕至极；等等。作为朋辈辅导员，应学会识别认知歪曲，理解那些需要改变的思维模式。

（3）认知疗法的辅导关系。在认知疗法中，建立良好的心理辅导关系被看作有效帮助的基础。具体来说在辅导过程中强调合作关系，辅导者营造信赖、温暖和支持的关系氛围，主动了解来访者的想法和感受，协助来访者了解相关概念与知识、识别和评估情绪，以及学习新的认知和行为方式，并在来访者有意愿或同意的情况下，达成一致的改变目标，共同协作、共同努力。朋辈辅导员起着辅助作用，应鼓励来访者积极主动，使其成为自己的治疗师，自己解决自己的问题。

朋辈辅导启示：引导性陪伴。朋辈辅导中的朋辈双方生活在同一环境中，有着相似或相仿的学习、生活方面的经验和感受，彼此之间容易理解、沟通，可以通过“自助—助人—互助”的建设性朋辈关系进行积极的人际互动。朋辈辅导员应相信来访同学是有能力、有价值、有责任感的人，陪伴其更好地厘清思维、规避偏差，建立合理认知。

（4）认知疗法的辅导技术。认知疗法的理论简明易懂，技术可操作性强，它的应用基础是依赖人的理智和逻辑能力，以问题为中心，以现实合理的途径解决问题，它在操作中比较注重人的思维和行为，其基本技术有心理教育技术、认知重建技术、布置家庭作业、问题解决技术，最常用的技术就是与不合理信念辩论的技术，辅导中辅导者和来访者一起对认知歪曲进行分析，并对自动性思维和偏差观念进行真实性验证。

朋辈辅导启示：适宜性帮助。认知疗法理论和技术的简单可操作适用于高校实际需要，大学生有良好的学习能力，能主动思考问题，易接受辅导者的帮助且可塑性强。朋辈辅导员通过与来访同学一起面对情绪困扰和行为偏差，探索认知困境，注重当下的状态和未来的发展，重视“怎么办”，以此改善其心态与行为。

【课中研习】

◆ 研习一：小组讨论

请阅读下面五组对话，分析老师（辅导者）的回应表现。

对话一

学生（着急）：老师，我就要毕业了，现在正四处找工作，不知道您这里有没有一些信息和资料可以提供给我，我想尽快找到工作。

老师：正好，我这里刚刚收到几份资料，你看看怎么样？我再帮你查一查。

对话二

学生：老师，昨天听了您的讲座，好精彩！我们班的同学都很喜欢听您讲课。我可以常来向您请教吗？能知道您的联系方式吗？

老师：当然可以，我很愿意和同学们多交流。我的电话是……

对话三

老师：大明，你应该和同学搞好关系，平时多和同学一起交流，主动一点，这样同学才会了解你。你要明白，人际关系对你将来的发展很重要哦！

大明：谢谢老师的指教，我一定注意。

对话四

来访者（哭）：我的命怎么这么苦！丈夫去世才两年，儿子又出了车祸，现在瘫痪在床上，要我天天伺候他。我一个人，实在是撑不下去了……

辅导者：真是太不幸了！不过，你也别太难过了，凡事都得想开点，慢慢就会好起来的。

对话五

来访者：我和小丽分手了，现在很后悔自己不该做那样的事……有点对不起她……

辅导者：你是怎么搞的？你太让我失望了！你以为做错了事说声对不起就可以了？没想到你平时学习不怎么样，做这种事倒有一手……要是学校知道了，你是要受处分的！

◆ **研习二：心理体验**

冷静分析一下，你对自己目前的处境满意吗？不满意的话，你是否愿意持续接受心理辅导？如果你的回答是肯定的，你就可以去寻求心理辅导。

◆ **研习三：自我对话**

心理学家马斯洛估计，自我实现者只占人口的1%或2%，他们能超越任何特定文化的限制，“从富足的生活走向丰盈的人生”，使自己的人格得以充分发展。马斯洛的自我实现者有14种特质，你拥有几种？如何帮助自己拥有更多自我实现者的特质？

◆ **研习四：案例分析**

小兰（化名），大一女生，高中时经常看到影视剧中对大学生活的描述，心中充满向往，觉得自己会有更多展示的空间。可是上大学快一年的她，仍依着惯性，过着同高中一样的三点一线的生活，每天除了宿舍、教室就是食堂；学习上，仍沿用高中的学习方法，尽管很努力地学习，但大一上学期的学习成绩并没有预想中的好，她慢慢地发现大学并不是自己想象的样子。最近她还因为作息时间问题和舍友闹了不小的矛盾。看到身边有不少同学不但成绩优异，舍友关系也很融洽，还参加各种社团活动，她开始怀疑自己，不知道是自己期望过高还是能力太低。渐渐地，她整个人都变得焦虑和沉闷。

请思考：小兰在学业、人际交往方面存在哪些认知歪曲表现？

【课后实践】

（1）请自行观看大卫·芬恩（David Fine）导演的动画短片《动物行为》（*Animal Behaviour*）。

这部短片入围了2019年奥斯卡最佳动画短片奖，讲述了5只动物定期参与由狗狗治疗师克莱门特引领的团体治疗小组的故事，非常温暖也非常真实地展现了心理辅导到底是什么，辅导过程中发生了什么。

（2）请在班级微信群分享马斯洛的“自我实现理论”“需要层次理论”基本论述，以及心理辅导的基本含义与作用。

【理论解析】

◆ **研习一：心理辅导的是与不是**

（1）提供信息。

（2）人际交往。

（3）教导建议。

（4）表面安慰。

（5）批评教育。

上述都不是心理辅导。

真正的心理辅导中的“是与不是”：不是说教，是聆听；不是训诫，是接纳；不是教导，是引导；不是控制，是参与；不是侦讯，是了解；不是遏止，是疏导；不是做作，是真诚；不是表面服从，是内心转化。

◆ **研习二：心理体验**

1. 何时该寻求辅导？

（1）请你找寻与确定：觉得生活不如意、情绪消极；不清楚人生方向；对生活的抉择感到不易时；想更多或更好地改变自己时，即对自己生活中的种种困扰、目前处境的满意状况进行认知。

（2）请你思考与再确认：若不满意现状，自己是否愿意持续接受心理辅导？如果回答是肯定的，就可以去寻求心理辅导。

2. 想寻求辅导意味着我有病吗？

当然不是。实际上，寻求辅导只是说明心理上存在困扰，需要和提供帮助的人探讨，这个时候对自己的困惑还是有自知力的，恰恰说明心理是正常的。如果“讳疾忌医”，那才真的是不明智且危险的。事实上，在辅导中，你能学会面对困扰的处理技巧，可防止情绪和行为受到更多干扰。

◆ **研习三：自我对话**

美国心理学大师马斯洛在研究了历史上许多伟人的人格特质之后，更详细地描绘出“自我实现者”（成长者）的画像。其中包含自我实现者的14种特征以及自我实现的8条途径。

1. 自我实现者的14种特质

（1）准确。判断力超乎常人，观察透彻，能准确地预测将来要发生的事情。

（2）接纳。接纳自己、他人及所处的环境，在顺逆境中对自己负责且能处之泰然。

（3）善良。单纯自然，对名利无强烈需求，有足够自信，真实地表达自己。

（4）专注。以自身以外的事为中心，对人生怀有使命感，热爱且专注工作。

（5）满足。享受独居的喜悦及其带来的安全感和满足，也能享受群居的快乐。

（6）欣赏。懂得欣赏简单事物，领略平凡的美，有一定的鉴赏力和愉快体验。

（7）狂喜。有着强烈的沉醉心、狂喜和敬畏的高峰体验及力量、决断意识。

（8）爱心。对人充满爱心，具有同他人同甘共苦之强烈的悲天悯人意识感。

（9）创造。纯真，具有好奇心、想象力和创造性，具有独立、创新的能力。

（10）友爱。拥有深厚的个人友谊，对他人有强烈且深刻的友谊和崇高的爱。

（11）民主。懂得尊重不同阶层、种族的人，善于以平等和爱心待人。

（12）道德。具有强烈的道德感，智慧且明辨是非，依认可的道德标准行事。

（13）批判。具有抵制和批评现存社会文化的精神，遵循内心的价值与规范。

（14）幽默。具有哲理和善意的幽默感，以相对超脱的态度看待生活的点滴。

2. 自我实现的 8 条途径

（1）自我实现意味着充分地、活跃地、无我地体验生活，全神贯注，忘怀一切；意味着一种不带有青春期自我意识的体验。在体验时，个体完完全全成为一个人。这就是自我实现的时刻。

（2）自我实现是一个连续的过程。它意味着每一次都要在说谎或诚实之间、在偷窃或不偷窃之间进行选择，使每一次选择都成为成长的选择。这就是趋向自我实现的运动。

（3）自我实现是“要倾听内在冲动的呼唤”，让自我显现出来。人不是一块白板，也不是一堆泥或黏土。

（4）自我实现意味着当人有疑虑时，要诚实地说出来，而不是隐瞒。当我们有所怀疑时，我们是不诚实的。在许多问题上，反躬自问意味着承担责任。反躬自问本身就是迈向自我实现的一大步。

（5）自我实现意味着不带自我意识的体验，是做出成长选择而不是畏惧选择，是倾听冲动的声音，是成为诚实的承担责任的人。所有这些都是迈向自我实现的步骤，也是确保美好生活的选择。

（6）自我实现不是一种最终状态，而是在任何时刻在任何程度上实现个人潜能的过程，是实现一个人的可能性时要经历勤奋的、付出精力的准备阶段，是要竭尽自己的所能去达至目标的过程。

（7）高峰体验是自我实现的短暂时刻。这是一个心醉神迷的时刻，“喜出望外”。破除一个错觉，摆脱一个虚假的想法，知道自己不善于做什么，知道自己的潜能是什么，这些也是构成发现自己的一部分。

（8）自我实现的根本就是要了解一个人的底细，他是哪种人，他喜欢什么，他不喜欢什么，什么对他是好的，什么对他是不好的，他正走向何处，以及他的使命是什么，如何向周遭展示自己。

◆ **研习四：案例分析**

适应是个体根据环境的需要，积极主动地调整自己，从而达到一种良好的生存、发展状态，并保持与环境平衡的动态过程。

生活的变化对任何人都是一种挑战，为此要了解并面对这一变化，这一过程就是适应过程。大学新生的心理适应就是做好从中学到大学的全身心转换。而小兰关于学习、人际交往等方面的认知歪曲可从中学与大学的不同之处中找到答案。

（1）中学生的奋斗目标单一且具体，就是考大学；大学生的人生目标多样且复杂，每名大学生都依据自己的人生解读和自我价值观取向，确立自己的人生目标。

（2）中学生的生活环境是直线式的，三点一线式活动，即宿舍—教室—餐厅；大学生的生活环境就是一个小社会，生活范围还会延展到大社会。

（3）中学的学习特点是偏被动性学习，更多的是接受老师的指导，按老师的要求去学习；大学的学习特点则有主动性，基于大学学习的“三高”（即高强度、高难度、高速度）特点，大学生应自觉自愿地学习。

（4）中学的人际关系单纯简单，大家都为同一个目标努力，有共同的关注点，容易沟通与相处；大学生的人际网络是发散性的、多层次的，同学关系、老乡关系、师生关系，还有恋爱关系、社会关系等。

（5）中学的校园文化生活主要是围绕高考来进行计划和开展的；大学的校园文化丰富多彩，人文气息比较浓厚，有第二课堂、各种文体活动、丰富多彩的社团组织、暑假社会实践活动等。

（6）中学生由于“正确式”的学习特点，思维方式往往具有“非黑即白”的倾向，容易偏激，走极端；大学生随着阅历的增加和社会化的进程，逐步认识到，在绝对的黑与白之间，还存在许多不同程度的灰，思维方式变得越来越合理。

（7）中学生的一切主要由父母和老师计划、照顾和管理，无须自己主动去做，按部就班地生活就行；大学生的一切恰恰要靠自己，无论是生活上的安排、学习计划与实施，还是解决问题、培养自我素质，一切均依赖于自我管理。

（8）社会对中学生的要求就是好好读书，考上大学，成为合格的公民；社会对大学生的要求是“培养德智体美劳全面发展的社会主义建设者和接班人”，成为合格人才，并赋予大学生更多、更大的责任与义务。

第四章　辅导伦理：边界和坚守

在面临伦理困境时能否做出正确决策，既关系到对来访者权益的保护、对辅导者专业的维护，也关系到心理辅导行业的健康发展。

【课前思考】

1. 请了解身边同学、朋友对求助心理辅导的担心有哪些

★ 我有时会想，在心理辅导过程中，会不会受到辅导老师的伤害，比如随意增加心理辅导次数、泄露隐私等，所以不敢去求助。

★ 我担心如果心理辅导老师在辅导过程中随意评价，以居高临下的姿态否定、批评来访者，甚至贬低或打压来访者，那就很有可能令来访者感到害怕或恐惧，对来访者来说适得其反。

★ 我担心的是未经来访者同意的情况下，心理辅导老师将来访者的求助内容进行录音、录像和教学演示。

★ 我觉得心理辅导老师在辅导前没有告知来访者心理辅导过程是怎样的，有可能存在的风险，这让人心里不踏实。

★ 我担心如果来访者的资料没有被妥善管理，其他人可以轻易获得，随意看到，那就是一个很不合理的行为。

★ 我总害怕心理辅导老师在课堂教学时，或在公开讨论来访者的案例时，没有将可能辨认出来访者的相关信息隐去。

★ 我有强迫症，求助心理辅导，跟老师说了自己的心理状况，现在想想心理辅导老师会对我的隐私保密吗？突然想到这点会让自己感到不安。因为感觉心理辅导多少会涉及自己的隐私，暴露自己比较不堪的一面。

★ 我比较担心心理辅导过后，在校园里碰到心理辅导老师，那真是要多尴尬就有多尴尬，是打招呼呢，还是装着不认识呢？一般情况下，我老远看见辅导老师就绕路赶紧走掉。

★ 我很抑郁，有点想不开，就去预约心理辅导，求助心理辅导老师，想看看能不能帮帮我，我说了自己的心理情况，结果心理辅导老师就说要跟辅导员讲，我感觉不太好，心想：还没有好好沟通，就把我的问题推出去，那找心理辅导老师有什么用。

2. 请做个小调查，了解大学生对班级心理委员的看法

★ 我对班级心理委员不太信任，会不会跟他们说了自己烦心的事，他们转身就告诉其他同学，想想还是算了，自己的事情自己解决吧。

★ 我对我们班心理委员的专业能力产生怀疑，他们专业吗，能帮助到同学吗？

★ 我是一名班级心理委员，接受的专业培训内容中理论知识占较高比例，大多是模糊概念，并不能运用到日常生活中，远远不能满足实际需要，当同学出现困扰求助时，我感到手足无措。

★ 我也是一名心理委员，工作职责是学校心理健康教育的“前哨”，要对同学的心理动态变化有所察觉，但由于同学对心理委员能力的怀疑以及不信任，使得心理委员的工作不能深入，他们甚至认为心理委员暗查他们就是怀疑他们有心理问题，导致同学关系紧张。

★ 一份在西南某高校展开的调查问卷显示，只有47%的学生知道朋辈辅导这种方式的存在，50%以上的学生表示不清楚它的效果是好是坏。而在拒绝的原因中，34%的学生选了“朋辈的知识和能力不足”，这也是选择最多的一项。紧随其后的是“担心秘密被朋辈泄露”和“朋辈太过熟悉，感到尴尬”，分别占27%和24.4%。

★ 我知道班级有心理委员，如果有心理困惑，即使我有勇气去找心理委员，可被认识的同学看到了，那他们会不会觉得我有什么问题呢？我要怎么去跟他们解释？因为身边很多同学对心理问题仍存在很大的认知误区，甚至接受了心理健康知识普及教育后，还会拿心理问题开玩笑。我最担心的是做不到保密。

★ 我不相信自己能从心理委员身上获得专业的朋辈支持。我当然希望有一个“像树洞一样”的朋辈来听自己倾诉痛苦，这个人要真诚善良，不要好为人师，不要大嘴巴。但是总觉得这种要求似乎很高，生活中很难遇到这样的同辈或同学，我也不想因为自己的烦恼给别人增加不快乐。

【主题分享】

◆ **理论知识点一：伦理**

了解“伦理与生活”，发现伦理的意义；区分“伦理与道德、法律”，界定三者的关系与区别，这将有助于正确理解伦理。

1. 伦理的含义

伦理是指在处理人与人、人与社会相互关系时应遵循的道理和准则，如图 4–1 所示。

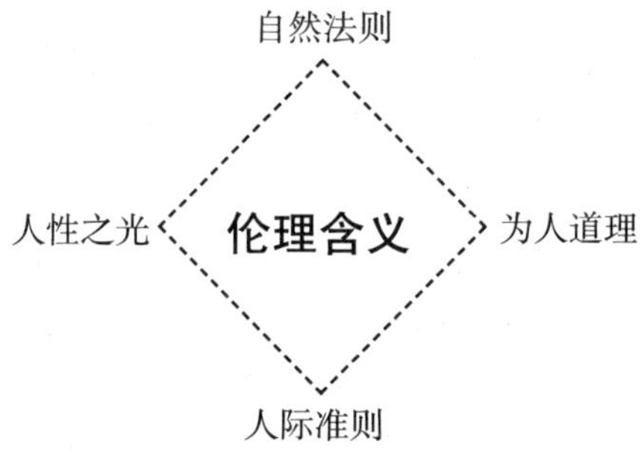

图 4–1　伦理含义

（1）伦理是一种自然法则。该法则指外在的社会规范、要求、秩序、制度，是一系列指导行为的观念，蕴含着依照一定原则来规范行为的道理。

（2）伦理指为人的道理，包括人的情感、意志、人生观和价值观等方面。

（3）伦理是人与人之间符合某种道德标准的行为准则。其包含人与人、人与社会和人与自然之间关系相处中的行为规范。

（4）伦理是人性之光。伦理是人性中理性、正义、和谐的集合体。

2. 伦理与生活

伦理是文明遵循的一套规则或原则，伦理对人们的生活主要有两重意义。

（1）提供规范。我们应当怎样生活，伦理提供了一套行为准则。人是理性动物，在行动前后可能考虑自身或他人行为的正当性，即规范。伦理是社会生活中人们精神生活与生命意义的指引与归宿。

（2）给予指导。我们应该如何做对的事，伦理提供了一系列指导行为观念。在生活的各个领域中，人们在行动上是受相关专业伦理指导和驱动的，比如科学伦理、社会伦理、医学伦理、教育伦理等。

3. 伦理与道德

道德是社会意识形态之一，是人们共同生活及行为的准则和规范，是人们在社会生活中应当遵循的原则和规范，以及将这些外在的原则和规范内化而形成的品质、情感和精神境界，以善恶评价的方式来调整人与人之间及个人同社会之间关系的行为规范总和。道德主要通过教育和社会舆论的力量，使人们逐渐形成一定的信念、习惯、传统而发生作用。

（1）伦理与道德的联系

① 内涵相通。伦理与道德在一定程度上起到了调节社会成员之间相互关系的规则的作用。它们涉及人们行为品质的善恶正邪，乃至生活方式、生命意义和终极关切等。

② 作用一致。伦理和道德与行为准则有关。伦理与道德的共识，是维系我们这个社会共同体的基石。

（2）伦理与道德的区别

伦理与道德在使用范畴、思考模式、规范指向、存在方式上都不同，如图 4–2 所示。

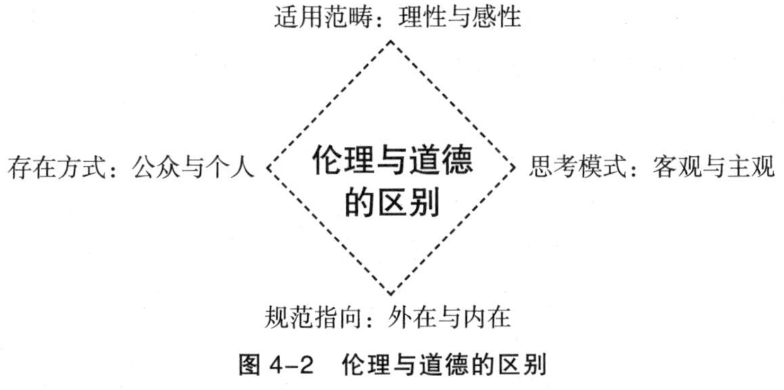

图 4–2　伦理与道德的区别

① 适用范畴。学界普遍认为，“伦理”是伦理学中的一级概念，而“道德”是“伦理”概念下的二级概念。二者不能相互替代，它们有着各自的概念范畴和使用区域。“伦理”概念适用于抽象、理性、规则、公共意志等理论范畴，“道德”概念适用于具体、感性、行动、个人修养等实践范畴。

② 思考模式。伦理是人类文明的边界和底线，而道德有好坏之分。具体来说，伦理是指人们心目中认可的行为准则，具有社会性和客观性，是对人们行为理由的说明，即该怎么做；而道德主要指个人的道德修养及结果，

具有主观性，是对人们行为境界的表达，即告诉我们什么是对的，什么是错的。

③ 规范指向。伦理是外在社会对人行为的规范和要求，通常指社会的秩序、制度、法制等，侧重于反映人伦关系以及维持人伦关系所必须遵循的规则，是先于“道德”而出现的。“道德”是指内在的规范，是个体的行为、态度和一种心理状态，侧重于反映道德活动或道德活动主体自身的行为。

④ 存在方式。伦理侧重公众行为，对社会成员的要求具有双向性特征，强调关系，是个体之间达成的契约，是他律，或称群体的自律，即伦理懂得尊重他人；而道德侧重个人行为，对社会成员的要求具有单向性特征，强调个体，是关于自由的规律，是个体的自律，即道德懂得尊重自己。

4. 伦理与法律

法律是由国家制定和认可的，并由国家强制力保证实施的行为规范。法律和伦理关乎人怎样行动和如何生活的问题，人是“生活世界”的主角，参与社会生活秩序的建构。

（1）伦理与法律的联系

① 互补作用。伦理与法律并不矛盾，伦理与法律有着维护社会秩序、共建和谐社会的重要作用，伦理以法律为底线，法律以伦理为情怀，没有伦理的法律是空洞的，没有法律的伦理也是缺乏意义的。只有在伦理与法律刚柔相济、互补共促的社会建构中，才能开创一个精神安乐、物质丰富的太平盛世。

② 辩证关系。法律与伦理之间存在辩证关系。现代社会应当实现法律（正义）与伦理（关爱）的平衡。有的行为从法律与正义的角度判断是合法的，但未必是合乎伦理（人性化）的，有时合乎伦理的人、事、物在法律与正义的层面上是非法的，为此寻找法律与伦理的契合点至关重要。

（2）伦理与法律的区别

伦理与法律是两种不同的规范。尽管它们之间存在密切的联系，但在存在层次、调整范围、表现方式和实施效果等方面存在很大差别。这些差别表明伦理与法律相互不能代替，各自发挥着不同的规范作用（图 4–3）。

图 4–3　伦理与法律的区别

① 伦理与法律的存在层次不同，即伦理高于法律。法律其实是人们遵从社会行为规范的最低标准，伦理是蕴含着高文明价值的标准；伦理是法律、制度的理论内核，法律是社会的底线、红线，法律缺失，伦理来补。

② 伦理与法律的调整范围不同，即伦理广于法律。伦理既包括价值观念又包括行为规则，既约束意识又规范行为，有些伦理表现为存在于人们内心的价值观念，如忠诚、善良、纯洁、正直；有些伦理表现为独立于主体的外在规范，如不准说谎、不伤害他人。法律规范人的行为，它是一种行为规范，法律调整的是有意识支配的行为，而不是无行为载体的意识，如人的内心活动，包括动机、想法、认识、思想。法律治表 / 治标，伦理治里 / 治本。

③ 伦理与法律的表现方式不同，即伦理先于法律。法律与伦理是不同的社会治理方法。法律有强制性，伦理有指导性。法律是人类在社会层次的规则，是社会上人与人之间关系的规范，它以正义的存在为基础，以国家的强制力保证实施为手段。伦理道德作为规范人们行为的准则，往往代表着社会的正面价值取向，起着引导、促进人们向善的功能。

④ 伦理与法律的实施效果不同，即伦理宽于法律。伦理对人们言行的影响以道德教化为原则，人们自然会在心中建立一个标尺，自觉自愿约束自己，伦理的影响力有着一定的规范性和长远性；法律强调遵纪守法的法治精神，对人们的影响具有强制性和时效性。

◆ **理论知识点二：心理辅导伦理的内涵**

心理辅导伦理既是社会深入考察心理辅导行业行为及规范，对辅导所具体遵循的职业条文和辅导者的职业身份与工作职业、范围作出的规定等，也是从事心理辅导行业的人员对自身从业行为从观念到心理上的确认和反思（图 4–4）。

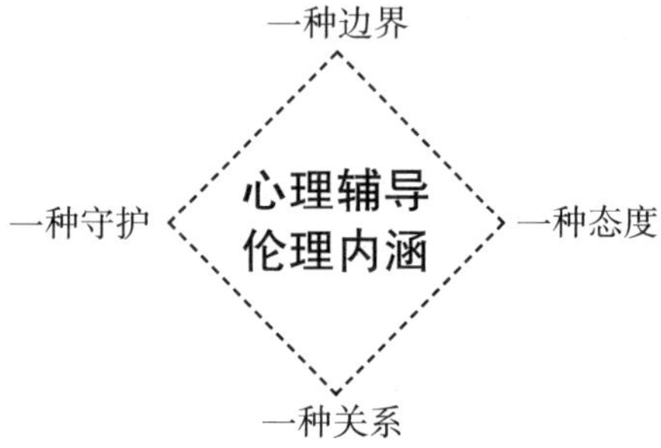

图 4-4　心理辅导伦理内涵

1. 心理辅导伦理代表着一种边界

心理辅导让辅导者和来访者建立了一种帮助关系，因此心理辅导伦理意味着对关系边界感的设定，分别告诉辅导者与来访者应该做什么和不应该做什么。

2. 心理辅导伦理代表着一种态度

心理辅导是生命影响生命的执业行为，因此心理辅导伦理意味着对生命的基本态度，包括辅导者对来访者的尊重，对来访者困扰所保持的中立态度。

3. 心理辅导伦理代表着一种关系

心理辅导构建一种特殊人际关系，是在来访者需求和辅导者帮助的前提下形成的专业服务，辅导伦理代表的是在辅导双方一同工作中保护双方利益的一种关系。

4. 心理辅导伦理代表着一种守护

心理辅导让来访者求助与辅导者专业服务形成了一种共同体，因此心理辅导伦理意味着辅导者要注重维护来访者的切身利益，切忌成为精神生命的屠夫。

◆ 理论知识点三：心理辅导伦理的重要性

心理辅导伦理的重要性包括四个方面，如图 4-5 所示。

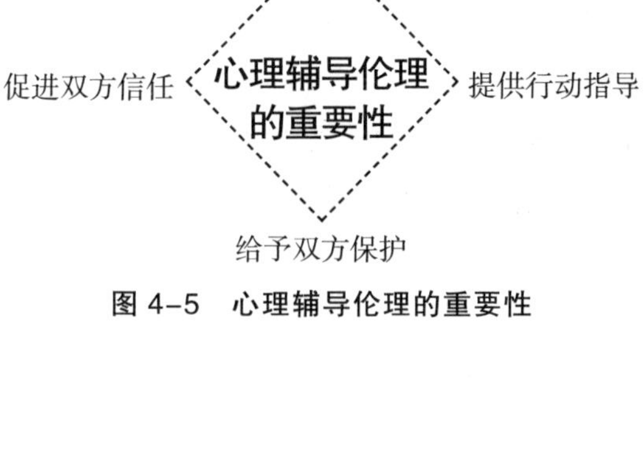

图 4-5　心理辅导伦理的重要性

1. 树立行业规范

伦理道德和法律法规是互相补充的，因此辅导伦理经常和精神卫生法相提并论，也就是对从业者的行为准则予以规范。

2. 提供行动指导

在辅导过程中遇到两难困境的时候，辅导者可以根据伦理守则，找到合适的处理方法。

3. 给予双方保护

伦理的约束使来访者的权益得到了保护，所以在遵守了伦理的情况下，辅导者的权益也得到了保护。

4. 促进双方信任

在伦理的保护之下，来访者可以信任辅导者不会伤害自己，辅导者也可以信任来访者伤不了自己。

◆ **理论知识点四：心理辅导伦理总则**

心理辅导伦理不是道德要求，也不是工作要求，而是一种价值观，是为了同时保护辅导者和来访者利益而设定的价值观，是行业准则、行业灵魂（图 4–6）。

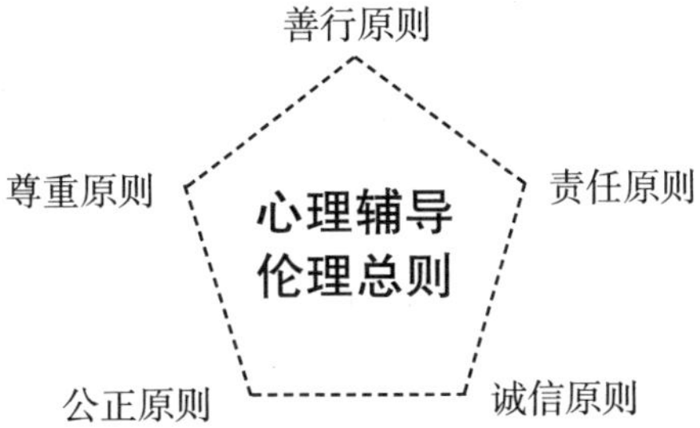

图 4–6　心理辅导伦理总则

1. 善行原则

辅导者的工作目的是以助人的精神参与专业活动，在自己的能力范围内工作，使来访者在专业服务中获得心理辅导，辅导者竭尽全力地让来访者享受到应有权利，提供恰当的帮助与服务，对来访者能有促进作用，避免来访者受到伤害。

2. 责任原则

辅导者要具备胜任力，在辅导过程中保持专业水准，认清自己的伦理、法律义务，维护专业信誉，并承担相应的社会责任。当来访者的困扰超过辅导者现有能力时，应以来访者的福祉为重，转介或停止辅导。

3. 诚信原则

辅导者在心理辅导实践中首先要与来访者建立信任的帮助关系，让来访者知晓辅导中具体的、直接的承诺，以真诚的态度与来访者一同工作；同时在辅导之外的研究和教学工作中，应努力保持行为的诚实性和真实性。

4. 公正原则

辅导者应秉承公正、公平的态度，并有义务确保在辅导过程中不歧视任何一位来访者，谨言慎行，避免发生因存在偏见而导致的不当行为，同时与相关工作人员、组织一起合理使用社会资源。

5. 尊重原则

辅导者应尊重前来寻求心理服务的来访者的人格和价值，以及来访者的隐私和自我决定的权利；意识到并且尊重文化、个体和角色的差异，尽量减少基于这些因素的偏见所造成的影响；严格遵循保密原则和保密外工作条例。

◆ 理论知识点五：心理辅导中的伦理议题

心理辅导中的伦理议题有辅导过程中的伦理、辅导理论中的伦理、辅导关系中的伦理、辅导结果中的伦理，如图 4–7 所示。

图 4–7　心理辅导伦理议题

1. 辅导过程中的伦理

辅导者以来访者为中心，促进来访者成长是心理辅导的出发点和落脚点。在辅导过程中，来访者不仅将辅导者看作专业权威，而且可能看作生活专家，从而忽视了自己的责权利。最典型的就是一些以“怎么办”开始发问的来访者，这样的发问已经隐含着赋予辅导者控制他的特权，是辅导者要特别小心的。辅导过程中的伦理问题主要涉及四点，如图 4–8 所示。

图 4-8　辅导过程中的伦理议题

（1）来访者的自主决定权。接受助人服务的来访者有自由决定的权利，以完全的自我决定来选择是否接受辅导和选择辅导技术，决定是否要保留或袒露个人的辅导资料，且有权利参与辅导目标的确定。

（2）来访者的信息知晓权。来访者对辅导的整个过程有了解的权利，辅导者应完整、客观地提供给来访者正确的信息，让来访者清楚心理辅导的具体作用，明白辅导者所能提供服务及功能的范围，确认自我困境和基于自我需要而设计的心理辅导计划。

（3）来访者的免受伤害权。来访者有受保护的权利，辅导者应保持尊重、放松的态度，保持足够的安全距离，让来访者感觉到辅导者的接近不具威胁性，这样能帮助来访者卸下防御，同时辅导者遵守保密原则可以确保来访者的利益不受伤害。

（4）来访者的成长受益权。受益权指从辅导中受益的权利，辅导者的专业辅导工作以来访者的福祉为宗旨，协助处于痛苦之中的来访者发掘自身的能力和资源来应对生活中的成长障碍，使来访者可以平和、坚韧地消除痛苦，学会更好地理解生命，理解自己。

2. 辅导理论中的伦理

辅导理论是一种人生哲学，是一套对人及人生的假设，是一套价值观和人生观体系。作为持有这些理论的辅导者，其从事辅导工作的出发点和基本立场主要体现在辅导关系、辅导过程和辅导结果之中。所以，辅导者应了解辅导中自己及辅导取向可能对来访者带来影响的伦理意义（图 4-9）。

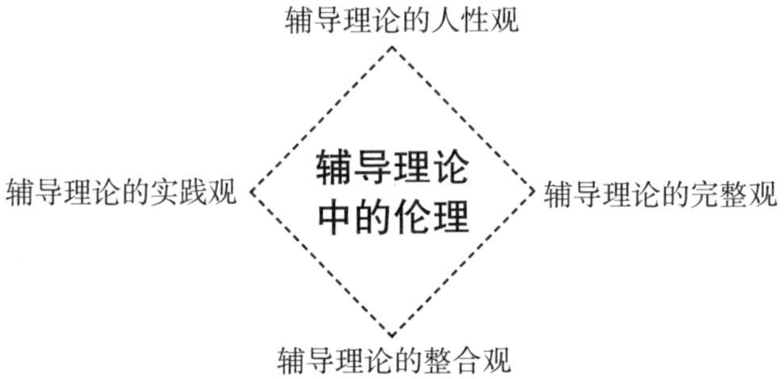

图 4-9　辅导理论中的伦理

（1）辅导理论的人性观。辅导者在专业学习中，对辅导理论的人性观学习是非常重要的，对自己的价值观、人性观的反思和觉察也是非常重要的。因为心理辅导对于如何看待来访者是有伦理责任的。

（2）辅导理论的完整观。辅导者在专业理论中应专注于辅导理论的整体框架和结构的读通、读透与实践应用，从中获得完整的理论领悟和实践感悟，做到辅导理论真正为我所用。因为辅导理论思想对来访者的成长引导是有伦理价值的。

（3）辅导理论的整合观。辅导者在精通辅导理论的同时，应以开放和尊敬的态度看待并完整地学习相关理论，发现各理论之间相通和互补之处，逐步建立自我辅导框架。因为心理辅导对来访者的自主抉择是有伦理作用的。

（4）辅导理论的实践观。辅导者要以能力培养的实效性作为辅导理论学习的落脚点，在工作生活中运用所学的辅导理论体系进行实践尝试、方法改进。因为心理辅导对来访者的问题解决能力是有伦理意义的。

3. 辅导关系中的伦理

心理辅导是辅导关系发展的过程，而辅导关系必须限定在专业性的关系之内。随着辅导关系的发展，不仅来访者整个身心可能卷入其中，辅导者也常常如此，而且双方的关系会在心理上产生很深的联结，一不小心就可能超越专业范围，并对来访者造成伤害。所以，辅导关系一直被看作辅导伦理中的基本问题，几乎涉及辅导伦理中各个重要的方面。

辅导关系中的伦理主要包括辅导角色的单一性、辅导立场的中立性、辅导能力的责任性和来访信息的保密性四个特性（图 4-10）。

图 4-10　辅导关系中的伦理

（1）辅导角色的单一性。辅导者一定要在辅导关系中有明确的专业身份和角色，保持辅导关系的单一性是非常重要的。单一性意味着只有处于辅导关系中，辅导者与来访者才是有关的，此外没有任何关联，这意味着彼此不会卷入对方的生活当中，有了单一关系的界限保障，来访者才能安全地去探索内心世界。辅导者在实践中要警惕并避免无关专业身份或职业角色的侵入，即避免双重关系或多重关系。

（2）辅导立场的中立性。心理辅导的中立性立场是指辅导者应保持一种倾听的姿态，专业地从来访者的角度出发了解并识别其冲突与问题，对来访者的困惑与处境表示理解，同时不予评价，在辅导过程中不掺杂个人的情绪与观点。辅导者在实践中要警惕把自己的意义、价值观强加在来访者身上；除了收取辅导费用之外，不能收取来访者任何物质上的馈赠。

（3）辅导能力的责任性。辅导者所接受的个案应在自己的能力范围之内，不能承接个人能力范围之外的辅导。辅导者在实践中要警惕两种认知误区，一是认为自己无所不能，竭力帮助所有人，让所有人都满意，过多地沉浸于助人的权力感当中；二是缺少职业自信，觉得自己无能，害怕面对权力和控制，逃避承担责任。

（4）来访信息的保密性。辅导关系属于一种秘密的关系，心理辅导的一个特点就是来访者会在辅导的过程中谈论许多个人的信息，经由辅导探讨还会产生更多、更深的个人资料，无论来访者谈到的是什么内容，辅导中都应视为来访者的个人隐私，应该给予完全的保密。辅导者在实践中要切记遵循保密原则，同时要重视保密例外的情况。

4. 辅导结果中的伦理

辅导的主要目标就是助人自助，协助来访者发生改变和自我成长，“改变”的内容包括观念和看法、思维方式、感受和情绪、动机和态度、价值观和人生观、信仰与追求等，以及生活中各个层面的行为改变，而“自我成长”是在这些改变的历程中实现的。在上述辅导结果中的伦理问题就是：

这些改变是由谁决定的？谁是这些改变的主角？谁要为这些改变的结果负责？当然答案就是来访者。也就是说，辅导中不是辅导者在改变来访者，而是来访者在改变他自己（图 4-11）。

图 4-11　辅导结果中的伦理议题

（1）辅导者的协助立场。辅导者是具有辅导技术的专业角色，只是从专业视角提供可能改变的协助氛围，而不是越俎代庖替来访者做改变的决定。

（2）辅导者的协助策略。辅导者放下自我价值观、人生观，放下自认为合适的应对方式，专注于帮助来访者逐步建立自我改变的意愿与责任感。

（3）辅导者的协助方式。辅导者持尊重、真诚地接纳态度，倾听来访者的困扰与冲突，陪伴来访者面对自己的困扰，探索冲突下的情绪管理与问题解决。

（4）辅导者的协助目标。辅导者通过与来访者一同工作，帮助来访者获得经由自我选择、自我努力、自我满意、自我负责的改变。

◆ **理论知识点六：辅导伦理的可为——辅导者的伦理设置**

辅导者的伦理意识和水平是辅导效果的重要基础和保障，辅导者的伦理设置包括四个方面，即守规则、强修养、高服务、知界限（图 4-12）。

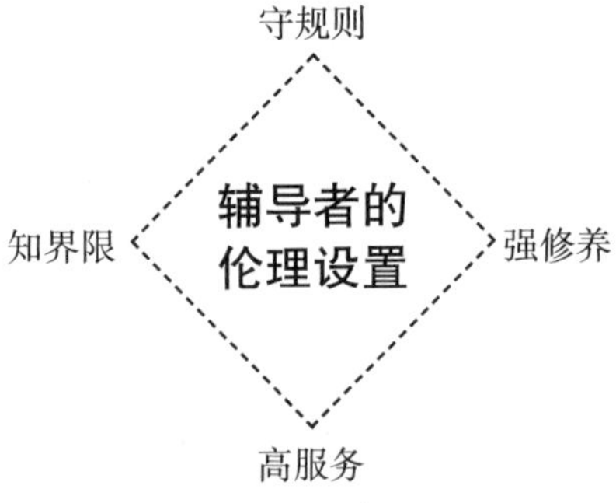

图 4-12　辅导者的伦理设置

1. 守规则

辅导者在从事心理辅导与治疗时，应遵纪守法，遵守心理辅导师职业道德准则，在其工作中建立并执行严格的道德标准。

2. 强修养

辅导者应注意加强自身的修养，不断完善自己，提高自己的心理健康水平。

3. 高服务

辅导者应不断学习本专业以及辅导服务所需的有关知识，促进自身的专业发展，提高专业服务水平。

4. 知界限

辅导者应明确了解自己的能力界限和专业职能的界限，不做超越自己能力和职能范围的事情。

◆ 理论知识点七：辅导伦理的可为——来访者的伦理设置

辅导者的工作目的是使来访者从提供的专业服务中获益。辅导者应保障来访者的权利，努力使其得到适当的服务并避免受到伤害（图 4–13）。

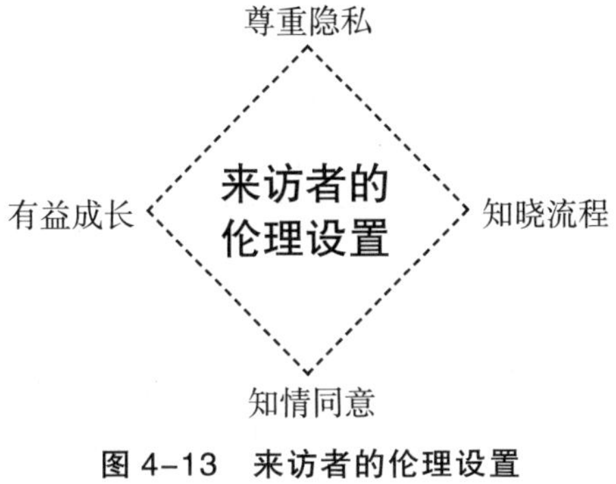

图 4–13　来访者的伦理设置

1. 尊重隐私

辅导者不因来访者的性别、民族、国籍、宗教信仰、价值观等方面的因素歧视来访者。

2. 知晓流程

辅导者在辅导关系建立之前，应使来访者明确心理辅导工作的性质、工作特点、收费标准、这一工作可能的局限以及来访者的权利和义务。

3. 知情同意

辅导者在进行心理辅导工作时，应与来访者对辅导目标、方式等问题进行讨论并达成一致意见，必要时应与来访者达成书面协议。

4. 有益成长

辅导者应明确其工作目的是促进来访者的成长、自强自立，而并非使来访者在其未来生活中对心理辅导师产生依赖。

◆ **理论知识点八：朋辈辅导员伦理守则**

朋辈辅导员应遵循自愿履行义务、自觉保守秘密、自主伦理意识、自知转介能力等四个方面的伦理守则（图 4-14）。

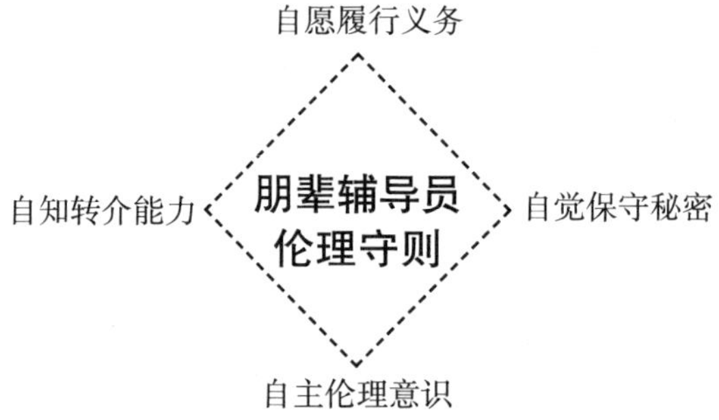

图 4-14　朋辈辅导员伦理守则

1. 自愿履行义务

自愿履行义务又叫利他主义。朋辈辅导是一种义务劳动，朋辈辅导者应当随时考虑来访同学和社会的利益，尽可能多地为他人着想。辅导帮助会占用辅导者的时间和精力，辅导者要学会合理地安排自己的学习、生活、工作。

2. 自觉保守秘密

自觉保守秘密是朋辈辅导中最重要的原则，它是建立辅导者和来访者良好关系的基础，是辅导者的重要道德规范。保密的范围包括保守谈话内容，不向第三者公开来访者的姓名，拒绝关于来访者的情况调查，尊重来访者的合理要求，等等。保密例外有二：一是来访者存在生命安全问题，要及时向学校相关机构和学院领导报告；二是做司法调查的时候需提供来访者的资料。

3. 自主伦理意识

在朋辈辅导中要清晰帮助行为的有为与不为，尽量保持中立不给予建议；维护好辅导双方的切身利益，无论来访者说了什么做了什么，都不说伤害来访者的话，不做伤害来访者的事；在生命安全得到保障时做到保守秘密。

4. 自知转介能力

辅导者要认识到自己的知识和能力以及所能提供的帮助是有限的，在遇到自己力不从心或无法处理的心理问题时，则需要转介。具体如下：寻求更多的社会支持；向有经验的同学、老师或者心理老师和专家请教；转介到学校心理中心或校外其他专业心理机构。

◆ 理论知识点九：朋辈辅导中存在的伦理问题与应对策略

在朋辈辅导实践中，存在一些涉及伦理问题而导致朋辈间的助人行为出现诸多负向效果，这需要引起从事朋辈辅导工作的心理委员、学生干部的高度重视，防患于未然。朋辈辅导伦理问题主要体现为知情同意意识不强、保密原则遵守不到位、双重关系边界不清和辅导过程建议不断等四个方面（图 4–15）。

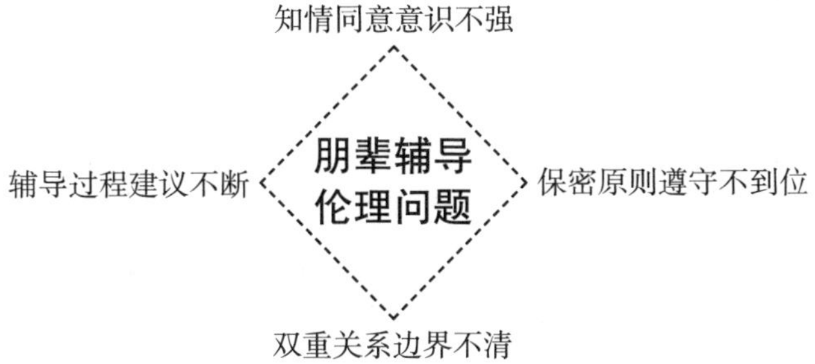

图 4–15　朋辈辅导伦理问题

1. 知情同意意识不强

在朋辈辅导开始时，辅导者常常急于帮助来访者，而未能就朋辈辅导的基本含义、辅导原则（尤其是保密原则）、辅导范围、帮助注意事项与来访者进行充分的交流沟通，这可能引发来访者在理解上对朋辈辅导产生偏颇，帮助关系建立受阻，帮助效果不佳，等等。

应对策略：进行有效朋辈辅导应使来访者了解这是一种辅导双方共同工作、各负其责的帮助行为，因此在提供心理帮助之前，辅导者有责任、有义务向来访者说明朋辈辅导的基本概念、双方的工作责任与边界、可能的帮助方式及效果情况。

2. 保密原则遵守不到位

朋辈辅导开始之前，辅导者可能尊重来访者个人隐私权意识淡薄，可能没有很好地与来访者讨论保密原则；在辅导过程中，未经来访者允许便将来访者的有关资料、症状、想法等告知老师、同学、家人，或擅自录音，容易引发来访者对辅导者的敌对态度。

应对策略：有效朋辈辅导应建立在尊重来访者利益的基础之上，在朋辈辅导开始时要告诉来访者保密的原则和限制，同时要让来访者知晓保密例外相关信息。

3. 双重关系边界不清

在朋辈辅导关系中，辅导者和来访者具有双重关系，一是同学关系或朋友关系（如闺蜜、老乡），二是朋辈辅导双方（辅导者与来访者）。在实际朋辈辅导中，很多辅导者较难处理好关系的边界，双重关系下两人相处可能出现尴尬或不能更好地坦诚沟通。

应对策略：促进有效朋辈辅导应基于辅导者与来访者维持单纯的帮助关系，但辅导者与来访者具有双重关系是事实存在的，为此处于辅导关系中的辅导者需在辅导过程中保持中立，并让来访者知晓。

4. 辅导过程建议不断

在实际朋辈辅导过程中，有些辅导者常常过于热情，好为人师，对来访者的负向情绪和不合理想法进行指导和建议，朋辈间的帮助成了一场思想政治教育，不是一起去探索问题。辅导者扮演了一个指导教育者的角色。

应对策略：朋辈辅导虽不能改变已经发生的事实，但可以协助来访者改变看待现实的视角，来访者才是辅导的主角。为此，朋辈辅导员应当有一双好耳朵，提供最基本的心理支持，陪伴来访者慢慢地改变。

【课中研习】

◆ 研习一：趣味游戏——你能守住秘密吗？

你是一个能守住秘密的人吗？请根据自己的实际在下面的趣味游戏中做出选择（答案没有对错）。

Q：深夜回家，遭到蒙面歹徒的突然袭击，你会下意识做出怎样的防御？

A. 赶紧护住脸部　　B. 挡住胸口或心脏位置

C. 马上转身，想要逃跑　　D. 完全呆住，没有躲避

◆ 研习二：案例讨论

朋辈辅导员：我最近在帮助一位来访同学的过程中陷入了困境。事情是这样的，一开始她说起碰到的一件让她痛苦的事情，说着就大哭起来，她哭完后似乎难受、焦虑的情绪有缓解。我看到她轻松了一些，就问她“你是怎样想的，让自己如此痛苦？”“这和你的原生家庭有关系吗？”等话题，她没有回应，只是说：“该怎么办？”我说：“辅导不给建议。”结果她变得沉默起来，我感觉她似乎有些失望，最后跟我说：“跟你谈了，我反而更难受了，辅导不是让人很舒服的吗？”这次朋辈辅导让我挺受打击的，她为何会有难受的感觉？

请问：来访者在辅导过程中感觉不舒服，是正常的吗？

◆ 研习三：问题盒子

在心理辅导中，辅导者和来访者双方合理的行为表现有哪些？

◆ **研习四：案例分析**

若有来访者跟朋辈辅导员说："我现在的状况很糟，很想自杀。我不想让父母知道，不想让他们失望，所以你要答应我不告诉辅导员，因为辅导员会告诉我父母，我不想父母难过，谁也帮不了我，只想跟你说说而已。"

请问：辅导者是遵守承诺，替来访者保密，还是及时告知辅导员和家长？

【课后实践】

（1）请在班级微信群里分享心理辅导的保密与保密外原则、朋辈辅导中朋辈辅导员（心理委员）与来访同学的关系边界。

（2）观看电视剧《女心理师》（关于辅导伦理话题）。

【理论解析】

◆ **研习一：案例讨论**

心理辅导的过程并非一帆风顺，可能有很多不舒适的感觉。有时候，来访者不想面对辅导者或辅导者很难持续参与辅导，这种感觉是正常的。

当来访者感觉不舒服的时候恰恰是触碰到其内心重要问题的时候，这时来访者需要和辅导者讨论这样的感受。通常，这样的探索会促进来访者的内心发展并进入新的阶段。辅导中的危机是自身突破的良机。

辅导伦理"八戒"：不要评判；不要给个人建议；不要问以"为什么"开头的问题；不要为另一个人的问题负责任；不要解释；不要站在自己的立场；不要总聚焦过往经历；不要先处理事情。

◆ **研习二：问题盒子**

1. 在心理辅导中，辅导者应做些什么？

对辅导者来说，最重要的是：帮助来访者认清盲点。

辅导者在心理辅导过程中扮演的是陪伴和协助的角色。心理辅导是助人成长，而不是代替人成长。好的辅导者不会试图为来访者解决问题，那样只会造成来访者的依赖心理，模糊边界，混淆责任。

辅导者经过专业训练，能听出来访者信息中的含义，并协助来访者倾听自己内心的声音，觉察并思考自己的思想、感受及行为，引导来访者自己拟订解决方案，使来访者从中学会有效地应对问题，获得更智慧的生活能力。

2. 来访者需做什么？

对来访者来说，最重要的是：负责地看见、帮助自己。

一般而言，来访者要和辅导者合作，而来访者的投入程度决定着辅导有效性的程度。所以从辅导开始，来访者应试着面对、体验在讨论自己隐私时感到的不自在，尝试敞开心胸分享自己的想法和感受，告诉辅导者自己的困扰是什么、有多长时间、对生活的影响表现等，还有透过困扰试着觉察自己想从生活中得到什么，想改变的方向。来访者可以尝试将辅导视为一个自我发掘、学会自我负责的过程。

3. 对辅导结果的期待

经过辅导后，是否意味着来访者会完全改变？辅导者会改变来访者的信念吗？心理辅导过程其实是问题的管理过程。辅导不会使来访者的人格产生重大改变。此时需要的不是“大翻修”，而是细微的调整。

辅导者将协助来访者找出阻碍自己的特殊想法。来访者将学会如何批判性地评估自己的假设，学习如何以建设性的思考方式取代自我挫败的想法；当发现很难表达快乐、愤怒、害怕或罪恶感时，辅导可帮助来访者学习表达情感；如果当下措施无法达成目标，可尝试探索新的路径。

◆ **研习三：案例分析**

辅导者是不能答应对来访者的自杀念头保密的。阐释如下：

（1）辅导伦理守则要求“为来访者的利益和福祉服务”，这是在生命安全的前提下开展对来访者的辅导信息给予保密，协助来访者的成长与改变。

（2）辅导伦理守则之一的保密与保密例外。可以遵循保密例外原则的下列情形：① 涉及伤害他人的潜在风险时；② 涉及伤害自己的潜在风险时；③ 法律规定需要披露时。其中，①②属于必须打破保密原则，生命高于一切，在最低限度内采取必要的保护措施防止伤害事件发生。

（3）朋辈辅导者不具有危机干预的专业能力，需要及时报告和协助转介。所以案例中的朋辈辅导员没有遵守承诺，突破保密，不是出卖同学，而是为同学好。

（4）若在辅导室里，来访者对辅导者说自己想自杀，辅导者在确认来访者确实有一定的自杀风险之后，应对来访者说：“你现在正在向我说的内容属于保密例外的内容，为了你的安全，我会邀请你信得过的人帮忙，陪你一起去医院看医生。我可能也要同你信得过的人谈一谈。”于是，辅导者和来访者开始探索谁是来访者愿意求助的人。这个人可以是来访者的父母、亲人、朋友、同事等。

自助篇

全人成长：通向和谐的自我关系

假如人是正确的，这个世界就是正确的；

如果你想改变这个世界，要先改变自己。

第五章　心理发展：同一性与自信

大学生是正接受高等教育且尚未完全走进社会的人，是人群里具有活力的群体，是同辈中更优秀的群体，是社会上更具创造力的群体。大学生作为具有较高智力、较高文化和较强自尊心的群体，有着不同于一般青年的更高人生抱负和追求，面对诸多的成长机遇和挑战，他们需要拥有正向的人生态度和有益的内在力量，以获得全人成长。为此，了解大学生的心理发展特点、尊重大学生的心理发展规律就显得尤为重要。

【课前思考】

大一新生面对大学时，满怀期待，期待自己有所发展，有所突破；走进大学，积聚力量，期望自己大展宏图，学业有成。下面摘选了历届选修“朋辈心理辅导训练课程”的班级心理委员在正式上课前的一些讨论与分享。

1. 请你描述大学生理想的大学生活是什么样子的

★ 我以为的大学应该充满浓厚的人文气息、浓烈的学术氛围、深奥的知识宝藏，这样的大学是我中学生活努力奋斗的最大动力。

★ 我认为大学生活不会有上不完的课、做不完的题，不会有挑灯夜战的艰难，不会有睡眠不足的困扰；有的是绿草如茵的校园、学识渊博的教授、志同道合的好友。

★ 我理想的大学生活是自由的，是包容的，是开放的。课上，可以与和蔼慈祥的教授品谈学问；课下，可以与风华正茂的知己推心置腹；清晨，可以沐浴着熹微的晨光锻炼身体；深夜，可以迎合着明亮的灯光研读学习；忙碌时，可以专心致志一丝不苟地完成自己的任务；闲暇时，可以读一本好书放松自己。

★ 我觉得，大学是我们求学生涯的最后一站，是我们迈入社会的最后一道门槛，是我们青春进行曲的最后一幕；大学不只是简单地学习“洒扫应对进退之节，礼乐射御书数之文”，而是真正地学习“穷理、正心、修己、治人”之道，实现自己的人生价值。

2. 请描述你正在体验的大学生活是什么样子的

★ 我是一名普通学生，学着不被待见的专业，过着没人约束的生活，中午醒凌晨睡，逃课旷课打游戏，比较颓废。实际上我并不是一个本性不好的学生，我也通过努力去争取、去拼搏，只是自制力不强罢了，而处在大环境中又交了不良的朋友，这才随大流沉沦颓败。

★ 上大学后，可能是原本的性格不太开朗，自己社交的圈子很小，基本上就是和舍友在一起，比较幸运的是我的三个舍友人都很好。课程挺多，我还加入了社团，但就去了几次，现在的生活重心基本上就是学习。

3. 请你从自己的立场思考大学生活该如何更好地度过

★ 航行需要指南针。在大学，我们首先要确定自己的方向，这很重要，这不仅关系着大学奋斗的动力，更关系未来十年甚至更远的人生应该如何度过。

★ 希望大学不再需要像高中那样被动、枯燥地学习，但一定要学好专业课。“术业有专攻”，大学四年的时间还是要多读些书，读有利于专业学习的书，读自己感兴趣的书，也兼读一些文理的书。

★ 学生在大学最重要的是学会思考，就是要有很好的分析能力和问题解决能力。大学学习都是靠自己，如果要学有用的知识，那就需要多看书，至于是什么书，肯定不仅是教科书了。

★ 大学是人成长很快的一个阶段，所以情商在大学会有较快的提升，你这时就已成了一个独立的社会参与者，要开始对自己的言行负责，并开始培养人际交往能力，因为大学就是半个社会。

【主题分享】

◆ 理论知识点一：自我同一性

自我同一性又称自我认同，是美国精神分析学家埃里克森提出的心理发展概念（图 5–1）。

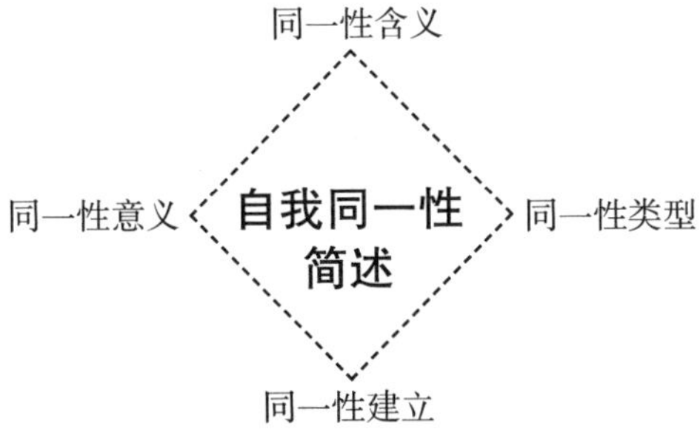

图 5-1 自我同一性简述

1. 同一性含义

埃里克森认为自我同一性是指个体在过去、现在和未来对自己内在的一致性和连续性的主观感觉和体验，以及他人所察觉到的个体的一致性和连续性，是个体在特定环境中的自我整合。也就是青少年对自己的本质、信仰和一生中的重要方面前后一致及较完善的意识，即个人的内部状态与外部环境的整合和协调一致。

自我同一性包含人格的连续性、认同性、成熟性、统合性（图 5-2）。个体尝试着把与自己有关的各方面结合起来，形成一个自我决定、协调一致、不同于他人的独具“同一风格”的自我。

图 5-2 同一性含义

（1）连续性是指人格有它的发展过程、发展轨迹，是“一种熟悉自身的感觉”。

（2）认同性是指个体对自身不足的合理解读和改善，是“一种逐步接受自我的意识”。

（3）成熟性是指“适合阶段”的人格发展，即完成人格发展的阶段性任务，个体内部达到自我整合的和谐状态，是“一种知道自己将会怎样生活的信念”。

（4）统合性是指个体对自身的认识与个体感觉到的外界对他的认识达成一致，是“一种从信赖的人那里获得所期待的认可的内在自信”。

2. 同一性类型

埃里克森和詹姆斯·玛西亚根据对同一性的“探索”和“诉诸行动”两个指标，把同一性划分为四个类型，即获得、延缓、早闭和扩散（图 5–3）。

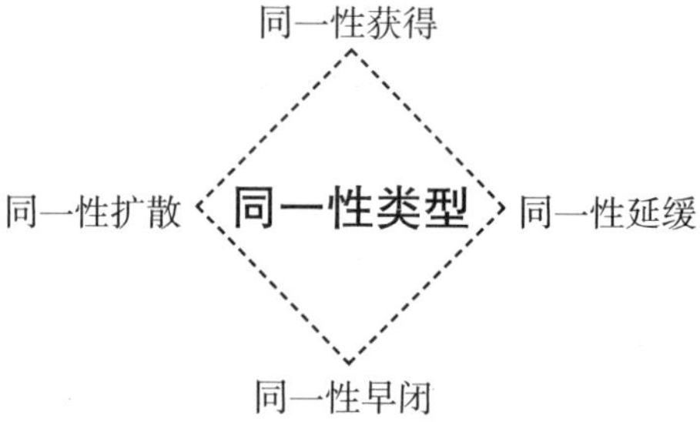

图 5–3　同一性类型

（1）同一性获得。青少年已经体验了探索，仔细考虑过各种同一性问题，选择了自我投入的目标和方向，并对特定的目标、信仰和价值观做出坚定、积极的自我投入。同一性获得是个体自我同一性发展的最佳状态，这类青少年通常表现出更高的自主和自尊水平，具有更大的自我发展潜力，对外部环境具有更强的适应性。

（2）同一性延缓。这类青少年正在经历埃里克森预言的危机，正在寻找生命的价值和方向。他们要做出一个承诺，但是现在仍然在各种选择之间犹豫不决。他们往往具有更高的焦虑水平，并通过拒绝、发泄和认同来控制焦虑。

（3）同一性早闭。这类青少年并没有经历过危机或者探索，而过早地做出投入，但这种投入是非自觉的，是以别人对他的期望为投入方向的，是父母或权威人物等人为青少年的未来发展目标而做的决定。这类青少年是老师、家长眼中的“好学生”“好孩子”，通常会表现出高水平的专制性、低水平的自主性和外控的行为方式。

（4）同一性扩散。同一性扩散也称为同一性混乱。这类青少年没有仔细思考或解决同一性问题，也没有详细计划将来的生活方向。他们既没有对各种选择进行探索，也没有投入。他们没有明确的生活目标，没有方向且缺乏心理活力，外向性较差，在人际交往上容易出现障碍。

3. 同一性建立

埃里克森认为，建立自我同一性和防止同一性混乱是青少年期最为基本和重要的心理社会任务。青春期是一生中确定“我们是怎样的人”的关键时期。我们的自我同一性是何时建立的，或者是否已经建立了，它对我们到底有怎样的影响呢？

自我同一性有一个逐渐的建立过程，自我同一性是在青春期形成的，也是在人的一生中建立的，有的人需要两三年的时间，有的人需要七八年的时间，有的人是用一生的时间在寻找、建立，有的人却早早关闭了同一性。因此，我们可以把同一性建立分为四个阶段，即建立起始、建立中段、建立后期和建立终端（图 5–4）。

图 5–4　同一性建立

（1）建立起始：父母的养育态度。人是否能建立自我同一性，很大原因在于父母的态度及对孩子的引导，过于严苛或宠溺都没法让孩子有一个健康的成长环境，孩子要么处在过于恐惧、拘谨的环境中，要么过于享乐没有方向地成长。为此孩子没有获得对自我真正的认知和认可，在青春期开始触及“我是谁”“我想干什么”“我要过什么样的人生”这些“人生课题”时，要么迷茫，要么回避，导致自我同一性混乱或终身都在建立和冲突中。

（2）建立中段：自我认知修正。自我同一性的建立，意味着与自己和谐相处，有着清晰且有意义的人生目标，更具价值感和成就感，更积极面对生活，更有动力前行。为此我们要学会发现并摒弃不适合自己的东西，探索适合自己的生活方式；在思考、探索“哲学三问”中，不断整合自我的人格特质，不断完善身心合一的自我修为。

（3）建立后期：与人良好合作。自我同一性的建立，意味着在独立自我的同时，又可以很好地和其他独立的个体进行良好的合作。我们身边伙伴的存在不是为了支持我们生活，而是为了辅助我们体会更多的人际感情，获得更好的生活体验。我们要先学会独自做事情，但很多事情是自己一个人无法完成的，这时候我们要学会和同伴交流、相处、共事，获得更好的自我认知与他人认同的一致性。

（4）建立终端：可持续发展观。自我的发展是连续性的行为，自我人格是一种发展的连续感和相同感，现在的我是由童年的我发展而来的，将来我还会继续发展，但我还是我，只是会有很多变化。我们要学会用发展的眼光看待自身的变化，正确对待自己的变化并学会接纳。

4. 同一性意义

俄国心理学家科恩在其《青年心理学》中说："青年初期最有价值的心理成果就是发现了自己的内部世界，对于青年来说，这种发现与哥白尼当时的革命同等重要。"同一性意义可以通过四个方面进行解析，即"我是谁？""我在哪？""我去哪？""大学阶段"（图 5-5）。

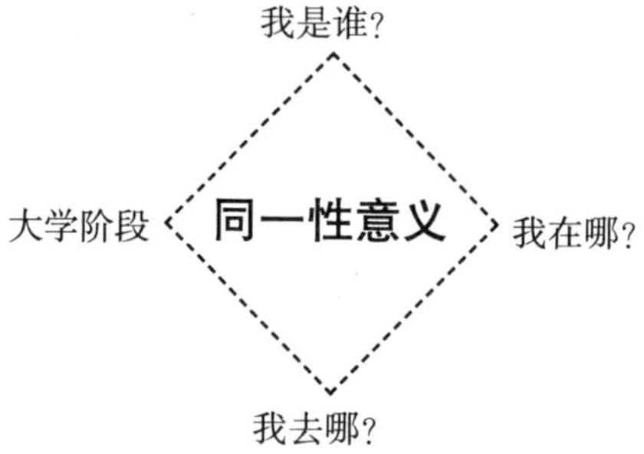

图 5-5　同一性意义

（1）我是谁？自我同一性确立意味着个体对自我发展的重大问题进行了深入思考之后做了明确选择，即知道自己是怎样的人，形成了自己的价值观念，明确了自己的努力方向，知道自己如何去适应社会。

（2）我在哪？如果个体在整个阶段确立了同一性，他们就会形成忠诚的美德。忠诚意味着一个人在社会上找到了自己的位置，有能力按照社会规范去生活，尽管它存在不完善和不和谐之处。

（3）我去哪？自我同一性的确立需要个体仔细思考他所积累起来的有关自己及社会的全部知识经验，最后形成一种整合的自我概念，并致力于某一方向努力。

（4）大学阶段。大学阶段是一个人重新审视、完善、确立人生观的重要过渡期。在这一时期，大学生的心理成长课题就是重新面对自己、探索自己，重新找寻奋斗目标、确认生命愿景，认真思索、完善人生观，努力形成和确立自我同一性。进入大学后，在法律意义上已是成人的大学生，在自我心理成长中需要尽快建立自觉、自主、自立的责任意识。

◆ **理论知识点二：青年期**

2017年4月13日，中共中央、国务院印发的《中长期青年发展规划（2016—2025年）》（以下简称《规划》）公开发布。这是我国第一个中长期针对年龄范围为14 ~ 35周岁的青年发展规划，是青年发展事业的重要顶层设计，为青年发展事业指明了方向。

青年期是指由儿童生长发育到成年的过渡时期，是个体从不成熟的儿童期、少年期走向成熟的成年期的过渡阶段。青年期以性发育成熟为开始标志，以包含智能、情绪和意志及个性与社会行为的心理成熟为结束标志。青年期是人一生的生长发育、身体健康、心理和智力发育的关键时期。青年期可细分为三阶段，即青年初期、青年中期和青年晚期（图5-6）。

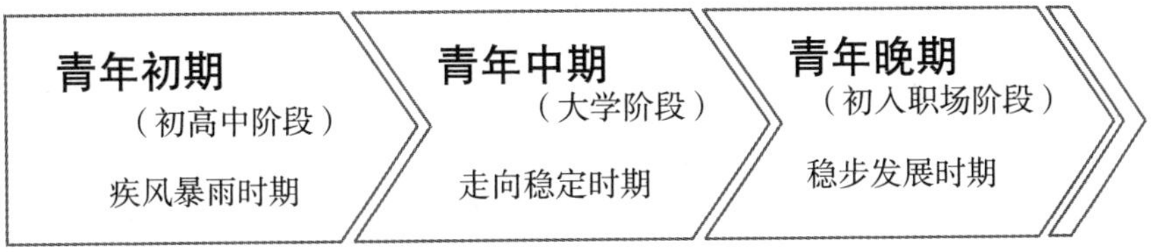

图5-6 青年期发展阶段

（1）青年初期（初高中阶段），14 ~ 18岁。该时期是人的身心发展的突变期——进入青春期，思维上从非黑即白的二元论向多元批判的相对性转化，情感上从开始离开父母向与父母渐行渐远转化，总体上从疾风暴雨向微风细雨转化。

（2）青年中期（大学阶段），18 ~ 24岁。该时期是身心发展的定型期——确立自我期，自我意识发展从他人评价向自我评价转化，人生观发展从不确定向逐渐稳定转化，建立异性亲密关系从感性向理性转化，总体上向相对平稳转化。

（3）青年晚期（初入职场阶段），24 ~ 30岁，或24 ~ 35岁。该时期是身心发展的黄金期——进入职场期，智力急剧向高效能的创造力转化，理想与现实从矛盾冲突向融为一体转化，自我调节功能从不平衡向整合转化，总体上向稳步发展转化。

◆ **理论知识点三：青年期的发展课题**

“发展课题”概念由美国芝加哥大学研究儿童毕生发展的心理学家哈

维格斯特提出，指在一个人一生中的某个时期应获得的知识、技能和态度。人的发展，即完成人生发展课题的过程。人生不同时期有着不同的发展课题。发展课题在很大程度上代表了社会对各发展阶段的人所提出的要求。基于这一理论，笔者将青年期发展课题分为四种，即同一性确立、独立性发展、亲密性建立和人生观完善（图 5–7）。

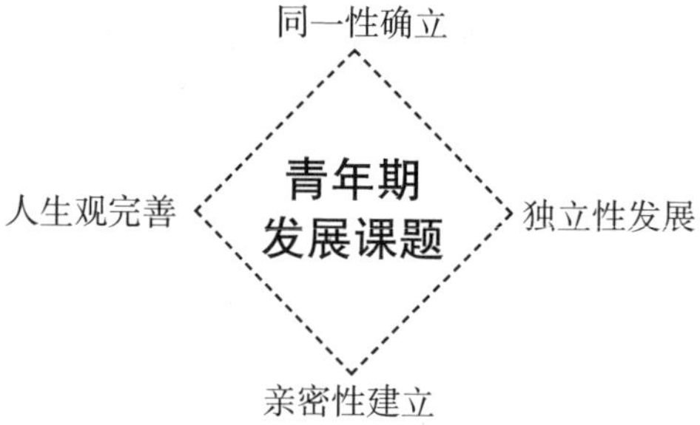

图 5–7　青年期发展课题

1. 同一性确立

同一性确立是青年期最为重要的发展课题。进入青年期后，青年的主要任务是选择和确定自己的社会角色，表现为能认同自己和接纳自己，对自己的过去、现在、将来建立内在的连续感，也能够认同自己与他人在外表上、性格上的相同与差异，认同自己的现在与未来在社会生活中的关系。

2. 独立性发展

独立性发展是青年期最具成长性的发展课题。进入青年期后，青年人在精神上和经济上逐步脱离父母并走向独立，与父母和其他成人开始平等相处；思维具主见性和批判性，不依赖他人自主处理事情，具有成就动机；自主选择与从事职业；做着结婚和步入家庭生活的准备；掌握作为社会成员所必需的知识。

3. 亲密性建立

亲密性建立是青年期最具标志的发展课题。进入青年期后，青年人的生理和心理发育成熟，依恋关系范围不仅限于友谊，更重要的是恋爱婚姻，包括对异性关系、恋爱、结婚、婚后等的适应，对社会关系的变化与适应，学习与同龄男女之间的新的交际技巧，适应男性或女性的社会角色。

4. 人生观完善

人生观完善是青年期最具意义的发展课题。进入青年期后，思考人生观和价值观的概率随着年龄的增长而增加，如“我为什么而活？”“我活在这个世上是为了什么？”“怎样活才能让人生更有意义？”。其中，大学阶段是人生观形成的关键时期，为此努力寻求并完成负有社会性责任的任务。

◆ **理论知识点四：大学生心理发展特点**

大学生正处于从青少年向成人转化的重要时期。这一阶段中，随着生理变化，他们的心理也发生着显著的变化，这些变化既有与一般青年的相似性，又有作为大学生这一特殊群体的独特性。笔者将大学生心理发展特点归纳为四种，即过渡性、可塑性、矛盾性和阶段性（图 5–8）。

图 5–8 大学生心理发展特点

1. 心理发展的过渡性

从心理的发展水平看，大多数大学生的心理正处于迅速走向成熟的时期；从心理的发展过程看，认知、情感、意志等心理状态由片面、偏激、冲动逐步过渡到理性、热情、自控，人格发展上趋向稳定和渐臻成熟的水平。

2. 心理发展的可塑性

青年期是人生各种心理品质全面发展、急剧变化的时期，大学生心理发展存在不稳定、可塑性强的特点，认知上容易偏执，情绪上容易波动，意志上容易动摇，人格上易受外界或生活情境的影响。

3. 心理发展的矛盾性

大学生常见的矛盾冲突有：独立和依赖的矛盾；理想和现实的矛盾；强烈的成就意识与知识经验不足的矛盾；心理封闭与寻求理解的矛盾；性生理成熟和性心理成熟相对迟缓的矛盾；等等。

4. 心理发展的阶段性

心理发展的阶段性主要表现在不同年级的大学生心理发展特点的不同，可归纳为三个阶段，即入学适应阶段、探索发展阶段和准备就业阶段（图 5–9）。

图 5-9　大学生心理发展阶段

（1）入学适应阶段（适应期）：大学新生从高考成功的喜悦中走进大学，由于生活方式、人际关系、学习方式等不同，他们感到有些慌张，心理失衡。这一时期突出的心理任务主要是如何适应大学生活，找到自己、确立自己，建立新的人际关系。

（2）探索发展阶段（发展期）：这是大学生活全面发展和深化的阶段。大学生基本适应了大学生活，新的心理平衡已初步建立，仍要面对、抉择、挑战新的平衡。这一时期突出的心理任务是按自身独特的方式追寻目标，塑造自己，建造出新的成才体系。

（3）准备就业阶段（成熟期）：大学生经过四年的生活和学习，世界观、人生观和价值观逐步形成，心理渐臻成熟，是身心健全的黄金期。这一时期突出的心理任务是为从学生生活向职业生活过渡做好意识上、能力上等方面的准备，准备实现自我价值，构建新的人生方向。

◆ **理论知识点五：大学生社会角色定位**

社会角色是在社会系统中与一定社会位置相关联的符合社会要求的一套个人行为模式，也可以理解为个体在社会群体中被赋予的身份及该身份的职责。大学是社会的缩影，每名大学生都在这个社会中扮演着不同的社会角色，如基本角色、发展角色、人际角色和核心角色（图 5-10）。

图 5-10　大学生的社会角色

1. 大学生的基本角色是“学生”

“学生学生，以学为生”，学习是大学生的首要任务。大学的学习包括专业学习和心灵学习。专业学习就是学习科学知识与技能，学会学习，学会研究，培养批判精神和创新精神；心灵学习就是要完成大学生的心理成长课题——建立健康的自我形象，寻找生命意义，找到拥有成功人生和幸福人生的方向并实践。

2. 大学生的发展角色是“后援”

“后援”就是指大学生应作为国家发展的人才储备力量，是民族兴旺的积极力量，是社会进步的坚强后盾。大学生的人生目标应与社会的需要、民族的期望、祖国的未来结合在一起，自觉地制定个人的成长目标与素养提升要求，主动实施。很多大学生既有远大的理想和抱负，又能脚踏实地，有意识地培养社会适应能力，为顺利进入社会做好准备。

3. 大学生的人际角色是“朋辈”

“朋辈”或称“同辈”，是指同龄的人、同龄的朋友，这是大学生最重要的伙伴 / 同伴。在大学时期，朋辈的影响首次超过了父母对自己的影响，和谐的朋辈关系能满足大学生情感交流的需求和促进情感的发展成熟，可促进大学生的学习和兴趣的培养以及生活工作能力的发展，是大学生将来走进职场、走进社会获取经验的主要来源。

4. 大学生的核心角色是“成长”

成长是生命的主题，大学阶段是一个人重要的发展时期，是人生的第二个成长转折点，是一个人由幼稚走向成熟、成为成熟的社会人的重要过渡阶段。大学生在这一时期应对生命成长负有责任感和使命感，即努力开展自我探究式的学习、成长旅程，愿意探索生命的成长经验，反思对环境的应对，不断寻找成长契机，寻求突破。

◆ 理论知识点六：大学生心理发展标准

心理健康是相对于生理健康而言的，其表现为心理和社会方面的适应与完好的一种状态。依据心理健康的定义，结合大学生心理发展的特点、所处的特殊环境及社会角色，可以总结出八条标准来衡量大学生的心理健康状况，如图 5-11 所示。

图 5-11　大学生心理健康标准

1. 智力发展正常

智力发展正常是大学生学习、生活与工作的基本心理条件，也是适应周围环境变化所必需的心理保证。大学生智力正常者表现出敏锐的感知能力、较强的记忆能力、良好的思维能力、丰富的想象力，而且语言表达清楚，理解力强。

2. 情绪愉悦稳定

情绪愉悦稳定是心理健康的“温度计”。情绪健康的主要标志是情绪稳定和心情愉快。情绪健康的大学生表现为乐观开朗，充满热情，富有朝气，满怀自信，对生活充满希望，善于管理情绪，不过分压抑情绪，情绪反应正常。

3. 意志行动健全

意志是推动人们采取各种行动，克服困难以达到预定目标的心理过程。意志健全的大学生为实现预定的目标在行动中能表现出较多的自觉性、果断性、顽强性、自制力，机智灵活地克服困难，坚韧不拔，持之以恒，不受外界诱惑。

4. 人格统一完整

人格统一完整指具有健全统一的人格，即心理与行为和谐统一的人格，其包括人格要素无明显的缺陷和偏差，具有合理的自我意识，人生观正确并以此支配自己的心理与行为，人格相对稳定。

5. 自我评价恰当

自我评价是指一个人对自己的总看法。一个心理健康的人会做出恰当的自我评价，有自知之明，能体验自己存在的价值，能客观地评价自己的能力、性格、优缺点。同时，能接纳自己，对自己抱有合理的态度，不骄傲也不自卑。

6. 人际关系和谐

人际关系和谐者乐于与人交往，既有稳定而广泛的人际关系，又有知己朋友；在交往中能保持独立而完整的人格，不卑不亢；能客观地评价别人，以人之长补己之短，宽以待人，友好相处，乐于助人；交往动机端正，积极态度多于消极态度。

7. 社会适应良好

社会适应指对社会环境中的一切刺激能做出恰当反应，能良好地适应生活环境的变化，与现实保持良好的接触，不回避现实，主动面对各种挑战，妥善处理环境与自身的关系，创造条件使自己始终处于有利的环境。

8. 符合年龄特征

大学生心理表现有其年龄特征：智能发展达到高峰，批判性思维增强；空前强烈的自我意识和独立精神；丰富的情感生活和强烈的社会需求；积聚正向的意志力和行动力；等等。总之，大学生的心理正处于由半幼稚迅速走向成熟的阶段。

◆ **理论知识点七：大学生自我意识发展**

协助大学生了解自我意识发展特点，努力完成大学阶段自我意识的发展任务。

1. 大学生自我意识发展特点

大学生自我意识发展处于觉醒且迅猛发展的重要阶段，主要表现为四个方面，即自我意识观念深入、自我情感体验丰富、自我行为控制增强和自我存在追求强烈（图 5–12）。

图 5–12　大学生自我意识发展

（1）自我意识观念深入。进入大学后，大学生开始深入关注自我，了解自我，特别想获得他人的认可、接纳和尊重，对他人的否定评价异常敏感，在“理想的我”与“现实的我”的矛盾冲突中非常渴望成就和完善自我。这是一个在成长中具有伟大意义的探索和确立真正自我的阶段。

（2）自我情感体验丰富。大学生情绪和情感表现丰富、复杂且体验深刻，自我尊重和获得他人尊重的需求表现很强烈，人际交往需要趋于多样化且复杂化，渴望和体验爱的需要日益强烈，但情绪和情感体验不稳定，较易产生波动和冲动，常出现自豪与羞辱、欣赏与责备、喜欢与拒绝等矛盾的情感体验。

（3）自我行为控制增强。大学生思想解放，思维敏捷，个性张扬，兴趣广泛，对生活抱有很大的热情，特别是对新生事物的敏感性、学习性非常强，随着自我认知能力的提高，而不断地调整自我表现方式和合适的行动力，但在触及个人的生活观念与原则、人格、利益时，常缺乏冷静，会失去理智，容易冲动。

（4）自我存在追求强烈。随着身体的发育成熟，大学生的独立意识迅速增加，强烈要求给予自己真正意义上的身心自由与独立，越来越表现出怀疑精神和批判精神，不惧怕传统和权威，努力追求和实现自我价值，但有时过于关注自我，缺乏对他人、团队、社会的关注，导致行为上出现偏差。

2. 大学阶段自我意识的发展任务

成熟的自我意识和健康的自我形象有助于大学生增强自信心，获得成就感，拥有有意义的生活。大学生自我意识发展任务包括五个方面，如图 5-13 所示。

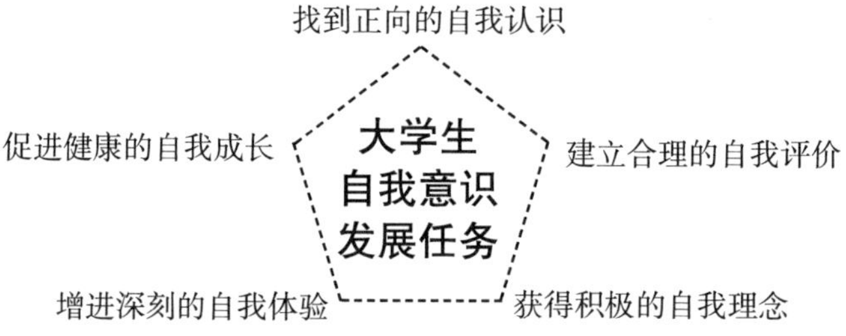

图 5-13　大学生自我意识发展任务

（1）找到正向的自我认识。自我认识是建立健全自我意识的基础，自我认识包括自我感觉、自我概念、自我观察、自我分析和自我评价。其中，自我分析是在自我观察的基础上对自身状况的反思。

（2）建立合理的自我评价。自我评价是对自己能力、品德、行为等方面社会价值的评估，它最能代表一个人自我认知的水平。建立合理的自我评价意味着正确的自我悦纳、积极的自我体验、有效的自我控制。

（3）获得积极的自我理念。对生活充满自信，恰如其分地评价自己与尊重他人，敢于面对问题并积极寻求问题的解决，善待机会与失败，善于发现自我的特点，使自我有良好的发展。

（4）增进深刻的自我体验。自我体验是自我意识在情感方面的表现。自尊心、自信心是自我体验的具体内容。自尊心是指自我价值积极的评价体验，自信心是自我能力合理的认知体验。

（5）促进健康的自我成长。增强自我发展的主动性与独立性，不断地进行自我反思、自我监控，依照过去、现在、未来的人生脉络来整理自己成长的轨迹，总结出自我成长经验，深刻了解与把握自己，从而实现自我成长。

【课中研习】

◆ 研习一：我的生命线（人生线路图）

请在图 5-14 中“我的生命线”处，记录下在你自己生命长河中遇到的重大事件或重要人物，以及其给你带来的感受。

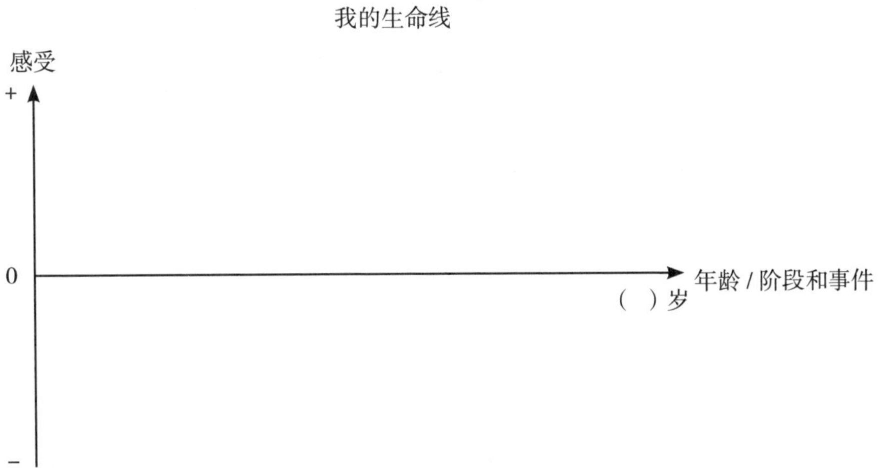

图 5-14　我的生命线

其中，横轴线为年龄 / 阶段和事件；纵轴线为生命经历事件中的感受，“+”为正向感受，“−”为负向感受。

我的生命线规则：

（1）在横轴终点的括号内写下自己希望活到的岁数，并在横轴上标注出你现在的年龄。

（2）标注过去的重要事件（年龄 + 事件 + 感受）和对未来的展望（年龄 + 事件 + 感受）。

◆ 研习二：小组讨论

“好无聊啊，不知道该做些什么！”

“哎呀，我不知道自己的方向在哪。”
“我真没用，别人都比我强。”
“离家这么远我也好孤单呀，我不知道该怎么办。”
“对现在的这一切我都不满意，我该怎么办啊。”
“怎么处理好学习、生活、人际这些关系呢？”
“大学的我是不是该不顾一切地去爱一场呢？”
…………

其实这些声音（语言）里面描述了大学新生存在的一些心理冲突，即大学新生所处的“十字路口”，如图 5-15 所示。

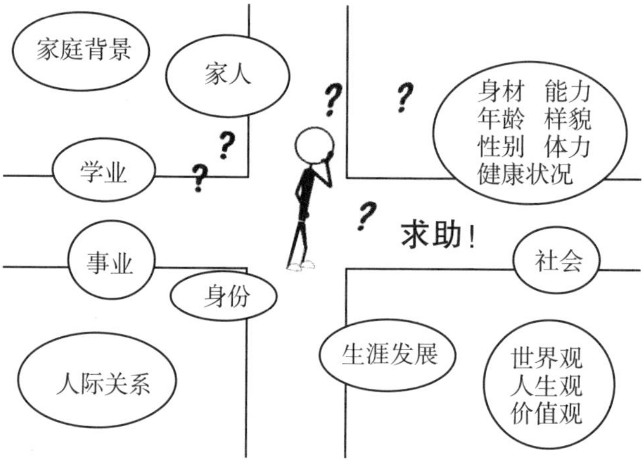

图 5-15 大学新生“十字路口”

请问：你有这些困扰吗？表现在哪些方面？图 5-15 有帮助你发现自己的困扰点在哪吗？

◆ 研习三：案例分析

“我属于高傲的自卑者，总是假装强大，其实一点也不强。现在我的心里越来越虚，维护自己所谓的面子好辛苦，感觉自己变得越来越让自己讨厌，怎么办？”

结合案例，说说怎样才能接纳自己呢？

◆ 研习四：小组讨论——清晰的自我形象

在任何团队内，最困难也是最重要的一步就是团队成员间的互相熟悉。为了让你在做自我介绍时容易一些，请花几分钟时间考虑下面的问题。我们留了空间让你记下你的一些想法和念头，我们也允许你在向他人做介绍的时候看一下这些东西。

（1）我是谁？

（2）我认为最有价值的是__________。

（3）一直激励我的是__________。

（4）我最喜欢我生活的哪个方面？

（5）我最不喜欢我生活的哪个方面？

（6）暂且不论时间、金钱和责任，在所有事情中，我最愿意做的是__________。

（7）除了我的父母，如果我能再选择两个人做我的父母，我将选择__________。

【课后实践】

1. 学习自我对话，促进自我理解

请你在 10 分钟内完成以下句子。

我现在担心的事情是：__________。

将来我最担心的一件事情是：__________。

我最不愿意做的一件事情是：__________。

当前我不可回避的一件事情是：__________。

对我来说因担心失败而困惑的事情是：__________。

人际关系中我最困惑的自身问题是：__________。

我最感到自我嫌弃的是：__________。

对我来说最棘手的事情是：__________。

对我来说最恐怖的事情是：__________。

对我来讲最不愿意想起的一件过去发生的事情是：__________。

我不做就好了，这样后悔的事情是：__________。

他人所看到的我的缺点可能是：__________。

难以称心如愿的一件事情是：__________。

可能的话，想改掉的我的缺点是：__________。

想一想，我现在最困惑的问题是：__________。

2. 请在班级进行心理小调查

（1）是什么让我们不能接受自己？

（2）是什么让我们总担心他人的想法？

（3）是什么让我们总想去改变自己的“坏”习惯和模式？

【理论解析】

◆ 研习一：我的生命线（人生线路图）

“我的生命线”研习目的是梳理自己人生的发展轨迹，对过去的我、现在的我、未来的我做评估与展望。学习接受或者换一个角度去看待过去所发生的事情，特别是生活中的负性事件。

作为延伸思考的工具，可以参照埃里克森的发展阶段论来深入了解自我发展状态。表 5–1 来自笔者对埃里克森的发展阶段论的引用、解读。

表 5–1　埃里克森的发展阶段论

阶段	社会心理危机的心理冲突	基本美德	年龄
第一阶段	基本信任和不信任的心理冲突	希望	0 ~ 1.5 岁
第二阶段	自主与害羞和怀疑的冲突	意志	1.5 ~ 3 岁
第三阶段	主动对内疚的冲突	目的	3 ~ 6 岁
第四阶段	勤奋对自卑的冲突	能力	6 ~ 12 岁
第五阶段	自我同一性和角色混乱的冲突	忠诚	12 ~ 18 岁
第六阶段	亲密对孤独的冲突	爱	18 ~ 25 岁
第七阶段	生育对自我专注的冲突	关心	25 ~ 50 岁
第八阶段	自我完整与绝望期的冲突	智慧	50 岁以上

第一阶段，婴儿前期（0 ~ 1.5 岁）：基本信任和不信任的心理冲突

这一阶段的婴儿是一个处于不确定状态的孩子，非常需要照顾者保持稳定性和一致性，这是易产生基本信任和不信任的心理冲突期，因为这期间婴儿开始认识人了。当孩子哭或饿时，父母是否出现是建立信任感的重要议题。具有信任感的婴儿敢于希望，富于理想，具有强烈的未来定向；反之则没有信心，不敢希望，时时担忧自己的需要得不到满足。

埃里克森把“希望”定义为：“对自己愿望可实现性的持久信念，反抗黑暗势力、标志生命诞生的怒吼。”

第二阶段，婴儿后期（1.5 ~ 3 岁）：自主与害羞和怀疑的冲突

这一阶段的儿童掌握了大量的技能，如爬、走、说话等，更重要的是学会了怎样坚持或放弃，也就是说儿童开始“有意志”地决定做什么或不做什么。这时候子女与父母的冲突很激烈，也就是人的第一个反抗期。一方面，父母必须承担起教导儿童行为使之符合社会规范的任务，即养成良好的习惯，如训练儿童大小便，使他们对随地方便的行为感到羞耻，训练他们按时吃饭，节约粮食，等等；另一方面，儿童开始有了自主感，他们坚持自己的进食或排泄方式，所以训练良好的习惯不是一件容易的事。此阶段如果父母对儿童的保护或惩罚不当，儿童就会产生怀疑，并感到害羞。因此，把握住“度”，才有利于在儿童人格内部形成意志品质。

埃里克森把“意志”定义为：“不顾不可避免的害羞和怀疑心理而坚定地自由选择或自我抑制的决心。”

第三阶段，幼儿期（3 ~ 6 岁）：主动对内疚的冲突

在这一阶段，如果幼儿表现出的主动探究行为受到鼓励，幼儿就会形成主动性，这为其将来成为一个有责任感、有创造力的人奠定了基础。如果成人讥笑幼儿的独创行为和想象力，那么幼儿就会逐渐失去自信心，这使他们更倾向于生活在他人为其安排好的狭窄圈子里，缺乏自己开创幸福生活的主动性。当儿童的主动感超过内疚感时，他们就有了“目的”的品质。

埃里克森把“目的”定义为：“一种正视和追求有价值目标的勇气，这种勇气不为幼儿想象的失利、罪疚感和惩罚的恐惧所限制。”

第四阶段，童年期（6 ~ 12 岁）：勤奋对自卑的冲突

这一阶段的儿童应在学校接受教育。学校是训练儿童适应社会、掌握今后生活所必需的知识和技能的地方。如果他们能顺利地完成学习课程，就会获得勤奋感，这使他们在今后的独立生活和承担工作任务中充满信心；反之，就会产生自卑。另外，如果儿童养成了过分看重自己的态度，而对其他方面漠然处之，那么这种人的生活是可悲的。埃里克森曾说：如果他把工作当成他唯一的任务，把做什么工作看成唯一的价值标准，那他就可能成为工作最为驯服和最无思想的奴隶。当儿童的勤奋感大于自卑感时，他们就会获得有“能力”的品质。

埃里克森把“能力”定义为：“能力是不受儿童自卑感削弱的，完成任务所需要的是自由操作的熟练技能和智慧。”

第五阶段，青少年期（12 ~ 18 岁）：自我同一性和角色混乱的冲突

这一阶段的青少年自我发展易产生冲突，一方面其本能冲动的高涨会带来问题，另一方面是面临新的社会要求和社会冲突而感到困扰和混乱。所以此阶段的主要任务是建立新的同一性或自己在他人眼中的形象。危机就是角色混乱。在这一时期，青少年随着自己身体发育的剧烈变化，通过对个人价值观、信仰和目标的探索，寻求较整合的自我意识和个人身份认同，逐步清晰自己想要做什么，想要成为什么人。随着自我同一性形成的是“忠诚”的品质。

埃里克森把“忠诚”定义为：“不顾价值系统的必然矛盾，而坚持自己确认的同一性的能力。”

第六阶段，成年初期（18 ~ 25 岁）：亲密对孤独的冲突

只有具有牢固的自我同一性的青年，才敢冒与他人发生亲密关系的风险。因为与他人发生爱的关系，就是把自己的同一性与他人的同一性融为一体。这里有自我牺牲或损失，只有这样才能在恋爱中建立真正亲密无间的关系，从而获得亲密感，否则将产生孤独感。

埃里克森把“爱”定义为：“压制异性间遗传的对立性而永远的相互奉献。”

第七阶段，成年中期（25 ~ 50 岁）：生育对自我专注的冲突

当一个人顺利地度过了自我同一性时期，以后的岁月中将过上幸福充实的生活，他将生儿育女，关心后代的繁衍和养育。埃里克森认为，生育感有生和育两层含义，一个人即使没生孩子，只要能关心孩子、教育指导孩子也可以具有生育感；反之，没有生育感的人，其人格贫乏和停滞，是一个自我关注的人，他们只考虑自己的需要和利益，不关心他人（包括儿童）的需要和利益。在这一时期，人们不仅要生育孩子，而且要承担社会工作，这是一个人对下一代的关心和创造力最旺盛的时期，人们将获得关心和创造力的品质。

埃里克森把“关心”定义为：“一种对爱由必然或偶然所造成结果扩大了的关心，它消除了那种由不可推卸的义务所产生的矛盾心理。”

第八阶段，成年晚期（50 岁以上）：自我调整与绝望期的冲突

由于衰老，老人的体力、心理和健康每况愈下，对此他们必须做出相应的调整和适应，所以这被称为自我调整与绝望期的心理冲突。当老人回顾过去时，可能怀着充实的感情与世告别，也可能怀着绝望走向死亡。自我调整是一种接受自我、承认现实的感受，是一种超脱的智慧之感。如果一个人的自我调整大于绝望，那么他将获得智慧的品质。

埃里克森把“智慧”定义为：“以超然的态度对待生活和死亡。”

老年人对死亡的态度直接影响下一代儿童时期信任感的形成。因此，第八阶段和第一阶段首尾相连，构成一个循环的生命周期。

◆ 研习二：大学新生的“十字路口”

大学新生常面对的心理冲突有：自豪与自卑并存，理想与现实相对，求知与厌学同在，自立与依赖相随，孤独与依恋交织，希望与失望相伴。总的来说，这些冲突对自我存在、人生目标、学习状况、人际关系等存在种种的不适应。这些冲突是大学新生面对各种变化所表现出来的成长困扰，属于心理适应带来的困扰，是非常常见的。

“适应”就是个体根据环境的需要积极主动地调整自己，从而达到一种良好的生存发展状态，并保持与环境平衡的动态过程。

“适应”是人生发展中很重要的课题，进入新环境，发现变化，这对每个人都是一种挑战。这种挑战会给予我们新的要求、新的看法，为此需要做出相应的反应。其实每个人的一生就是由一系列的适应过程构成的，适应是一种平衡，是一种发展，也是一种成长。我们应协助大学新生了解大学生活的新变化，包括认识大学、熟悉环境、同学交往等。

1. 生活适应：独立成长（成人）

生活适应的主旋律是学会独立。独立是什么？独立意味着主动、长大、依靠自己、为自己负责任。作为一名大学新生，你需要为自己做些什么呢？

（1）熟悉校园环境，建立新的生活模式。可以根据校园地图，用脚去丈量校园，用眼睛去观察校园，用耳朵去倾听校园，用手去触摸校园。了解大学的运作模式，清晰自己的生存方式，一旦对环境熟悉起来，那么心里的安全感、平衡感就可以建立起来，这就是一种适应。

（2）认识学长 / 学姐和老师，营造学术氛围。认识学长 / 学姐，以他（她）们的视角去了解一下大学生活，优秀的学长 / 学姐会协助你获得融入校园的直接经验，让自己变得轻松自在；大学老师，主要任务是教学、研究和公共服务，优秀的大学老师具有学术思想的前沿性、教学语言的哲理性、人格魅力的独特性，他 / 她将是你人格和学术上的榜样。

（3）加入学生社团，丰富精神生活。大学的社团丰富多彩、内容繁多，会让你感到新奇。加入社团有六大好处：扩大交友圈和联络网络；拓展某些方面的经验和开阔视野；培养领导才能；可以发现自己的爱好；可以增进自身的改善与改变；可以学到更多为人处世的道理与方法。

2. 学习适应：学术成才（成才）

学习适应的主旋律是学会学习。学会学习意味着自觉认识、自主探求、自我思索，培养学习力。

（1）重新评估学习的意义。绝大多数人在上大学前的学习目标主要是考高分、上名校，上大学后分数不再是唯一的学习评价指标，大学生应建立“求知与创造”的大学学习目标，拥有高质量、高水平的大学学习生活。

（2）学会主动且广泛学习。在大学里学什么？一是学知识，大学就是一个知识殿堂，专业知识是很重要的学习内容，你进入了学院，就开始学习新的思想、观念、文化、知识，以便获得本专业的基本理论体系。二是学思维，这是一种方法论学习。大学学习更重要的是带着问题学习，这是大学很重要的学习方法和思维方式，也可以培养你的学习力。三是学能力，这是一种实践学习，包括自学能力、研究能力、表达能力、社交能力等。四是学做人，这是一种人文学习。大学生需要使自己形成正向的人生态度，关照自己，思考并体悟自己是什么样的人、想成为什么样的人。

3. 角色适应：才贤超群（成熟）

角色适应的主旋律是确立自我。大学是观念形成的重要时期，即重新确立与认识自己的世界观、人生观、价值观，因此大学是寻找自我过程中的重要阶段，在大学的心理成长任务就是形成健康的自我形象。

如何找到自我？① 认识自己的优缺点；② 认清自己的成长盲点；③ 认定自己的人生愿景；④ 认可自己的努力途径。只有找到自我，你才能拥有真正强大的内在力量，自信将会成为你重要的名片。

◆ 研习三：怎样才能接纳自己呢？

1. 什么是自我接纳？

自我接纳就是对自己的一切完全接受，即接纳完整的自己，而不只是欣赏、满意自己的优点，还要拥抱自己不够、不足的方面。

自我接纳就是永远和自己在一起，即充满生活希望的自己，而不要因为不完美、人生灰暗而拒绝或放弃自己，更重要的是面对与改变。

自我接纳就是接纳自己这个人，即将人与行为分开，不因缺陷、过错而贬低或批判自己，可以去评价行为但不能评价一个人。

自我接纳就是无条件地接纳自己，即全然地悦纳自己，不因外部环境、个人成功来肯定或接受自己，而是自然而然地欣赏、珍视自己。

2. 自我接纳的对话

（1）我的优势有哪些？

（2）我曾做过 / 获得过哪些成就？（如曾给予他人的帮助，或个人取得的学习成就，或曾经渡过的难关）

（3）我对自己的负向看法有哪些？

（4）关于这些负向想法，是真的吗？我肯定那是真的吗？

（5）当有这些负向想法时，我的情绪和行为有什么反应？

（6）如果没有这些负向想法，我会是一个怎样的人？

第六章　认知合理：理智性与力量

水能载舟亦能覆舟，观念和心态也是如此。我们对事物的理解会左右我们对现实的诠释，以及情绪感受与行动，由此带来截然不同的结果。这就是合理认知的力量。

【课前思考】

1. 关于自己的看法

★ 每个人都应该获得周围环境尤其是生活中重要人物的喜爱和赞许。

★ 个人是否有价值，完全在于他是否是个全能的人，即能在人生中的每个环节和方面有所成就。

★ 一个人以往的经历和事件往往决定了他目前的行为，而且这种影响是永远难以改变的。

★ 我一直对自己说：我必须事事成功，我必须是最优秀的，我绝对不能输。

★ 只要遇到挫折就认为自己“没用，什么也干不成，是个废物，窝囊货”；稍有成就，就又认为自己“很了不起，最聪明、最能干”。

★ 某个人对自己不友好或者几次与人沟通受挫，就觉得自己“人缘最差，缺乏人际交往能力，乃至具有人际交往障碍”。

★ 一遇到事我就会很紧张，因为我总是失败；如果我认为我会彻底失败，那我就一切都完了。

★ 我是不讨人喜欢的，我有人际交往障碍。

2. 关于他人的看法

★ 世界上有些人很邪恶、很可憎，所以应该对他们做严厉的谴责和惩罚。

★ 一个人应该关心他人的问题，并为他人的问题而悲伤、难过。

★ 人必须依赖别人，特别是某些与自己相比强而有力的人，只有这样才能生活得好些。

★ 人必须诚实。

★ 大家都必须听从我的安排。

★ 你应该成为最优秀的人。

★ 他必须受到惩罚。

★ 所有人都在跟我作对。

3. 关于世界的看法

★ 如果事情不如所愿，那将是一件可怕的事情。

★ 不愉快的事总是外在环境的因素所致，不是自己所能控制和支配的，因此人对自身的痛苦和困扰也无法控制和改变。

★ 面对现实中的困难和自我所承担的责任是件不容易的事情，倒不如逃避它们。

★ 人们要对危险和可怕的事随时随地地加以警惕，应该多关心并不断注意发生的可能。

★ 对人生中的每个问题都应有一个唯一正确的答案。如果找不到这个答案，就会痛苦一生。

★ 学校或家庭环境必须符合我的要求。

★ 那件事应该是明天做的。

★ 已经计划好的事情是无法改变的。

【主题分享】

◆ 理论知识点一：什么是认知？

关于认知，本小节将从四个方面进行简述，如图 6–1 所示。

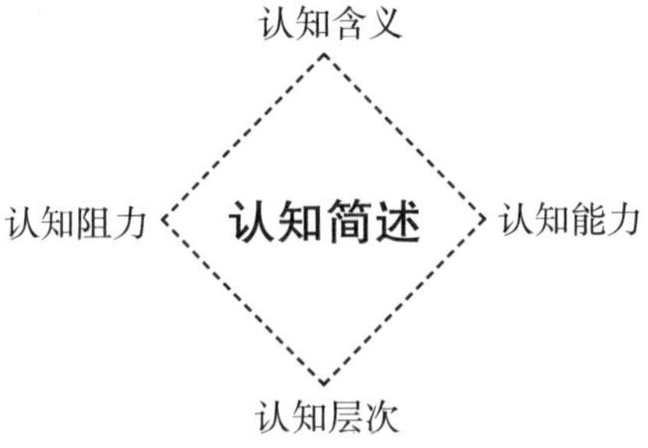

图 6–1　认知简述

1. 认知含义

认知是指人们解释外部客观世界的各种方法，以及人们如何根据这些解释做出的反应。认知就是人们看待事物、认识世界的方式，包括你的思想观点、解读事物的思维模式、评价是非的标准、对人对事的基本信念与价值观。这是人最基本的心理过程。

2. 认知能力

认知能力是指人脑接受、存储、加工、提取和应用信息的能力，即人们对事物的构成、性能与他物的关系、发展的动力、发展方向以及基本规律的把握能力。知觉、记忆、注意、思维和想象的能力，学习、研究、理解、概括、分析应用的能力等被认为是认知能力。

3. 认知层次

认知层次就是认知水平，主要有四个层次，如图 6-2 所示。

图 6-2　认知层次

第一层：不知不觉，即不知道自己不知道。无知且满足，固执自负，自以为是，总觉得自己什么都会，什么都是对的，别人是错的，不懂装懂，做事冲动盲目，欠思考，缺乏判断力，想法单一，不计后果，实质上愚昧无知、自欺欺人、班门弄斧、闭门造车。正所谓无知者无畏，这一层次的人不仅无知，而且对自己无知这件事，仍然是无知的。

第二层：后知后觉，即知道自己不知道。他们知道自己的不足，也因此有着强大的求知欲，开始懂得要通过学习改变自己，他们和第一种人的最大区别在于，他们清楚自己是无知的事实。知道自己不知道，是觉悟的开始。有心之人会通过学习来使自己成为第三种人。

第三层：当知当觉，即知道自己知道。他们对自己的认知和定位很清楚，自己知道所长之处，他们可以有效利用自己的能力去做好某方面的事情，在工作中充分地发挥自己的一技之长来创造价值。他们的生活比较美好。

第四层：先知先觉，即不知道自己知道。这个层次的人已经达到海纳百川、虚怀若谷、淡定自若、胸怀天地、大智若愚、上善若水的地步。所谓“不知道自己知道”，就是说这种人的知识结构已经超出了自己意识认知的范围。这个层次的人，俗称智者，是认知的最高层次。

4. 认知阻力

认知水平越低，越容易活在自己的小天地里，不思进取，陷入恶性循环，不停地失败，最后怀疑命运，其表现为四个方面，如图 6-3 所示。

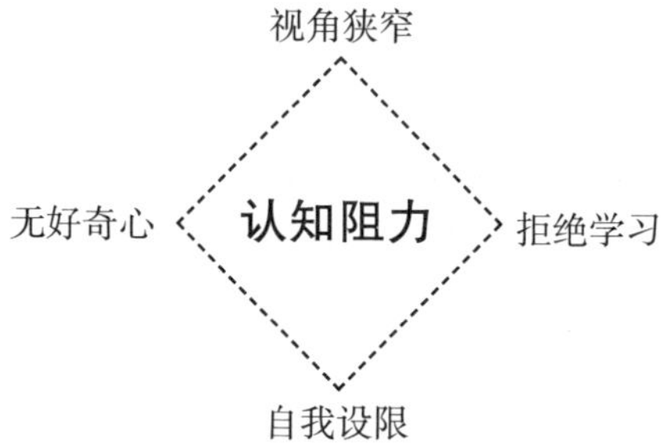

图 6-3　认知阻力

（1）视角狭窄。这样的人知识面相对狭小，看问题视角也很狭窄，想法过于单一，对所遇到的人和事缺乏一定的判断力。

（2）拒绝学习。这样的人盲目自信，自认为对很多事看得很透，见多识广，便不会主动地学习、成长、思考，时间和精力大多消耗在玩乐、琐碎的事情上。

（3）自我设限。这样的人总是固守自己的立场，抱着自我的生活阵地不放，认为自己是对的，拒绝接受别人的建议，排斥不同的声音。

（4）无好奇心。这样的人生活呆板教条，生活被动枯燥，对新事物不感兴趣，观念陈旧，缺乏主见，不愿也不太会独立思考。

◆ 理论知识点二：认知对心理成长的助益

认知对心理成长的助益主要体现在四个方面，如图 6-4 所示。

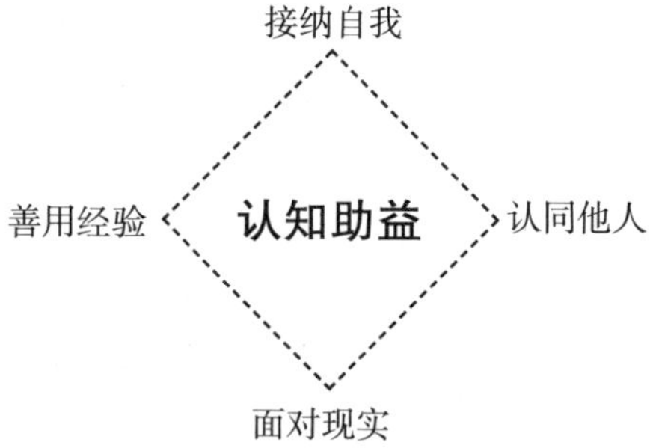

图 6-4　认知助益

1. 接纳自我

合理认知有助于我们获得健康的自我形象，促进自我朝着正向、健康、有益成长迈进。合理认知具有正向的自我观念，能合理地接纳自我，让我们体验真正的存在价值。

2. 认同他人

合理认知有助于我们合理地认同他人，认可他人的存在，承认他人的重要性，尊重他人的一切，建立且拥有良好的社会支持系统，从而获得安全感。

3. 面对现实

合理认知有助于我们面对、接受现实，学会设身处地、实事求是地面对现实，了解事实真相，不急于评判，相信自己能够接受环境给我们带来的一切。

4. 善用经验

合理认知有助于我们合理利用主观经验，有意识地去思考，积累、丰富自己的经验和知识库，以便随时提取使用，增加行为的有效性和意义感。

◆ 理论知识点三：大学生认知的特点

大学生认知的特点主要体现在四个方面，如图 6-5 所示。

图 6-5　大学生认知的特点

1. 抽象思维成熟化

大学生抽象逻辑思维处在人生顶峰时期，辩证逻辑思维趋向成熟。

2. 思维方向差异化

大学生思维发展方向出现较大不同，比如理工科的同学逻辑思维非常强，而文科和艺术类的同学更具形象思维。

3. 批判思维高峰化

大学生更具批判精神，不再人云亦云，有自己的思考，愿意在不同场合与人进行对话、讨论。

4. 创造思维初始化

大学生创造性思维还需提升，需要不断积累经验，不断提高逻辑思维能力。

◆ **理论知识点四：乔哈里窗——认识自己**

我们都渴望了解自己，这里就给大家推荐一个很实用的工具——乔哈里窗。乔哈里窗理论是由美国社会心理学家乔瑟夫·鲁夫特（Joseph Luft）和哈里·英格汉（Harry Ingham）在1955年提出的，由两人名字组合而成。“窗”是指一个人的心就像一扇窗，展示了关于自我认知和他人对自己的认知之间在有意识或无意识的前提下形成的差异，由此分割为四个范畴，即把人的内在分成四个部分，公众我、盲目我、隐藏我、未知我（图6-6）。

图 6-6 乔哈里窗

1. 公众我

自己知道别人也知道的部分，即自己和他人都了解自己的部分。

写下自己公开的部分（比如长相、性别、籍贯、习惯、公开的爱好等被大家所知的）。

2. 盲目我

他人知道自己不知道的部分，即他人了解自己但自己不了解自己的部分。

可以向自己信任的亲友收集评价，可以分两部分收集，即客观评价（小习惯、一些无意识的个性特点等）和正向评价（优点）。拿到手之后先看优点部分，确定地告诉自己“我真的这么好”，然后看客观评价，把里面的缺点和自己认为的缺点做比较，看看哪些是自己真正的缺点，哪些只是自己的错误观念。

3. 隐藏我

自己知道他人不知道的那部分，自我有意识地在他人面前有所保留，即他人不了解自己但自己了解自己的部分。这些是自己内心最隐秘的部分，包括自己不为人知、让你感到痛苦的经历、隐秘的想法等。

自己试着将这些隐秘部分写出来，然后可以按照 0 ~ 10 分的隐私级别逐条给自己打分，用彩色笔圈出隐私级别最低的三条，用箭头指向公众我，然后就可以试着将这三条分享给自己觉得可以倾诉的人。

4. 未知我

自己和他人都不知道的部分，即他人及自己均不了解自己的部分，也称为潜意识。

写下“过去不知道，现在知道了的”那些新发现的自我，比如，通过学习心理学，知道自己的不自信和过去的经历有关，这是可以改变的；通过某次偶然的机会，发现自己还挺擅长做美食的。

◆ **理论知识点五：健康认知模式**

健康的认知模式是指能够客观、合理地看待和评价自己与他人，主要表现为五个方面（图 6–7）。

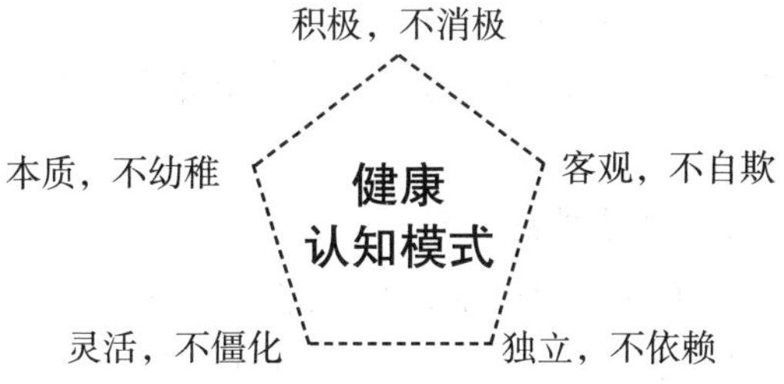

图 6–7　健康认知模式

1. 积极，不消极

积极地看问题，健康的人总是积极、乐观地看问题；心理不健康的人总是消极、悲观地看问题，有时会盯住一点细节就大做文章，浮想联翩，陷入情绪化、人格化的思维模式。积极地看问题或看到问题积极的一面有利于保持良好的心态，提高学习的效率和生活的质量。

2. 客观，不自欺

以发展的眼光看问题，事物并不是一成不变的，而是变化发展的。大学生应学会用发展的眼光看问题，如对待失恋、对待职业的选择、对待竞选的失败。大学生应学会认知的灵活性，在不断与新人、新事和新思想交结时，也不断更新自己的观念和感受，这样就不会陷入糟糕至极的痛苦之中。

3. 独立，不依赖

独立地看问题，健康的认知具有独立性，能超越外在的无关因素；相反，不健康的认知常常受无关因素的干扰，产生“心理眩惑”现象，如瞎猜测、跟着感觉走，有时优柔寡断，力不从心，从众意识强烈，依赖性强，严重的甚至会丧失自我。独立而不依赖可以增强自信，完善人格。

4. 灵活，不僵化

全面地看问题，事物具有两面性，健康的认知总是全面地看待事物，看问题既要看到好的一面，又要看到不好的一面；既能悦纳自己的优点又能看清自己的缺点。例如，对待考试的失败，既可以看作一次打击，又可以看作人生的一次教训，从而不断地反省自己，完善自己，进而走出失败的阴影。这样就可以避免绝对化认知中以偏概全的思维模式给自己带来的困扰。

5. 本质，不幼稚

透过现象看本质，能够抓住事物的主要矛盾和矛盾的主要方面，如面临两难选择时，有的人找不到自己最需要的是什么，从而大大地分散了自己的精力和时间，最后一无所获。因此，要具备一定的分析能力，在遭遇纷繁复杂的事情时，学会判断事物的轻重缓急，从而更好地分配自己的时间和精力，取得更大的收获。

◆ 理论知识点六：合理情绪疗法

合理情绪疗法是20世纪50年代由艾伯特·埃利斯（Albert Ellis）在美国创立的。合理情绪疗法是认知心理治疗中的一种疗法，如图6-8所示。

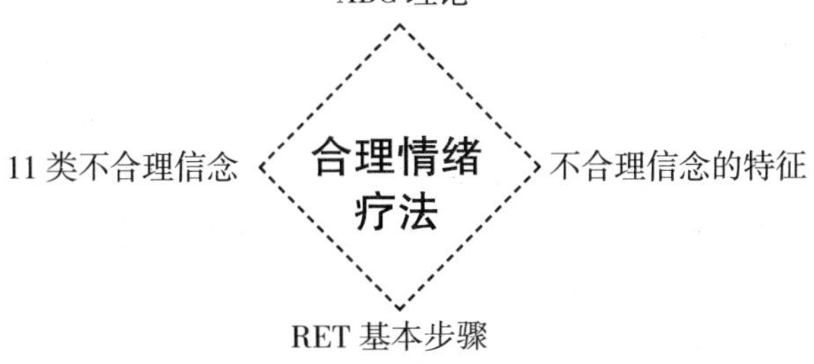

图 6-8　合理情绪疗法

1.ABC 理论

合理情绪疗法是以理性代替非理性，帮助来访者以合理的思维方式代替不合理的思维方式，以合理的信念代替不合理的信念，最大限度地减少不合理的信念带来的情绪困扰。

（1）ABC 理论含义。合理情绪疗法的基本理论主要是 ABC 理论。埃利斯认为人的情绪不是由某一诱发性事件本身引起的，而是由经历了这一事件的人对这一事件的解释和评价引起的。这就是 ABC 理论的基本观点。

（2）ABC 概念解读。在 ABC 理论模式中，A 指诱发性事件；B 指个体在遇到诱发事件之后相应而生的信念，即他对这一事件的看法、解释和评价；C 指特定情景下，个体的情绪及行为结果。通常人们认为，人的情绪行为反应是直接由诱发性事件 A 引起的，即 A 引起了 C（图 6-9）。

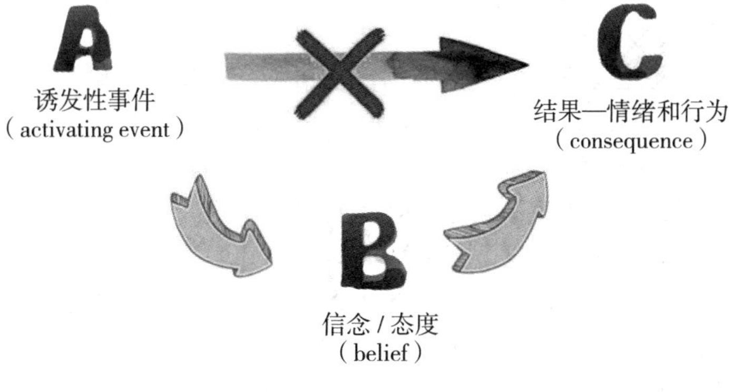

图 6-9　ABC 理论示意图

（3）ABC 理论原理。诱发性事件 A 只是引起情绪及行为反应的间接原因，人们对诱发性事件所持的信念、看法、理解 B 才是引起人的情绪及行为反应的直接原因。人们的情绪及行为反应与人们对事物的想法、看法有关。在这些想法和看法背后，有着人们对一类事物的共同看法，这就是信念。合理的信念会引起人们对事物的适当的、适度的情绪反应，而不合理的信念会导致不适当的情绪和行为反应。当人们坚持某些不合理的信念，长期处于不良的情绪状态之中时，终将导致情绪障碍的产生。

2. 不合理信念的特征

RET 认为不合理信念有三个特征，每个特征都有其认知表现，要将不合理信念转化为合理信念，需要改善认知态度（图 6–10）。

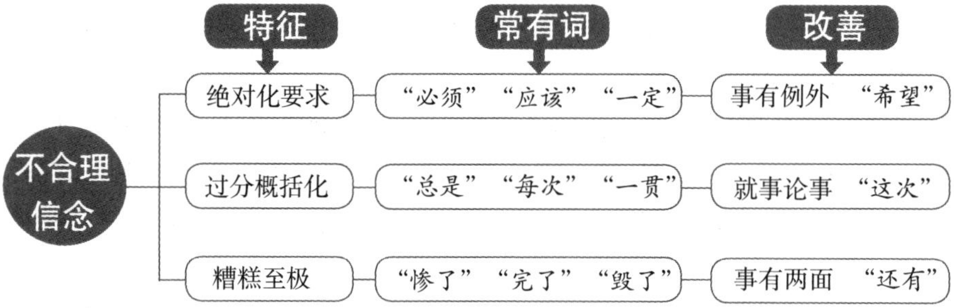

图 6–10　不合理信念特征

（1）绝对化要求，是指个体以自己的意愿为出发点，认为某一事物必定会发生或不会发生的信念，这种特征通常与“必须”“应该”“一定”这类词联系在一起。这属于百分之百的概念事件，若发生，则易产生失望、沮丧的情绪。

改善：其实事情存在特例或有另一种可能，可用“希望”一词替代。

（2）过分概括化，是一种以偏概全的不合理思维方式，它是个体对自己或别人不合理的评价，其典型特征是从某一方面来评价自身或他人的整体价值。例如，一些人失败后常常认为自己“一无是处”或“毫无价值”。这种片面的自我否定往往会导致自责自罪、自卑自弃的心理。

改善：评价一个人的行为而不是去评价一个人，就事论事。

（3）糟糕至极，是一种对事物可能的结果产生非常可怕、非常糟糕，甚至是一种灾难性的预期观念。若坚持这样的观念，在糟糕透顶的事情发生时，人就会陷入极度的负性情绪体验中。

改善：事情都有正反两个面，如“危机 = 危险 + 转机”。

3. RET 基本步骤

RET 的基本步骤有四个，即觉察、寻找、辩论和建立（图 6–11）。

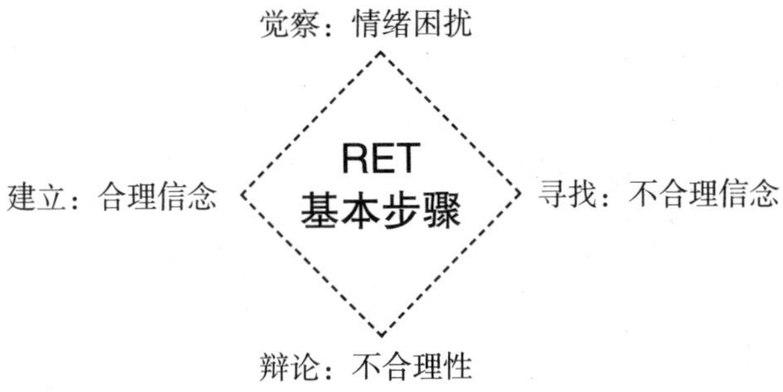

图 6–11　RET 基本步骤

（1）觉察：情绪困扰。在来访者遭遇困境时，会产生焦虑、苦恼等负向情绪，常常处于情绪困扰中不能自拔，更多时候是不自知的。在辅导师的陪伴下，觉察情绪意味着承认情绪的存在，去感受、去描述。

（2）寻找：不合理信念。要使来访者明白其情绪困扰之所以延续至今，不是由于早年生活的影响，而是由于其自身存在的不合理信念导致的，他们应对此负责。通过不合理信念三大特征逐一将不合理信念找出来。

（3）辩论：不合理性。通过与不合理信念辩论，帮助来访者认清其信念的不合理性，进而让其放弃这些非理性的信念，帮助来访者产生某种认知层次的改变，这是治疗中最重要的一环。

（4）建立：合理信念。不仅要帮助来访者认清并放弃某些特定的非理性信念，而且要从改变他们常见的非理性信念入手，帮助他们学会以合理的思维方式代替不合理的思维方式。

这四个步骤一旦完成，不合理信念以及由此而引起的情绪困扰乃至障碍就会消除。来访者将会以较为合理的思维方式代替不合理的思维方式，从而较少受到非理性信念的困扰。

4. 11 类不合理信念

人的消极情绪是由不合理思维与想法引起的，如下周要交论文，时间太紧了，我一定做不好的，我感到很焦虑。在这个例子中，说明平时我们不一定能够意识到这一思维过程，只是在体验情绪和情境。因而这一思维在认知理论上又称为“自动思维”。认识和评价自动思维是否合理，对于自我调整非常重要。笔者在 2008 年对 11 类不合理信念理论解读与实际应用进行了重新归类编辑，见表 6–1。

表 6-1　11 类不合理信念分析表

序号	不合理信念	特征		影响		辩论	合理信念
		合理性	不合理性	正向	负向		
1	人应该得到自己生活中的每一位重要人物的喜爱与赞许	关注需要	绝对要求	存在意义	讨好模式	人各有志，各有千秋	无论他人怎样看待我们，我们都是有价值的人
2	一个有价值的人应该在各方面都比其他人强	尽力而为	绝对要求	重视过程	挫败感	金无足赤，人无完人	人的精力有限，能在某些方面有所成就足矣
3	对于有错误的人应该给予严厉的惩罚与制裁	面对不足	绝对要求	吸取教训	自负心	人非圣贤，孰能无过；得饶人处且饶人	人人都有可能犯错误，对犯错误的人要宽容以待
4	如果事情非己所愿，将是可怕的	正视失意	糟糕至极	找到成长点	回避问题	人生不如意事十之八九	受挫是件很正常的事，可尝试改变；试着接受它
5	不愉快的事是由外在因素引起的，自己不能控制和支配	察觉情绪	过分概括	探索新视角	被动生活	天无绝人之路	决定人的主观幸福感是对外在事件的评价与态度
6	面对困难与责任很不容易，倒不如逃避更好	尝试解决	过分概括	善待问题	回避尝试	树挪死，人挪活	逃避是暂时摆脱，困难和责任没想象中的那么难
7	对危险与可怕的事要随时警惕，经常提防其发生的可能性	安全意识	过分概括	寻找办法	过于担忧	车到山前必有路，船到桥头自然直	对危险可怕的事要有心理准备，但不要过分忧虑
8	人要活得好一点，就必须依赖比自己强的人	懂得求助	过分概括	建立关系	放弃自我	求人不如求己	每个人都是独立的个体，他人至多助人而非代替
9	以往的经历和事件对现在具有决定性的难以改变的影响	正视过去	过分概括	善于总结	错误归因	退一步海阔天空	过去已成历史，不能改变历史但可改变对此的看法
10	对于他人的问题应当非常关切	关爱他人	绝对要求 过分概括	同理心	同情心泛滥	人各有命，命各有数	关心他人问题，有能力时伸援手，无力不必自责
11	任何问题都有一个唯一正确的答案	愿意思考	过分概括	认真严谨	思维固守	不求最好，但求够好	面对问题，重要的是探索问题解决的过程和方法

下面对这 11 类不合理信念进行解读和辩论。

不合理信念 1：人应该得到自己生活中的每一位重要人物的喜爱与赞许。

辩论：这一观念实际上是个假象，是不可能实现的事。因为不论多么伟大的人物都会有反对他们的人，在一个人的一生中，不可能得到所有人的认同，即便是父母、老师等对自己来说很重要的人，也不可能永远对自己持一种绝对喜爱和赞许的态度。因此，世界上总有部分人是并不喜爱、赞扬我们的；无论他人怎样看待我们，我们都是有价值的人。

不合理信念 2：一个有价值的人应该在各方面都比其他人强。

辩论：这是一个很难实现的想法，因为世界上根本不存在十全十美且永远成功的人。一个人可能在某方面优于他人，但在其他方面很可能弱于他人；就算有过许多成功的境遇，也无法保证每次都能成功。人的精力是有限的，如果能在某些方面有所成就，人生就是有价值的。我们尽全力去做事情，就算失败也是经过不懈努力的，其价值不会因此而受损。

不合理信念 3：对于有错误的人应该给予严厉的惩罚与制裁。

辩论：世上既然没有完人，也就没有绝对的区分对与错、好与坏的标准。每个人都可能犯错误，这是不可避免的；一个人做错事，并不等于他就是一个坏人。犯错误就去声讨、排斥和歧视也是于事无补。不犯错的人未曾存在过，人人都有可能犯错误，为此对那些犯错误的人要接纳、宽容。

不合理信念 4：如果事情非己所愿，将是可怕的。

辩论：人不可能永远成功，生活和事业上的挫折是很自然的事情，如果一遭受挫折，便感到可怕，那就会导致情绪困扰，也可能使事情进一步恶化。受挫是很正常的事情，没有什么可怕的。不喜欢某事可以试着努力去改变它；如果无能为力，那就试着接受它。

不合理信念 5：不愉快的事是由外在因素引起的，自己不能控制和支配。

辩论：外在因素会对个人有一定影响，但实际上并不会像自己想象的那样可怕和严重。不是外在因素而是对外在事件的评价决定人的主观幸福感，通过改变悲观的评价态度，人是可以控制调节自己的快乐和幸福的。

不合理信念 6：面对困难与责任很不容易，倒不如逃避更好。

辩论：逃避问题虽然可以暂缓矛盾，暂时摆脱情绪困扰，但不能真正解决问题，并且时间一长，问题便会恶化或连锁性地产生其他问题和困难，从而更加难以解决，最终会导致更为严重的情绪困扰。生活中的困难和责任并非想象中的那么难，有时面对比逃避更容易。

不合理信念 7：对危险与可怕的事要随时警惕，经常提防其发生的可能性。

辩论：这种杞人忧天式的观念只会夸大危险发生的可能性，只会使生活变得沉重和没有生气，使人不能对此进行客观评价和有效面对，导致整日忧心忡忡，焦虑不已。危险可怕的事情确实存在，我们对此要有一定的心理准备，提高应对能力，但是不必过分忧虑。

不合理信念 8：人要活得好一点，就必须依赖比自己强的人。

辩论：过分夸大这种依赖的必要性则可能使自己失去独立性，导致更严重的依赖，从而失去学习能力，产生不安全感。每个人都是一个独立的个体，其他人只能在某些方面帮助你，但不能代替你生活。安全感的获得还是得依靠自己的独立自主。

不合理信念 9：以往的经历和事件对现在具有决定性的难以改变的影响。

辩论：过去已成历史，并不能决定现在和将来，事实虽不可改变，但对事件的看法是可以改变的，从而人们仍可以控制，并通过自身的努力促使自己改变现状和以后的生活。

不合理信念 10：对于他人的问题应当非常关切。

辩论：如果过分投入他人的事情，就可能忽视自己的问题，使自己的心理失衡，易导致没有能力去帮助他人解决问题，却使自己的问题更糟。对于他人的问题，我们可以适时、适当地关心，适度地帮助，如果帮不上忙也不必过多牵扯或自责。

不合理信念 11：任何问题都有一个唯一正确的答案。

辩论：如果人找不到这个答案，就会痛苦一生。人生是一个复杂的历程，对任何问题都寻求完美的解决办法是不可能的事。并不是所有的问题都会有正确且完美的答案，对于那些没有确定答案的问题不必穷究到底，更不必因为得不到完美答案而痛苦伤心。面对问题，重要的是探索问题解决的过程和方法，这是我们可以掌控的。

【课中研习】

◆ 研习一：头脑风暴

查探自己的观念，请写出六个“我应该……”的句子。

（1）我应该____。
（2）我应该____。
（3）我应该____。
（4）我应该____。
（5）我应该____。
（6）我应该____。

◆ **研习二：小组讨论**

探索我们的信念是如何被造就的？
（1）关于父母的教育态度与评价，请列举出父母说过你的错误与缺点。
关于天赋：____。
关于做人：____。
关于做事：____。
关于交友：____。
关于成绩：____。
关于恋爱：____。
关于习惯：____。
…………

（2）关于民族 / 家族传统、社会思想对你的影响。
（3）个人生活经历 / 经验。

◆ **研习三：小组讨论**

请判断下列想法合理还是不合理，合理在括号里打“√”，不合理打“×”；然后进行思考辩论，提出合理的想法。

（1）我一定要做到最好。（　）
合理的想法：
（2）人不可能每件事都做到最好，十全十美是不存在的。但可以把“一定”改为“希望”，尽力做好。（　）
合理的想法：
（3）我应该考入前三名，前三名的学生才是优秀的。（　）
合理的想法：
（4）大学里不只有前三名是优秀的学生，评定一个人优秀与否也不能只看成绩，低于前三名的也可以成为很优秀的学生。（　）
合理的想法：
（5）自己绝对要获得周围的人，尤其是周围重要人物的喜爱和赞许。（　）

合理的想法：

（6）一个有价值的人应该在各方面都比其他人强。（ ）

合理的想法：

（7）如果事非所愿，那也是正常可以接受的。（ ）

合理的想法：

（8）人必须依赖其他人，特别是比自己强大的人。（ ）

合理的想法：

◆ **研习四：案例分析一**

大二女生晓晓：我觉得自己很失败，处处不如人，自己不是最好的，在大学的生活一点成就感都没有。我从小学习成绩很优秀，在班上一直担任班干部，不论做什么事都严格要求自己，有时也会感觉到责任和压力，但心中告诉自己一定要做到最好。高考时以年级第二的成绩考入了大学。但大学一年级考试成绩不理想，在大学以前的成绩一直是前三。我一直认为只有前三名才是优秀的好学生。所以，我对自己很失望，心里很不平衡，见人也不爱说话了，不愿与同学一起活动。近三周来我感到头昏脑涨，心情一直不好。我心里很着急，不希望再这样下去了。

（1）“问题树”说明：树干——问题名称（大二女生晓晓的困扰）；树冠——症状表现（情绪与行为）；树根——原因分析。

（2）请在问题树（图 6–12）上写出案例中晓晓的困扰、情绪与行为及原因分析。

图 6–12　问题树

◆ **研习五：案例分析二**

大三女生丽丽，性格好强、好胜，自尊心强且过度焦虑。

自述：我从小有一个远大的目标，我要成为很有成就、很具影响力的经济学家，我的信念是一定要成功。上大学前，我一直是个非常优秀的学生，功课好、有思想、能力强，但我依然觉得自己表现得远远不够，距离目标仍非常遥远。所以上了大学后，我给自己设定了非常详细的甚至有些苛刻的行动计划，我每天叮嘱自己按照计划向前推进，不允许自己有一点差错，要求自己保质保量地完成每一天的规定任务。有时没有完成任务，我会觉得自己浪费了时间，收获太少，心里非常沮丧；以前在中学学习时，自己能掌控自己的时间安排、学习步伐，可现在的大学生活让我有些手忙脚乱，课业多，需要阅读的书多，生活范围也大了许多，连干扰也增多了，如舍友间的相互配合与适应，班级、学生会、学院的要求和规定，我觉得一切都失控了。现在我的学习效率从未有过地低下，我的身心状况也出现了问题，常常整晚睡不着，脑子里总在快速转动，我很担心这样下去我的一切就都完了，如果结果真的出现了，我将一无是处、毫无价值，那我活着还有什么意义……

（1）请列出丽丽的不合理想法。

（2）试着帮助丽丽与不合理的想法辩论。

◆ **研习六：角色扮演——不合理信念辩论**

请对生活中常见的“犯错很可怕”现象进行辩论。

三人一组，一人扮演陷入认知困境的人，另一人扮演合理认知的人，第三人为观察者。轮换扮演。

（1）面对任务或困难，如果一个人总是陷在里面，就会出现非常多的自我攻击：“我没有本事，什么都做不好！我是一个容易惹人生气的人，被人瞧不起的人。”

（2）每当需要承担自己的角色任务时，这些自我攻击就会冒出来阻止这个人去行动，他可能会告诉自己：“还是不要去做了，免得搞砸了更让人厌恶。”

（3）觉得他人不满意自己，就蜷缩在自己的小世界里，拒绝和外界再接触。“果然我真的让人厌恶，什么都做不好，你看我没有做好，别人不满意了吧！”

【课后实践】

（1）请检索你生活中存在的持有绝对化要求的不合理信念，并逐一辩论。

（2）针对这些持有绝对化要求的不合理信念，请问自己四个问题："有什么证据表明我必须获得成功？""事情为什么必须按照我的意志来发展？""如果不是这样，那又会怎样？""我的生活只有唯一的一条路吗？若真如此，意义在哪？"

【理论解析】

◆ 研习一：查探你的信念

绝对化要求是指人们以自己的意愿为出发点，对某一事物怀有认为必定会发生或不会发生的信念，它通常与"必须""应该"这类字眼连在一起，如"我必须获得成功""别人必须很好地对待我""生活应该是很容易的"等。

怀有这样信念的人极易陷入情绪困扰，因为客观事物的发生、发展都有其规律，是不以人的意志为转移的。就某个具体的人来说，他不可能在每一件事情上都获得成功；而对某个个体来说，他周围的人和事物的表现和发展也不可能以他的意志为转移。因此，当某些事情的发生与对事物的绝对化要求相悖时，他们就会受不了，感到难以接受、难以适应并陷入情绪困扰。

合理情绪疗法就是要帮助他们改变这种极端的思维方式，认识绝对化要求的不合理、不现实之处，帮助他们学会以合理的方法看待自己和周围的人与事物，以减少他们陷入情绪障碍的可能性。

◆ 研习二：你的信念是如何被造就的?

过分概括化是一种以偏概全、以管窥天的不合理思维方式的表现。过分概括化是不合逻辑的，就好像以一本书的封面来判定其内容好坏一样。

一方面，过分概括化是人们对自身的不合理评价。例如，面对失败就是极坏的结果时，往往会认为自己"一无是处""一钱不值"等。以自己做的某一件事或某几件事的结果来评价自己整个人，评价自己作为人的价值，其结果常常会导致自责自罪、自卑自弃的心理及焦虑和抑郁情绪的产生。

另一方面，过分概括化是对他人的不合理评价，即他人稍有差错就认为他很坏、一无是处等，这会导致一味地责备他人，以致产生敌意和愤怒等情绪。按照埃利斯的观点，以一件事的成败来评价整个人，这无异于一种理智上的偏颇。他认为一个人的价值就在于具有人性，因此他主张不要评价整体的人，而应评价人的行为、行动和表现。这也正是合理情绪治疗所强调的要点之一。因为在这个世界上，没有一个人可以达到完美无缺的境地，所以每个人都应接受自己和他人是有可能犯错误的。

◆ 研习三：解读观念，建立合理想法

我们对人、事、物的种种看法，应建立合理信念。

一是“我必须”“我应该”，如“我必须每件事都成功”“我必须使每个人都喜欢我”“我必须是最优秀的”“我绝对不能输”等，这些都是人们对自己提出的难以实现的目标，是过于追求完美和苛求自己的表现。因为人不可能事事成功、时时如愿，人也不会总是一帆风顺或成为最优秀的，也不可能得到所有人的赞赏，所以持有这种不合理信念的人很容易产生失败感和挫折感，导致失落、自责或忧郁等情绪产生。理性的认知是努力做好每一件事，不过于追求完美，也不过于重视他人的评价，一切都保持一个适当的度。

二是“你（他）必须”“你（他）应该”，如“你必须对我诚实”“大家都必须听从我的安排”“你应该成为最优秀的人”“他必须受到惩罚”等。这些是人们对他人提出的绝对化要求，是苛求他人、控制他人的表现，也是自我中心和高傲自大的一种倾向。每个人都有自己的喜好和主见，都有自己的优点和不足，我们没有理由去苛求、左右他人“必须”怎样，我们所提的只能是希望或建议。

三是“事情必须”“事情应该”，如认为“学校或家庭环境必须符合我的要求”“那件事应该是明天做的”“已经计划好的事情是无法改变的”等。有些事情不是由我们某一个人所决定的，尤其是在集体的大环境中，要通过调整自我去积极适应。当然，许多事情也可能存在回旋余地，不能看得太绝对。

◆ 研习四：案例分析一

糟糕至极是一种认为如果一件不好的事发生了，将是非常可怕、非常糟糕，甚至是一场灾难的想法。这将导致个体陷入极端不良的情绪体验（如耻辱、自责自罪、焦虑、悲观、抑郁）的恶性循环之中，而难以自拔。糟糕就是不好、坏事的意思。当一个人讲什么事情都呈现出糟透了、糟极了的时候，那么对他来说碰到的所有事都是最坏的事情，是一种灭顶之灾。

埃利斯指出这是一种不合理的信念，因为对任何一件事情来说，都有可能发生比之更好的情形，没有任何一件事情可以定义为是百分之百糟透了的。当一个人沿着这条思路想下去，认为遇到了百分之百的糟糕的事或比百分之百还糟的事情时，他就是把自己引向了极端的、负向的情绪状态之中。糟糕至极常常是与人们对自己、对他人及对周围环境的绝对化要求相联系而出现的，即在人们的绝对化要求中认为的“必须”和“应该”的事情并非像他们所想的那样发生时，他们就会感到无法接受这种现实，因而就会走向极端，认为事情已经糟到了极点。

◆ **研习五：案例分析二**

丽丽的境况在大学里不乏其人，他们都是非常优秀的人，还想更优秀，问题就出在如何变得更优秀的思维抉择中。

他们这种每一刻都强迫自己应该做什么的人，把自己困在自制的思想牢笼里。他们极度地把注意力集中在“应该”做什么，或者“应该”“已完成”了什么。这是不合理思维表现特征之一——绝对化的要求，即个体以自己的意愿为出发点，认为某一事物必定会发生或不会发生的信念。他们不会对自己公平地衡量什么是自己的能力可以做到的，而是一味地苛求自己“应该”去做，从而导致失望不断、焦虑增加。

这类人常常把“必须”和“应该”这类词与自己的生活联系在一起，从而使自己没有了退路，但所表达出来的东西并没有一个合理的标准，我们应尝试将这些词换成“希望”或其他的词，学会使用黄金规则，即“像你希望他人如何对待你那样去对待他人”的理性观念。

◆ **研习六：不合理信念辩论**

他人真正的不满意到底是什么？由此可以发现，我们大多数时候对错误的包容度其实并不低，我们能够允许他人犯错，但我们无法忍受他人拒绝承担责任，还不承认自己的不足，拒绝学习。

真正能够解决问题的方式就是“承认不足，坚持行动，不断试错，不断告诉他人自己有承担责任的决心，希望对方能够提供帮助”，虽然这样一来偶尔还是会遭受一些因为错误带来的指责和攻击，但逐渐地，我们就不再会认为这些指责是我们无法承受的可怕灾难，我们的行动也就能够更加有效且持续地保持下去。

但如果我们一直沉浸在经验中，失去了与当下的联结，那就只能在经验的胁迫下不断自我攻击，在环境和自我的双重打击下，自我也将会越来越蜷缩、脆弱。

第七章　情绪管理：平衡性与价值

情绪是我们最忠实的朋友，每一种情绪的出现都在告诉我们是谁，正在什么状态中，将去向何方。为此，情绪的负向表达说明我们的心理期待需要重新调整，这就是情绪管理。

【课前思考】

1. 情绪有好坏吗？

★ 情绪可以分为积极情绪和消极情绪。好或者坏无法判断，只有当事人在事件发生的当下，才有发言权。

★ 情绪没有什么好坏之分，喜怒哀乐大家都有，被情绪控制做出来的事情有好坏之分，这两者是不一样的。例如，有些人一生气就去骂人，这个当然不好；但是有些人一生气就去做运动来缓解自己，我觉得这是正确的方式。有些人开心喜欢去玩电脑，有些人开心喜欢去唱歌，有些人开心喜欢搞恶作剧。同样的情绪，每个人选择表达的方式不一样，这个方式是判断好坏的主要原因，但是这个判断并不取决于情绪，而取决于这个人的修养和习性。

★ 这世界上各个地方的人大多不能接受悲伤、痛苦、难过等负向情绪。如果你的家庭环境、生活环境、工作环境很好，但是你不快乐，这时候你的感觉就会更不好。其实所有的情绪都有它的正面作用和负面作用。

★ 与同学交流时，我发现更多的时候我们似乎并不在意情绪的产生，而是在乎情绪的影响，好像这是情绪好坏的标准。其实我认为这种想法是偏颇的，任何情绪的表达不仅是一种心理过程，而且是一种生理的需要，从情绪的自我主体来看，情绪的产生其实是一个自然的过程，和吃饭、睡觉等没有什么区别，没有好坏之分。

★ 每个人都会有情绪。不良的情绪会导致心情起伏不定，严重影响到生活、工作和学习，这些坏情绪总是不请自来。

★ 情绪有好坏之分，因为情绪引发的行为有好坏之分。

★ 最近看到一位专家的宣讲视频，“情绪无所谓好坏，没有好坏之分”，我觉得很有道理。我曾经有严重的情绪问题，一度陷入了抑郁，后来看了几十本书，尝试多种方法后最终走出抑郁，后来又花费了多年时间研究情绪方面的知识，对情绪有了深入的了解。抑郁是严重的情绪问题，抑郁的感受只有经历过的人才知道，那种无助感，那种不被人理解、不被人喜欢的感觉非常难受。我有过多次自杀的念头，幸好我比较喜欢看书，一直坚持在书中寻找答案，功夫不负有心人，最终彻底摆脱了抑郁，现在变得积极、乐观、豁达、自信。

★ 有的情绪你喜欢，如高兴、喜悦、舒畅；有的情绪你不喜欢，如忧伤、愤怒、悲哀。所以说不能有负向情绪，只能有正向情绪。

★ 好情绪百利而无一害，坏情绪却带给你很多的麻烦。

★ 当我们独自在房间的时候，有朋友直接进来我们的房间，但是他并没有敲门征得我们的同意，对此，我们的心里就会不舒服，甚至我们会发脾气、产生不良的情绪。

2. 情绪可以控制吗？

★ 情绪是可以控制的，我们要学会控制情绪。

★ 如果遇到负面情绪，一定要端正心态，放松心情，轻轻地化解，千万不要冲动，一时的冲动可能酿成可怕的后果。

★ “在自己的情绪管理这件事情上你觉得自己有多大的把握呢？”身边的很多同学常常回答：“我觉得可以，但是其实操作起来是挺难的。”

★ 情绪真的是可以控制的吗？我们在日常生活中为什么会有情绪呢？

★ 情绪可以控制吗？当然可以了，如果一个人控制不了情绪，那么他肯定是没长大。不对吧，每一个成年人都有过情绪失控的时候啊。

★ 每当我们生气的时候总是不管不顾，发起火来天大的事都不管。情绪如何控制？

★ 情绪控制不了，你要真能控制住就不是凡人了。

★ 每次发脾气之后，我都自责，可是不管用。

3. 哪些状况会影响情绪呢？

★ 心情的好坏，其实是会受到各种各样因素的影响，但是在生活当中很多人会发现，有的时候自己的情绪根本不受控制，总是会莫名地出现非常大的情绪起伏变化，这影响了自己的正常生活。

★ 一个缺乏目标或者没有目标的人，一定是一个对生活没有幻想的人。这种人的情绪也不可能好到哪里去，因此要想改善情绪就得先确立一个生活目标，在追求的过程中你就会寻找到快乐，心情自然也就好了很多。

★ 害怕失败的人，不管做什么事情都缩手缩脚，害怕失败，他们每天总是一副提心吊胆的样子。要想改变这种生活，得先增强自己的自信心。

★ 害怕被拒绝的人，性格比较内向，害怕被他人耻笑，也害怕遭受打击，害怕遭到当面拒绝，心情总是处在低谷，很难有兴奋的时候。

★ 我是一个经常埋怨和责怪他人的人，喜欢逃避责任，不敢面对困难，也不敢面对自我，只要一遇到问题就把责任归咎在他人头上，我总是觉得自我认识不够，也总是认为自己是受害者，是应该被可怜的人。

★ 我的一个朋友是一个懦弱胆怯和无能的人，否定现实，不敢面对生活中出现的困难，总是采取一种逃避的方式。

【主题分享】

◆ **理论知识点一：认识情绪**

关于情绪的简述有四个方面，主要包括情绪的定义、功能、分类和状态（图 7–1）。

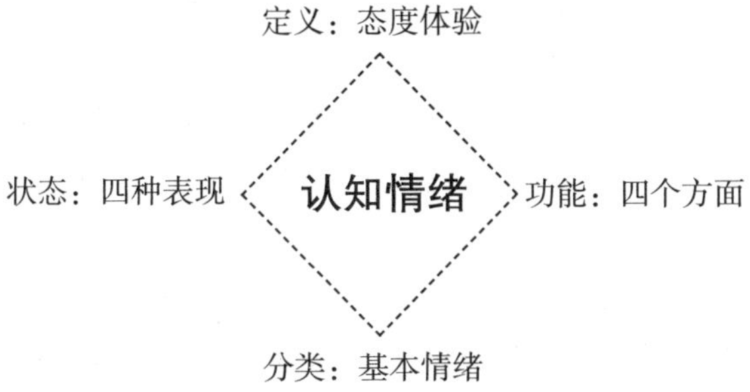

图 7–1　认识情绪

1. 情绪的定义：态度体验

情绪是人对客观事物是否符合需要而产生的内心态度体验及相应的行

为反应，是身与心的连接点，是潜意识的记忆。关于情绪定义的解读，见图 7–2。

图 7–2　情绪定义解读

（1）客观事物是情绪产生的来源

客观事物指的是客观存在的事物，与人的意识无关的、不以人的意志为转移的事物。客观事物是真实的——真实就是不变的、普遍的。

客观事物是情绪之源。任何情绪都是由客观事物引起的，而情绪状态是在某种事件或情境的影响下所产生的。离开了客观事物的作用和影响，人的情绪就无从产生。

（2）主观需要是情绪产生的中介

主观需要指的是有机体感到某种缺乏而力求获得满足的心理倾向，它是有机体自身和外部生活条件的要求在头脑中的反映，是人们与生俱来的基本要求。

需要是引发情绪和情感的中介。情绪虽然是由客观事物引起的，但必须在个人内在需要的中介作用下产生，情绪是以个体愿望和需要为中介的一种心理活动。只有那些与人的需要有关的事物才能使人产生情绪。

（3）态度认知是情绪产生的内核

态度认知是个体对人、事、物等所持有的稳定的心理倾向。这种心理倾向蕴含着个体的主观评价和行为反应，即体现在个体的信念、感觉或行为倾向中。

态度认知反映着客观事物与人的主观需要之间的关系，且形成相应的情绪体验，即人的需要是否得到满足而产生正向或负向的情绪体验，如愉快、喜悦、忧伤、愤怒、憎恨、厌恶等。

（4）内心体验是情绪产生的反应

内心体验指的是伴随自我认识而产生的主观体验，是自己亲身得到的对事物的经验，即自身真实的感受、经历，是个体对不同情绪状态的自我感受。

情绪是一种内部的主观体验，包括主观感受（愤怒、悲伤、快乐）和生理反应（心跳、头痛、出汗），同时伴随可以观察到的某种外部表现（也称表情），包括面部表情、身段表情和言语表情。

2. 情绪的功能：四个方面

情绪的功能包括四个方面，分别是适应功能、识别功能、社会功能和动机功能（图 7–3）。

图 7–3　情绪的功能

（1）适应功能：情绪是有机体适应生存和发展的一种重要方式，人们通过各种情绪了解自身或他人的处境与状况，适应社会的需要，求得更好的生存和发展。

（2）识别功能：觉察他人情绪的能力就是同理心，即能设身处地站在他人的立场为他人着想，越具同理心的人，就越容易觉察他人的情绪、进入他人的内心世界。

（3）社会功能：情绪在人与人之间具有传递信息、沟通思想的功能。这种功能通过情绪的外部表现即表情来实现。表情是思想的信号，也是言语交流的重要补充。

（4）动机功能：情绪是动机系统的基本成分。它能激励人的活动，提高活动效率。适度的情绪兴奋，能使身心处于活动的最佳状态，推动人有效地完成任务。

3. 情绪的分类：基本情绪

基本情绪的四种形式为快乐、愤怒、悲伤、恐惧，即喜怒哀惧（图 7–4）。

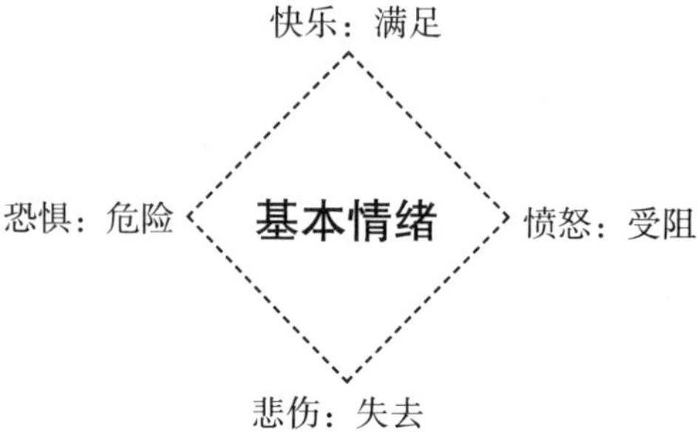

图 7–4　基本情绪

（1）快乐。快乐指盼望的目标达到和需要得到满足之后，接踵而来的紧张性解除时的情绪体验。快乐可细分为满意、愉快、欢乐、狂喜等。

（2）愤怒。愤怒是由于事物或对象再三妨碍和干扰，使个人的愿望不能实现或产生与愿望相违背的情况时，逐渐积累紧张性而发生的情绪体验。愤怒可细分为不满意、生气、愠、怒、忿、激愤、狂怒等。

（3）悲伤。悲伤是指所热爱对象的遗失、破裂以及与盼望的幻灭相联系的情绪体验。悲伤可细分为遗憾、失望、难过、极度悲痛等。

（4）恐惧。恐惧往往因为缺乏准备，不能处理、驾驭或不能摆脱某种可怕或危险情况时所表现的情绪体验。恐惧可细分为害怕、惊慌、惊恐万状等。

根据这四种基本情绪，可以衍生出众多的复杂情绪，如厌恶、羞耻、悔恨、嫉妒、喜欢、同情等。

4. 情绪的状态：四种表现

根据情绪发生的强度和持续时间的长短，情绪分为四种基本状态，即心境、激情、热情和应激（图 7–5）。

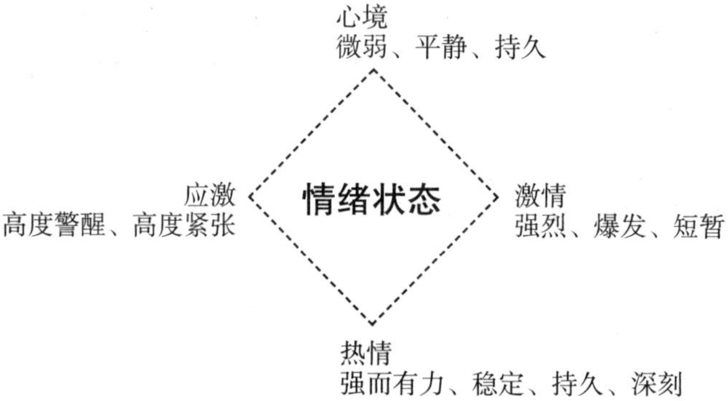

图 7–5　情绪状态

（1）心境。心境是一种微弱、平静、持久的情绪状态。心境具有弥散性的特点，它不是关于某一事件的特定体验，即不具有特定指向。人们常说的“人逢喜事精神爽”“最近比较烦”指的就是心境。导致心境产生的原因是多种多样的，如生活中的顺境和逆境，工作、学习上的成功和失败，个人健康状况的好与坏，自然气候的变化，等等，都会影响个人的心境。每个人都有一个主导心境，即平常人们所说的“心情”。保持积极乐观的心境是心理健康的一个表现。

（2）激情。激情是一种强烈、爆发、短暂的情绪状态。激情具有爆发性和冲动性，同时伴随明显的生理变化和行为表现。例如，狂喜时捧腹大笑、手舞足蹈，愤怒时暴跳如雷、拍案而起，等等。激情常由意外事件或对立意向冲突引起。在激情状态下，人的意识活动范围往往会缩小，理智分析和控制能力均会减弱，常常不能约束自己的行动，不能正确地评价自己行为的意义和后果。激情对人的身体有着不同程度的负面影响，所以要尽量少体验激情。

（3）热情。热情是一种强而有力、稳定、持久和深刻的情绪状态。这种状态比心境更强有力和更深刻；它没有激情那么猛烈，但比激情更持久和稳定。热情是具有强大推动力的情绪，它左右着人的整个身心，并决定着人全部思想行动的基本方向。热情是丰富、平稳而长久的，不会今现明消，而是经久不衰的，它使人长期地、锲而不舍地投身于学习、工作和生活，可以使人的生活充实而有意义，更容易获得成就。

（4）应激。应激是一种高度警醒、高度紧张的情绪状态，由出乎意料的紧迫和危急情景所引起。例如，在日常生活中人们突然遇到自然灾害，司机在驾驶过程中突然出现危险情景，等等，这些突发事件常常使人们出现应激的表现。人在应激状态下常伴随明显的生理变化，如心律、血压、呼吸和肌肉紧张度等的显著变化，这是个体在调动体内全部的能量，以提高身体的应变能力，应对紧急事件和重大变故。

◆ 理论知识点二：情绪的本质

关于情绪，存在着认知误区：有些人认为情绪有良好 / 积极情绪和不良 / 消极情绪两种极端的解读，即正确与否、好坏之分；也就是说，不良 / 消极情绪等同于坏情绪，要坚决处理掉。其实情绪本身没有好坏之分，情绪的本质主要可以从四个方面进行解读（图 7–6）。

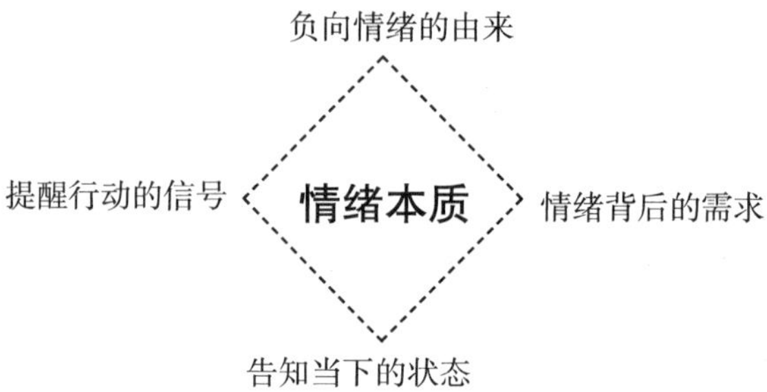

图 7–6　情绪本质

1. 负向情绪的由来

依据情绪的定义可知，情绪是客观事物是否满足需要所产生的态度体验，由此需要得到满足与否产生两个走向的情绪，得到满足产生正向情绪；当需求得不到满足的时候，人就会有负向情绪产生。

2. 情绪背后的需求

每一种情绪背后都有需求。需求包括从外在生活要求到内在生命希求，是我们自己的一种内心需要，每种情绪都有其意义和价值，不是给人们指明一个方向，便是给我们一份力量，甚至两者兼有。

3. 告知当下的状态

每一种情绪都有它存在的价值，反映着一个人的内在身心需求状态，也就是说负向情绪的出现是在告诉我们正处于一种生活境遇中，可能是不愿、不会、不敢，或暂时不想面对和解决。

4. 提醒行动的信号

每种情绪就是一个提醒人行动的信号。负向情绪让人痛苦是它带给人这个信号：你现在所使用的模式不管用，需要改变！认为某种情绪是“坏的”这种认知并不会让“坏的”情绪消失，反而会让我们想要压抑它。

◆ 理论知识点三：情绪与身心健康

1. 负向情绪过度持续对身体状态的影响

（1）对身体健康的影响

负向情绪过度持续会影响人身体的健康，主要体现为四个方面（图 7–7）。

图 7–7　情绪负向过度持续影响身体健康

① 影响机体的平衡性，失衡出现不适感。常常处于愤怒、指责、抱怨情绪的人肩颈厚重，甲状腺激素增多，心率增快，出现心悸，还出现肌肤问题，如面部的青春痘、黄斑、色斑；总感到委屈、压抑的人易消化不良，也会影响正常的血液循环，脂肪易囤积，易出现肥胖、多汗等。

② 影响机体的活动力，活动低落产生疲劳感。持续心情低落会减弱人的体力与精力，活动中易感到劳累、精力不足、没兴趣；深陷难受、悲伤的人，会抑制自身的活动能力，活动起来动作缓慢、反应迟钝、效率低下，易产生身体的虚弱感和乏力感。

③ 影响机体的功能性，功能性失调引发亚健康。负向过度持续的情绪会改变内分泌系统和神经系统功能，影响身体健康，经常紧张忙碌、不顺心会使人体出现生物钟的紊乱、失眠；过度焦虑的人易引起代谢功能紊乱、脱发，甚至出现神经衰弱等系统失调的症状。

④ 影响机体的免疫力，免疫力下降易导致疾病。焦虑和压力过大会影响肠胃功能，易得胃炎、胃溃疡；长期紧张担心或恐惧某些事情发生，会导致脱发和溃疡的产生；压抑怨恨的情绪导致身体的气血运行不畅，身体处于缺氧状态，使毒素堆积，引发癌症。

正如《黄帝内经·素问·阴阳应象大论》中所说的，怒伤肝，喜伤心，思伤脾，忧伤肺，恐伤肾。由此可以表明，过度且持续的负向情绪对人体有不利影响。

（2）对心理健康的影响

负向情绪的过度持续会影响心理健康，如对认识水平、自我评价、人际交往和个性发展产生影响（图 7–8）。

图 7-8　情绪负向过度持续影响心理健康

①影响人的认知水平，妨碍正常的思考学习，产生习得性无助。深陷紧张、恐惧、烦躁的情绪中会导致记忆力下降、注意力不集中、问题解决速度慢，学习力降低；经常产生焦虑紧张情绪的人，在面对失败时会形成“习得性无助”，即对于问题“总是”无法解决。

②影响人的自我评价，阻碍适度的自信与自尊，产生自卑自负。人总处于低落失望的情绪里时会降低对自我的评价，不能合理评价自己行动的意义及后果，形成“我总是失败的”“我没有能力”的自我贬低态度，或“酸葡萄心理”的自视过高状态，使自制力降低。

③影响人的人际交往，妨碍合理的相处协作，产生孤立冲突。容易怀疑、指责自己不够好的人，无法正常与他人产生情感联结，总觉得自己不配跟他人一起相处和协作，时刻认为周围的人“瞧不起自己”；常常愤怒、抱怨的人，思考范围缩小，与人交往能力差，容易与人发生冲突。

④影响人的个性发展，阻碍应有的强大稳定，产生退缩不安。长期生活在忧郁或恐惧情绪下的人性格古怪，过分敏感、行为循规蹈矩、小心翼翼，害怕变通；深陷委屈、压抑情绪里的人，性格冷淡，僵硬、严肃沉闷，常常轻视自己，遭到轻微挫折就退却，与他人保持距离。

2. 正向适度表达情绪状态的益处

（1）正向表达有助于身体健康

情绪是“生命的指挥棒”。许多医学家认为，躯体本身就是良医，85%的疾病是可以自我调适的。正向适度表达的情绪有助于身体健康，主要体现在四个方面（图 7-9）。

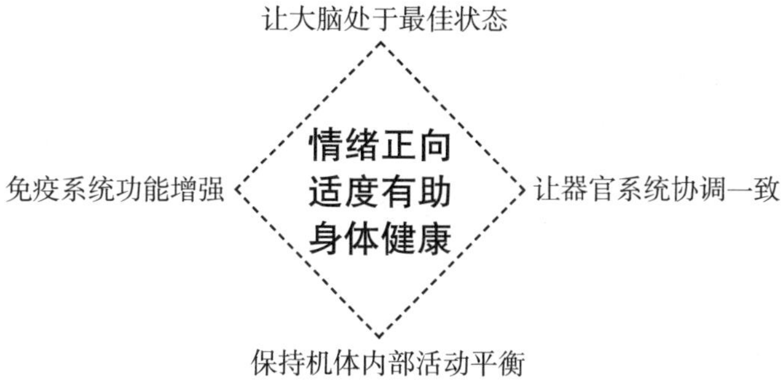

图 7-9　情绪正向适度持续有助于身体健康

① 让大脑处于最佳状态。正向适度表达情绪可以促进血液循环，使大脑细胞得到充分的氧气和营养，使大脑处于最佳状态，让人精力充沛，脑力劳动的效率高。

② 让器官系统协调一致。正向适度表达情绪可以保证人体内各器官系统活动协调一致，使体内各种复杂的生命活动正常进行，食欲正常、睡眠安稳。

③ 保持机体内部活动平衡。正向适度表达情绪可以促使人体内部的各种活动平衡，使体内物质和能量得到最大限度的补充和重新积累，使人增强体力。

④ 免疫系统功能增强。正向适度表达情绪可以增强人的免疫系统和抗病毒的功能，提高预防疾病的能力，促进伤口加速愈合和疾病痊愈。

（2）正向表达有助于心理健康

情绪是“心理健康温度计”。心理学家认为保持相对乐观、稳定的情绪，就能在顺境中积极向上，在逆境中意志顽强。正向适度表达的情绪有助于心理健康，如改善认知功能、提高心理弹性、拓展生命资源、提升主观幸福（图 7-10）。

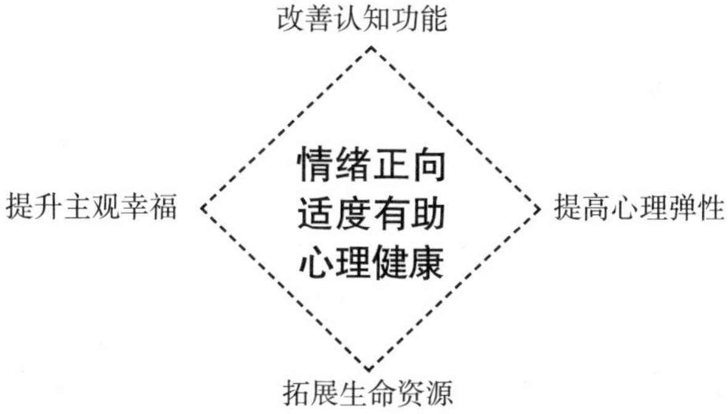

图 7-10　情绪正向适度持续有助于心理健康

① 能改善人的认知功能，使人具有思考问题的全局观，做出决策的全面观，解决问题的整体观。

② 能提高人的心理弹性，使人更好地应对挫折与打击，增强耐挫力，维护好心理和身体健康。

③ 能拓展人的生命资源，使人增强心理和生理恢复力，增强社会联系，建立良好的人际关系。

④ 能提升人的主观幸福，如激发人的动力，促进人的活动，激励人去努力，提升人的价值感。

◆ 理论知识点四：抑郁与抑郁症

抑郁是指向过去的情绪状态，表现为对过往耿耿于怀，感伤往事。

1. 抑郁不等于抑郁症

抑郁是一种情绪，日常生活中所说的“压抑”“烦躁”“憋闷”等，实际上是抑郁情绪的代名词。它源自对负性事件的自然反应，不仅持续时间较短，而且通常不会伴随认知歪曲，不会造成自尊的贬损；抑郁情绪是在追求更优秀中引发的不满意、不满足等心理感受，每个人都有。抑郁可以自我调适。

抑郁症是一个疾病症状群，作为一种心理疾病，其基本表现和抑郁情绪类似，但程度要严重得多，不仅会有较长的持续时间，而且常伴有明显的身体、心理和精神病性症状。它的根源是认知歪曲，最重要的是它会贬损你的自尊，让你觉得自己一无是处，最终想要选择了断。抑郁症患者需要专业的帮助。

2. 抑郁症的主要表现

抑郁症的诊断比较复杂，需要精神专科医生的专门诊断。抑郁症有四种主要临床表现（图 7–11）。

图 7–11　抑郁症

（1）无力，即无能量感。无力表现为肠胃不适、食欲减退、头痛等躯体不适症状，失眠或早醒等睡眠障碍；精力丧失，疲乏无力，处理生活小事时困难费劲，力不从心。

（2）无望，即无期待感。无望表现为心境低落或持续的压抑感，主观感觉高兴不起来，或没有愉快的感觉；丧失既往生活、工作的热忱和乐趣，对未来感到迷茫甚至绝望。

（3）无助，即无存在感。无助表现为容易自责内疚，社会性退缩，不愿见人，不吃不动，严重影响正常生活、工作和学习，甚至有严重的自杀倾向或自伤自杀行为。

（4）无能，即无价值感。无能表现为思维和反应迟钝、言语行为迟缓；自我评价过低，总是用批判和否定的态度看待自己，自责、无价值感、自罪等。

3. 自我调适抑郁情绪

抑郁情绪人人都有，有时是一闪而过，有时经过自我调适后，抑郁情绪得到缓解或消失。抑郁情绪常见的自我调适方法主要有及时宣泄、接受自我、付诸行动、求助智者等（图 7–12）。

图 7–12　自我调适抑郁情绪

（1）及时宣泄。听音乐、慢跑、阅读都是很好的减压方式，在此过程中我们可以慢慢宣泄自己的情绪，并积攒前行的动力。

（2）接受自我。面对自己的缺点或不足，找到成长的空间、学习的方向，多给自己一些耐心，允许自己一点一点地取得进步。

（3）付诸行动。给自己定下一个近期就可以完成的目标和具体计划，马上开始实行。因为无所事事时，人生便失去了趣味和意义。

（4）求助智者。找一个比较热心睿智的人，和他分享你的情绪，从他的人生经验中获得前行的方向和生活的技巧。

4. 自我疗愈抑郁症

当自己在较长一段时间有无力无望之感、无助无能之痛时，请尽快求助心理辅导专业机构，或请心理辅导师帮助做初步评估。有效应对抑郁症的方法有四种，如图 7–13 所示。

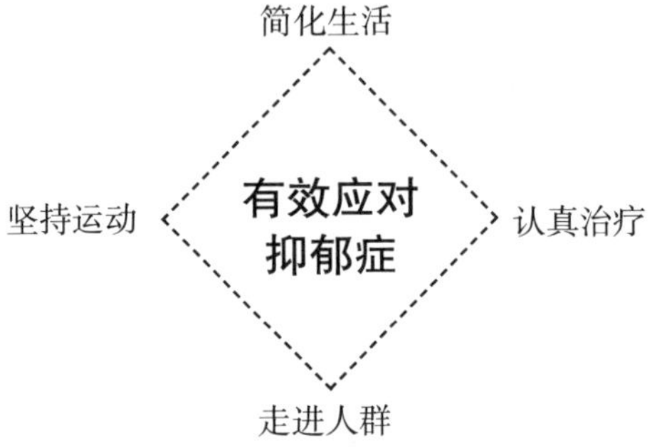

图 7–13　有效应对抑郁症

（1）简化生活。需要适当改变自己的生活，不要将期望值定得太高，对自己觉得有些困难的事情可以放弃。

（2）认真治疗。坚持定期心理辅导；若需辅以药物治疗，一定要依照处方来服药，定期就诊。与心理辅导师和心理医生共同面对。

（3）走进人群。尽量保持与人的联系，找寻一些感兴趣的话题，可以先旁观再慢慢加入，这样可以让人逐渐恢复自信。

（4）坚持运动。每天坚持一小时的运动，可以自己一个人或与人一起打球、跑步、爬山、快走等，按时上课、正常作息。

◆ 理论知识点五：焦虑与焦虑症

焦虑是指向未来的情绪状态，表现为对未来忧心忡忡、惴惴不安。

1. 焦虑不等于焦虑症

焦虑是一种保护性情绪反应，任何人都可以体验到。“焦虑 = 关切 + 危险”，通常并不构成疾病，是一种正常的心理状态，是人们预感到不利情景出现的一种担忧、紧张、不安、恐惧等的综合情绪体验，是一种“危机感”。

焦虑症是一种病理性焦虑。该症是指持续地、无原因地感到紧张不安或无现实基础地预感到灾难、威胁或大祸临头，同时伴有明显的自主神经功能紊乱，失眠，自感非常痛苦，日常生活、工作或学习受到影响。

2. 焦虑症的核心表现

焦虑症的表现可能在不同的人身上会有一些差别，不过，核心表现是过度的焦急、紧张、担心、恐慌等情绪状态（图 7–14）。

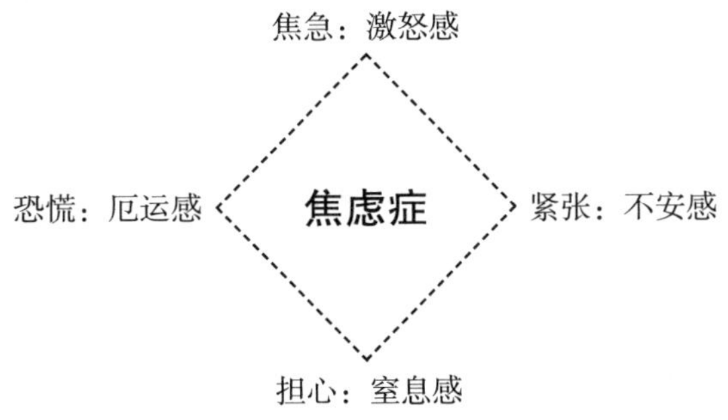

图 7–14　焦虑症

（1）焦急，如激怒感。在学习、人际、生活等方面常常焦躁难忍，易气、恼、怒，遇事内心总是很急迫，恨不得马上解决或达成，伴随呼吸系统不适症状，如咽痛、咽部不适、呼吸不畅、气促、气短等。

（2）紧张，如不安感。常常或持续地感到没有明确的对象或固定内容的紧张不安，整天心烦意乱，做事手忙脚乱，伴随泌尿系统及心血管系统不适症状，如心慌、心悸、口干、尿频、尿急、手抖、出汗等。

（3）担心，如窒息感。常常会因为某些事情或现实生活中的某些问题整日提心吊胆、过度担忧，而这种担心或忧虑又与现实不符，常伴随自主神经系统的不适症状，如面部表情不自然、四肢轻微震颤、肌肉紧张、胸闷、窒息感等。

（4）恐慌，如厄运感。整天坐卧不安，缺乏安全感，并且对外界事物失去兴趣，严重时会出现恐惧的情绪，并伴有频繁的死亡感或厄运感，常伴有神经系统、自主神经系统不适症状，如入睡困难、做噩梦、易惊醒、虚弱、疲倦等。

3. 自我调适焦虑情绪

焦虑情绪人人有，日常生活中人遇到困境或危险时，正常反应就是焦虑。为此，如何自我调适是关键。焦虑情绪常见的自我调适方法有放松身体、学会呼吸、转移注意、关注当下等四种（图 7–15）。

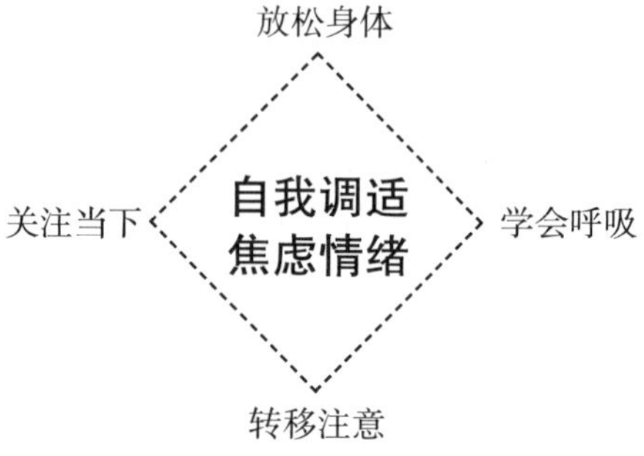

图 7–15　自我调适焦虑情绪

（1）放松身体，对心理调节有一定帮助。可以交替练习上臂、腿、面部和腹部肌肉的紧张和放松，来达到对肢体的放松。

（2）学会呼吸，让自己冷静。练习缓慢地呼吸，一步一步地放松从头到脚的各部位肌肉，减慢呼吸的频率，集中注意精神的松弛，减少不必要的多想与多虑。

（3）转移注意，让自己换一个心情。反复想象一个安静的场景，比如海边、大树下等。每次持续 15 ～ 20 分钟，便可以让自己渐渐放松下来。

（4）关注当下，让自己静下心来调动五官去关注当下发生的事、遇见的景、聊天的人、所走的路，着眼于当下所见所感，再脚踏实地，努力向上。

4. 自我疗愈焦虑症

如果一段时间以来没有明显原因即出现紧张不安、恐惧预感，伴随头痛失眠、胸闷心跳、出汗手抖等不适症状，请尽快求助专业心理辅导师进行初步评估和心理辅导。如果确认是焦虑症，除接受专业的心理辅导外，可能还需辅以药物治疗。焦虑症是可以治愈的，而且大多数焦虑症的心理辅导或治疗效果较好。有效应对方法主要有四种，如图 7–16 所示。

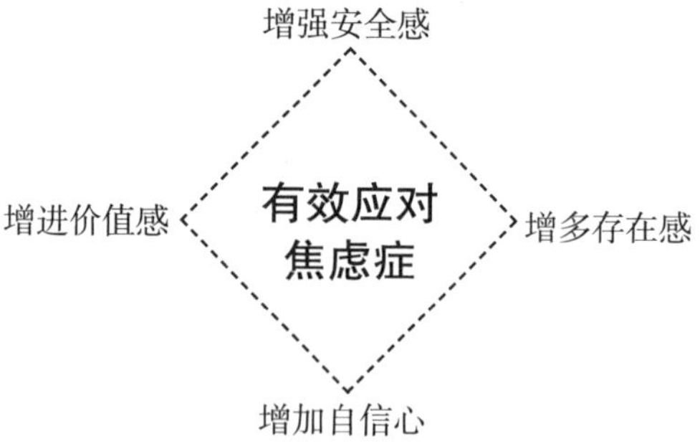

图 7–16　有效应对焦虑症

（1）增强安全感。长期处于焦虑状态的原因是安全感不够，总是担心有什么事情要发生，从而导致焦虑。增强安全感，可以让自己的焦虑情绪消失。

（2）增多存在感。持续活在不确定的未来和没有现实存在感的氛围里是产生严重焦虑的主要原因。活在当下，脚踏实地就是对自己的未来负责。

（3）增加自信心。无自信心的人，对自己应对和完成的能力是怀疑的，夸大自己失败的可能性，从而产生忧虑、紧张和恐惧。自信心是自我成长的核心力。

（4）增进价值感。习惯以他人的评价来认定自己是无法产生真正的自我价值感的，导致为不能获得他人认同常常寝食难安、惶惶不安。自我价值感就是真正做自己。

◆ **理论知识点六：情绪管理**

情绪管理是一种适当的内外状态平衡的展现与调适，这有助于身心健康，运用“十字方针”可以找到问题所在，即“情绪是我的，我不是情绪”，强化负向情绪的正面意义，通过“3W”法进行情绪管理（图 7–17）。

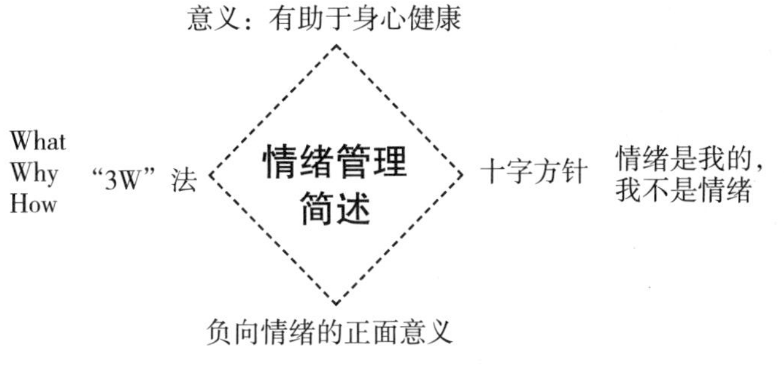

图 7–17　情绪管理简述

1. 情绪管理的意义

情绪关乎人的身心健康，人的身体疾病中 75% 的由情绪引起，人际关系、个人成就与情绪密切相关。情绪，特别是负向情绪在体内积压得太久，就会给人的身心健康埋下隐患，破坏人体免疫功能，引发情绪困扰，导致心理失衡，影响精神健康。这就是情绪管理的重要性所在。大学生最常见的情绪困扰主要是抑郁与焦虑。

2. 情绪管理“十字方针”

（1）“情绪是我的”意味着情绪的出现是我在表达自己的内在感受，情绪是信号，是选择，是朋友，是存在（图 7–18）。

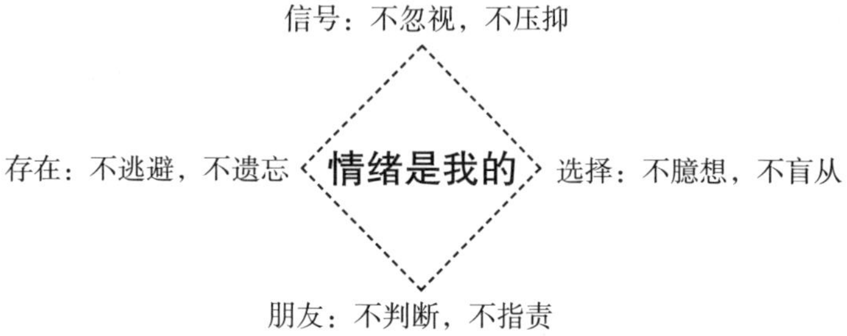

图 7-18　情绪是我的

① 情绪是信号，不忽视，不压抑。这意味每个人的情绪都是一种自我觉察的表达，每种情绪都有其独特价值，使我们体验完整生活。

② 情绪是选择，不臆想，不盲从。这意味每个人的情绪都是一种自我选择的结果，是自我认知所形成态度的内心体验，情绪是伴随认知而出现的。

③ 情绪是朋友，不判断，不指责。这意味每个人的情绪都是一种自我内心的声音，情绪是信使，每一封信都发出一个信息，传递内心的期待与渴望。

④ 情绪是存在，不逃避，不遗忘。这意味每个人的情绪都是一种自我感受的存在，如我很高兴，我很痛苦，我很不舒服。

（2）“我不是情绪”意味着我是自己情绪的主人。我们需要如实地观察、真实地承认、诚实地体验和坚实地管理它（图 7-19）。

图 7-19　我不是情绪

① 如实地观察它，即看见情绪。可以尝试带着“慈悲”和“关爱”去看这些负向情绪，它们曾经被压制而见不得光，它们一直被追撵、受排斥，它们那么不受欢迎，它们也一定感到孤独和无助，就这样看着它们。

② 真实地承认它，即接受情绪。情绪与“我”一同存在，承认自己的缺失，

感谢它们曾经的陪伴，像对待一个受伤的小动物那样，告诉它没有关系，现在它可以在这静静地待着，接纳它、安抚它、抱抱它。

③ 诚实地体验它，即感受情绪。无论是正向情绪还是负向情绪，都有一个核心，就是我们本身具有的一个不动的“真心”，只是平时没有在意这个发现情绪的“真心”而已。聆听内心深处的声音，感受自己的情绪。

④ 坚实地管理它，即宣泄情绪。情绪就好比在水缸里的皮球，我们越用力把它往下压，它就反弹得越厉害。情绪也好比一股洪流，我们越想堵住它，它就越来势汹汹。情绪管理就是为情绪寻找一个出口。

3. 负向情绪的正面意义

每一种情绪的背后都有其意义。神经语言程序学（neuro-linguistic programming，NLP）大师李中莹先生在其著作《重塑心灵》“情绪智能”篇论述了“负向情绪的正面意义”，他主张绝大多数让我们低落的负面情绪，只需要转念思考，就可以挖掘出其中积极正面的意义。这一正面意义主要表现在：一是带给我们正向能量；二是指引我们找寻方向。

图 7-20 简述了常见的六种负向情绪的正面意义。

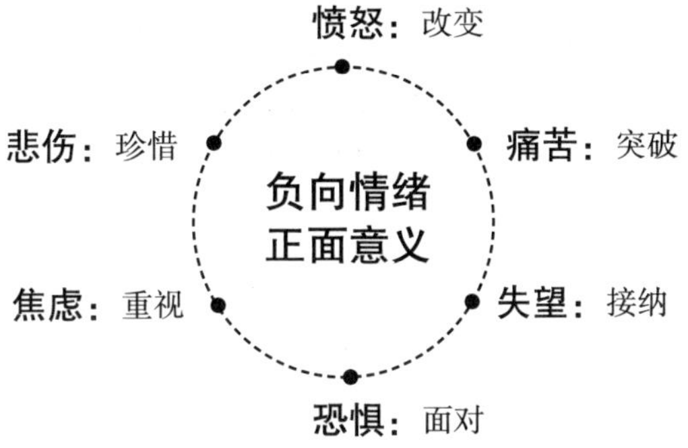

图 7-20　负向情绪的正面意义

（1）愤怒：给我们力量去改变一个不能接受的情况，让人察觉身心平衡，个性完整。内心力量不足的人，往往需要生活在愤怒里，以维持更多的力量去面对人生的状态，这会使问题越来越严重。其实愤怒的人是无力、无助的。

（2）痛苦：指引人们去找寻一个摆脱的方向。让人思考自我的存在、生活目标、生命意义。痛苦可分为生理的和心理的，但意义是一样的。痛苦给人动力，促使人改变和突破，感到痛苦的人是可以做出改变的人。

（3）失望：指引方向的情绪。让人智慧，悦纳自我，追求优秀，丰盈生命。失望可分为两种，即对人、事、物的失望和对自己的失望。对人、事、物的失望必然来自想控制它们的企图，无法如愿便失望了；对自己的失望来自不接受自己，“接受自己”就是解决的方向。

（4）恐惧：指引我们找出不必付出的却原以为要付出的代价。让人拥有保护意识，自在选择，善用勇气。恐惧是维持动物生存下去的第一重要工具，人活着不能也不应完全没有恐惧。勇敢并不是没有恐惧，真正的勇敢是：虽然有恐惧，但能继续走下去。

（5）焦虑：指引我们找寻解决的方向。让人学习专注当下，清晰边界，追求完整。事情很重要，需要额外的专注和照顾；已拥有的资料和能力不足，须增加更多所需。焦虑 / 紧张常常跟本人对自己的身份定位不清楚或者本人与系统的关系不清晰或者误解有关。

（6）悲伤：从失去里取得力量，使人们更珍惜自己仍然拥有的，包括记忆。“珍惜”的意思是妥善运用。所以悲伤既指引方向，也给予力量。让人懂得获得力量，保持关系，珍惜当下。

4. 情绪管理“3W”法

情绪管理的“3W”分别是“What”“Why”“How”，如图 7-21 所示。

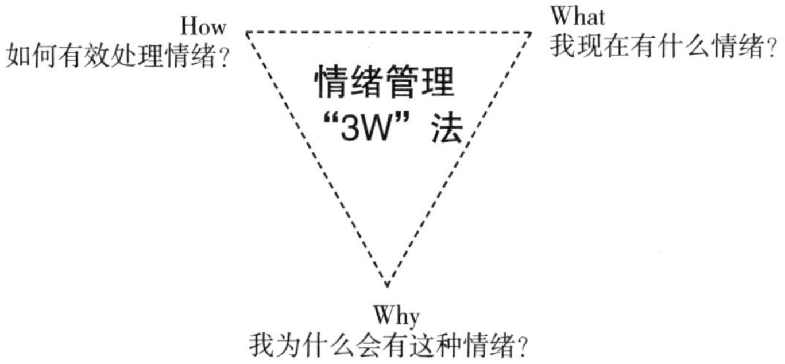

图 7-21　情绪管理“3W”法

（1）“What”：我现在有什么情绪？

察觉情绪，了解情绪的本质，问问自己到底有什么情绪。每一种情绪都有身心两方面的体验。关注身体、理性思考能让人有效感知情绪，能慢慢观察到情绪产生、情绪变化、情绪消退。

（2）“Why”：我为什么会有这种情绪？

解读情绪，解铃还须系铃人。知道自己的情绪后，问问自己：我为什么生气？我为什么难过？我为什么觉得挫折无助？我为什么……仔细分辨情绪的来源，找出引发情绪的事件及表现过程（浅层原因），然后探索情绪背后的潜台词，即内心需求（深层原因）。

（3）“How”：如何有效处理情绪?

疏解情绪，根据个人的兴趣爱好和生活习惯，找到缓解情绪的有效途径，如听音乐、进行有氧运动（跑步、瑜伽、正念）、阅读、与人交流等。依据情绪的内在意义和正向指引，学会与情绪智慧相处，分享快乐，善用愤怒，善待悲伤，巧使焦虑，呵护抑郁，照顾害怕，慎用压抑，等等。遵从自我的价值观念和人格特质，建立合理的内在平衡机制，微笑生活，快乐学习，乐于交往，勇于失败，敢于成长。

【课中研习】

◆ 研习一：案例讨论——情绪词

在学习上我很刻苦，一直很优秀，各方面都很出色，在班级里经常名列前茅。尽管如此，我仍然觉得自己很笨，怀疑自己不够聪明，眼看自己的同学轻松拿高分，心中又气又恼，这世界怎么这么不公平。考上高中后我开始住校，这是我第一次住校，开始有些不太习惯，后来因为和一位室友发生了矛盾，我就搬到学校附近的奶奶家住，直到高考结束。我觉得自己高考时的状态并不好，考上大学完全是凭高一、高二打下的基础。与室友产生矛盾让我觉得很受挫，从那时起，我感觉特别自卑，经常觉得不开心，心情很沉重，一直到现在。另外，不知从什么时候开始，原先对学习充满兴趣的我，变得很讨厌学习，完全是凭借一种责任感才坚持下来的。我妈妈一个人撑着这个家，特别不容易，我一定要好好报答并且照顾好我的妈妈和弟弟，如果我不好好学习，将来就会没有出息，那我的妈妈和弟弟还指望谁啊?所以我现在感觉特别沉重，特别累！但每次想到家里面最疼我的爷爷奶奶，我就充满了动力，好想尽快进入社会，凭着自己的能力照顾好他们!

思考：

请小组成员用“头脑风暴”的方式，列出案例中的“我”体验到的情绪词。

◆ 研习二：小组讨论

请判断下面6个对情绪的看法，合理打“√”，不合理打“×”。

（ ）1. 情绪与生俱来，有好坏之分。

（ ）2. 只有弱者、没有修养的人才会表达自己的感受。

（ ）3. 一个成熟的人，不会有太多的感受或情绪，也不需要表达出来。

（ ）4. 假如我不去理会那些感受，它们便会自然消失。

（ ）5. 感受或情绪来得很自然，我不可能控制自己如何表达。

（ ）6. 情绪控制不是发泄就是忍受。

◆ **研习三：头脑风暴**

请在表 7-1 中列举出小组同学日常生活中的情绪体验。

表 7-1　日常生活情绪体验表

情绪	正向情绪	负向情绪
日常体验		

◆ **研习四：角色扮演**

请练习并分析下面的对话。

中午，饭堂里，A 同学正在吃饭，看见女朋友 B 同学下课走过来……

A：上午上课怎么样？

B：你怎么没去上课？老师点名了。

A：又点名了？上周不是刚点过，这周又点，真的好烦。算我倒霉，栽在他手里，只求期末考好一点，不要挂科就好。

B：哈哈，老师是抽点，没有点到你啦……他还让每个人写上课建议署名交上去，我花了好大功夫才把你那份给完成了。

A：辛苦啦，辛苦啦。来，多吃点……

B：你昨晚是不是出去玩到很晚才回来？

A：跟好友聚聚嘛，都是好久没见面的铁哥们，所以玩得晚。

B：让你陪我吃夜宵顺便逛下街你不来，却跑去和好友喝酒。反正我在你心里永远排在朋友后面就对了。

A：哪有？不要做这种无聊的比较啦。

B：无聊？你总是安排好跟朋友聚会的时间，剩下的才安排我们的事情，不是这样吗？为什么男生一聚会就要喝酒？你不是不知道这样有多伤身体……

A：我保证以后少聚会！下次早点回来，好不好。

B：算了，这种话我又不是第一次听，我要相信才是傻瓜，随便你……

A：你又来了？！你不要这样无理取闹好不好？我说下次不会了也不行，说让你别管也不行，你究竟要我怎么样？

B：终于敢说了？你就是不想我管你！不管就不管！以后上课点名这事我也不管了！

思考：

（1）对话中两个人都有哪些情绪？

（2）对话双方在事后该如何处理好自己的情绪，之后又该如何沟通？

【课后实践】

（1）收集全班同学常见的情绪表现有哪些。

（2）向全班同学分享：负向情绪的正面意义。

（3）课后体验与思考：①“身与形俱”，我们的身体会说话，它用它的方式呈现和传递着一些信息。身体背部不同反射区域的聚结、隆起、僵硬等情况反映着我们的身体状况和病症；②“病由心生”，这些病症和我们的情绪状态、行为模式、人生经历是分不开的。

【理论解析】

◆ 研习一：案例讨论——情绪词

喜怒哀惧是人类的四种最基本情绪。

情绪能力高的显著特征就是情绪词汇丰富。若自己在体验情绪，或者感知他人情绪时，只会用“感觉棒极了”“感觉糟透了”“感觉痛极了”“感觉怕极了”等较为笼统的情绪词汇表达出来，不能用丰富的词汇表达情绪是情绪能力低的表现。

“感觉棒极了”——这是在表达快乐情绪，还可以说快乐、满意、激动、放松、喜悦、希望、鼓舞、骄傲、感激、平静、温暖、狂喜、舒服、振奋……

“感觉糟透了”——这是在表达愤怒情绪，还可以说不满意、生气、烦人、讨厌、懊悔、窘迫、焦虑、愤怒、恼怒、气愤、憎恶、激怒、盛怒、狂怒……

“感觉痛极了”——这是在表达悲哀情绪，还可以说遗憾、后悔、埋怨、失落、不满、伤感、惆怅、寒心、悲伤、沮丧、丧气、痛苦、悲痛、绝望……

“感觉怕极了”——这是在表达恐惧情绪，还可以说迟疑、犹豫、担心、担忧、害怕、畏缩、胆怯、惧怕、畏惧、胆寒、畏怯、恐惧、惊恐、震惊……

◆ 研习二：小组讨论

情绪的真相

（1）其实情绪无好无坏。情绪只是一个邮差，它是来送信的。所以更重要的是信的内容，而不是邮差。情绪是我们的一种内心需要，每种情绪都有其意义和价值，情绪不是给我们指明一个方向，便是给我们一份力量，甚至两者兼有。

（2）你以为压抑住了情绪就是成熟，就是强者吗？情绪是内心的感受经由身体表现出来的状态，即身心连接点。情绪从来不是问题，情绪只是让我们关注需要处理的事情，并教导我们在事情中有所学习，有所收获。

（3）情绪是生命中不可分割的一部分，是为我们服务的，而不是我们的主人。若深陷迷惘与苦恼不能自拔，就成了自己情绪的奴隶，而不是驾驭自己情绪的主人。若是情绪能被妥帖运用，是能够令人一辈子变得更好的。

（4）心理学家弗洛伊德说：“未被表达的情绪，永远不会自动消失，它们只是被活埋了。”就如让人痛苦、让人沮丧的种子一直深埋在心底，随着不断累积，有朝一日必定会以更加令人难以接受和承受的方式爆发出来。

（5）情绪绝对诚实可靠，除非我们的信念、价值观有所改变，不然每次面对同样的事时都会自然地有同样的情绪反应。情绪是我们生存、发展和适应环境的重要手段和能力。察觉了解、妥善运用情绪可以使人生变得更好。

（6）情绪管理就是为情绪找到一个出口，使人恢复心理平衡。正常的失落和难过，都是内心在进行自我疗愈。面对悲伤的情绪，我们要做的是不要压抑，而是合理释放。因为悲伤的尽头不是更加悲伤，而是全新的自我接纳！

◆ 研习三：头脑风暴

情绪是人们对客观事物能否满足自己需要的一种主观体验。满足心理需要的内心体验被称为正向情绪；反之，未满足心理需要的内心体验被称为负向情绪。

从上述情绪的定义看，情绪没有好坏，只有不同表现方向。

正向情绪有：开心、乐观、自信、欣赏、放松、开朗、友善、勇气、淡定、主动、宽容、爱、喜悦、平和、开悟……

负向情绪有：愤怒、恐惧、悲伤、冷淡、内疚、羞愧、自卑、焦虑、紧张、沮丧、抱怨、自责、悔恨、郁闷……

◆ 研习四：角色扮演

管理情绪的步骤

首先，进行理性思考。愤怒、指责解决不了问题，甚至有时会把自己带进黑洞，要么伤人，要么伤己。我们应学会管理好情绪，做情绪的主人而不是奴隶。

其次，觉察情绪表现。双方在出现这次小争执后，各自要尝试觉察出自己有哪些负向情绪，主要有失望、紧张、愤怒、不安、生气、沮丧、嫉妒、烦躁等。

再次，探索情绪意义。寻找这些负向情绪背后的想法和正面意义。例如：失望，关于失去的心理体验，唯有学习接纳才能得到缓解；愤怒，关于自我期待受到阻碍的心理体验，只有更新方法才能得以释放；等等。

最后，心平气和沟通。倾听对方，表达自己。

第八章　人际沟通：协同性与独立

人与人的交往，就是一个反复沟通的过程，沟通好了，容易建立良好的人际关系；沟通不好，就容易影响人际关系的建立。人际沟通的意义在于回应，即有效果。

【课前思考】

1. 请觉察自己或身边同学存在哪些人际困扰

★ 害怕和人来往、沟通。只要一想到需要和人交往、沟通，就会发怵，好像有一堵墙拦在自己的面前，自己一点办法也没有。因此，在生活中，会尽量避免和其他人来往，不和他人联系，大多数时间是自己一个人。这样的恐惧和害怕很顽固，需要从人格的角度去矫正。

★ 不知道如何说话，如何与人交流。有这种特点的人，在生活中只要想到和人交流，就会开始忐忑见面时说什么，怎么说，对方会怎么想。待在人群中会有些不自在，有些尴尬，因为自己不是群体的核心，往往是插不上话的，而且自己也不知道如何挑起话题。但是，看到他人侃侃而谈时，心里是羡慕的、嫉妒的，希望自己也能成为这样的人。渴望交流，问题是不会交流。

★ 谈话中有负面感受，很煎熬。面对交流的人群，有的人在说话时内心充满了惊恐，感觉他人时时刻刻在评价自己，而且非常有可能是负面的评价，担心他人不喜欢自己，会惩罚自己。带着这样的担心和害怕，与人交流的过程会变得很煎熬。

★ 我有个舍友，我挺讨厌她的，她老是挤对我，一般情况我懒得理她，有时候我心情不好了也会反驳，有时候会选择沉默，我认为没有必要和不同频道的人争论。我认为融不进的圈子就没有必要强行融进去，只会把自己弄得不开心而已，交朋友本来就是本着开心的原则嘛。

★ 不知道该怎么相处，就一直不反驳，可有时别人怼我，我要反驳吗？可反驳后就感觉不能再相处了，不知道怎么办。

★ 人际交往还是有些使我困惑的，自己对很多的待人接物方式不是特别理解，有时候有那种话到嘴边，但自己说不出的感觉；有时候虽然自己很想说，但是不知道怎么开口。

★ 自卑本质是对自己缺乏信任，不自信当然构建不好人际关系。接下来，长期构建不好人际关系，慢慢开始对环境产生怀疑，对他人失去信任，最终形成敏感多疑的性格。慢慢地，不懂变通导致主观固执，让人看起来很自我的样子，人际关系更糟糕。

2. 请向身边的人学习与人沟通的成功经验

★ 运动不仅能强健体魄，还能改变心境，不要认为把时间花在运动上是虚度时光！我在运动的时候能感到自己的身心状态都是很惬意的，很享受，就如同乌云散去，阳光普照，万物生长一般，很有智慧和力量！

★ 一个人如果不通达人情，别人和他坐在一起半天憋不出一句话，说话像挤牙膏一样，问一句答一句，甚至别人问三句，他只答一句。这样的人你们喜欢吗？你们是不是更喜欢能陪你们聊聊天、喝喝茶的人？我有很多朋友，而且挺铁的，要说我的成功经验就是愿意相互陪伴、相互交流，没觉得浪费时间，这恰恰是我紧张生活中的一剂放松药方。

★ 真诚的微笑是我最有用的钥匙。与人初次见面时，微笑注视对方的时候尝试去辨别一下对方眼睛的颜色。这样你给人留下的印象会很特别，可能因为你注视的时间会多出一两秒，或者你的眼神很特别，总之对方真的会对你有不同的反应。之后双方再联系或沟通都会很顺利。

★ 有话说，有错认，有问题早日沟通。人与人之间的关系就卡在那点可笑的自尊心和面子上了，在宿舍里两个人吵架最先低头的那一方，别觉得自己低人一等，这并不丢脸，只能证明你更看重这段友情。

★ 主动是个好方法。试想一个人连与人接触都不愿意，就别说提高人际沟通能力了，我觉得能够主动与他人接触是开始进行人际沟通的第一步。

【主题分享】

◆ **理论知识点一：人际沟通的含义**

朋辈辅导是依人际沟通方式开展的心理互助过程，了解人际沟通的基本含义与原理有助于更好地做好朋辈关怀工作。

人际沟通又称人际交流，指的是人与人之间使用语言或非语言方式传递信息，交流思想感情，并产生相应行为的一种社会活动。

简言之，人际沟通一般指人与人之间的信息交流过程。其过程就是人们采用言语、书信、表情、通信等方式彼此进行的事实、思想、意见、情感等方面的交流，以达到人与人之间对信息的共同认识和理解，取得相互之间的了解、信任，形成良好的人际关系，从而实现对行为的调节。人际沟通的定义有四层含义，即四个构成要素，如图 8–1 所示。

图 8–1　人际沟通含义

1. 人际沟通的使者：人

人际沟通的参与者必须是人，任何形式的信息交流都需要两个人或更多人的参与。在人际沟通过程中，沟通的双方互为沟通的主体和客体。主体是发出者，其功能是产生和提供交流的信息，处于主动地位；客体是接受者，属于被告知事实、意见的一方，处于被动地位。

2. 人际沟通的连接：人际

人际就是人与人之间的交际和交往。人与人之间的信息交流是一个双向互动的过程，自己一个人在那里，只能自说自话，自言自语。即便对着镜子，镜像中的也是你自己，所以自己与自己的连接不能称作人际。

3. 人际沟通的内容：信息

信息即沟通时所要传递和处理的内容，包括资讯、知识、思想和情感等。人际沟通是信息交流的过程，即人与人之间资讯的互通、知识的传递、思想的对焦、情感的共鸣。信息必有一定的内容意义，可能带有背景因素的色彩及信息发出者的风格。

4. 人际沟通的载体：符号

符号系统是人际沟通的工具。作为信息传递的过程，人际沟通必须借助一定的符号系统才能实现，符号系统分为两类，即语言符号系统和非语言符号系统。语言符号系统包括口头语言和书面语言，非语言符号系统主要具有视觉性和听觉性。

◆ **理论知识点二：概念解析**

在生活中我们常常会使用“人际关系”“人际交往”“人际沟通”“人际交流”等词来描述人与人之间的信息交流现象，那这些词是一回事吗？可以随意使用或混用吗？本小节试着解析这些词之间的联系与区别，以便于朋辈辅导员思路清晰、工作有条理。

1. 联系

“人际关系”“人际交往”“人际沟通”“人际交流”等词的联系在于它们的共性，即相同之处，如概念内涵、目的意义、构成要素和操作过程（图 8-2）。

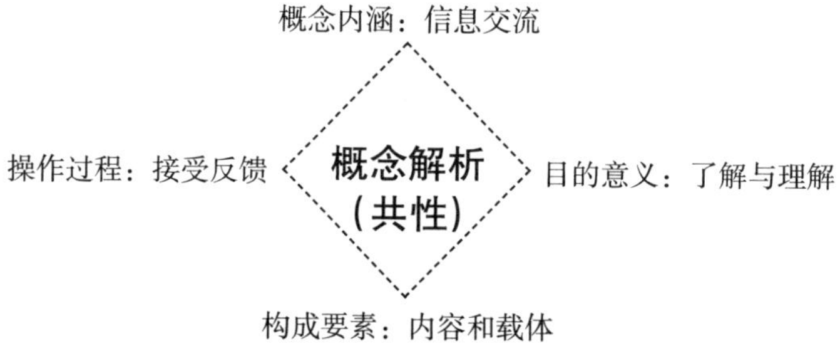

图 8-2　概念解析（共性）

（1）这些词的概念内涵是同一的，都是表明人际信息交流的社会活动现象。

（2）信息交流的目的意义是合一的，都是为了了解、理解、和解。

（3）信息交流的构成要素是一致的，有信息交流的人（主客体）、内容和载体。

（4）信息交流的操作过程是一样的，包括接受、理解、反馈。

2. 区别

“人际关系”“人际交往”“人际沟通”“人际交流”等词的区别在于概念深度解读、具体实践中的相对不同之处（图 8-3）。

图 8-3　概念解析（区别）

（1）从概念分类看，有一级概念和二级概念之分，这是一种从概念大小、宏观上的相对表述。一般来说，一级概念是大概念，具宏观性；二级概念是在一级以下的概念，以此类推。一级概念为人际关系与人际交往；二级概念为人际沟通、人际交流。

（2）从词组来看，有动词词组与名词词组之分。其中，人际交往、人际沟通、人际交流都是动词词组，人际关系是名词词组。

（3）从流程来看，有过程与结果之分。人际交往更多是指过程，人际关系更多是指结果。

（4）从操作来看，有抽象与具体之分。人际交往为抽象概念，外延更广；人际沟通、人际交流为具体概念。

◆ 理论知识点三：人际沟通的意义

人是一切社会关系的总和。

人是社会动物，社会是人与人相互作用的产物。马克思指出，“人是一切社会关系的总和”“一个人的发展取决于和他直接或间接进行交往的其他一切人的发展”。所以人际沟通是一个人生存与发展的必备能力和必要条件。人际沟通的意义如图 8-4 所示。

图 8-4　人际沟通意义

1. 人际沟通增加了解

在人与人认识初期，相互间的沟通交流有助于增进相互了解，有效建立彼此关系，平等相待、加深友谊，获得相处共鸣。

2. 人际沟通增进理解

在人与人建立关系后，更深入的沟通交流有助于尊重和照顾彼此的内在需求和生活方式，加强信任、相向而行，获得合作共识。

3. 人际沟通增多和解

在人与人之间出现误解和冲突时，沟通对话有助于求同存异，缓解一些疑虑和心理不平，深化包容，稳定健康关系，获得共通。

4. 人际沟通增益善解

在人与人连接中追寻成长的路途上，沟通对话有助于促进各自价值观和人格的完善，接纳自己、理解他人，获得发展共赢。

◆ **理论知识点四：人际沟通的过程**

人际沟通可以分为四个过程，如图 8-5 所示。

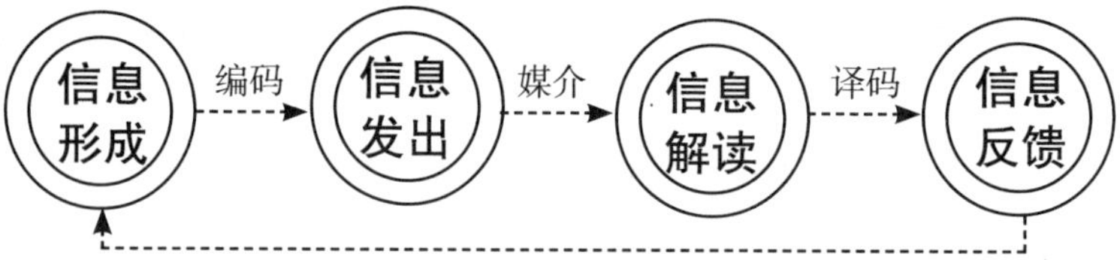

图 8-5　人际沟通过程

1. 信息形成

沟通主体即信息的发出者依据交流的需要或目的，经过编码，即采用某种形式形成信息内容。

2. 信息发出

沟通主体经由沟通媒介（渠道），把信息传递出去。

3. 信息解读

沟通的客体即信息的接收者，通过译码，对接收到的信息进行解释、理解。

4. 信息反馈

接收者告知发送者收到信息并做出相应的反应或回应。

◆ **理论知识点五：沟通方式的占比**

从人际沟通的方式来看，我们是如何接收他人带来的影响、接收他人的观点的呢?

研究表明，对于身体正常且健康的人来说，如果我们将通过感知觉收到的信息总量设为100%，其中通过视觉获得了83%，通过听觉获得了11%，通过嗅觉获得了3.5%，通过触觉获得了1.5%，还有1%是通过味觉获得（图8-6）。

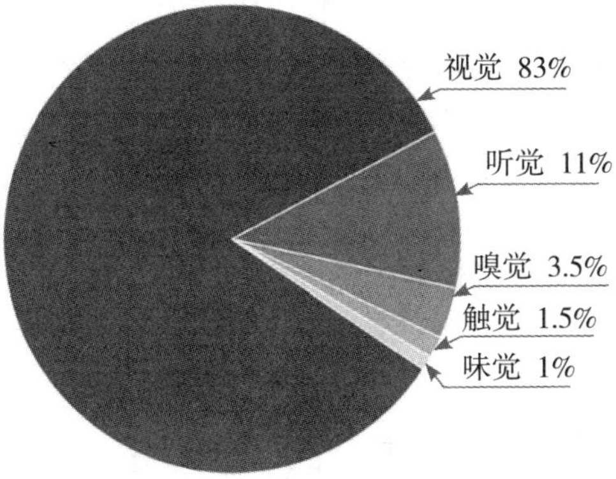

图8-6　人际沟通方式占比

由此看到，我们获得信息主要依靠视觉和听觉两大感知觉的途径，共占了94%，所以我们在人际沟通中需要的两个感官就是眼睛和耳朵，这为朋辈辅导员的陪伴与关怀主要采用觉察和倾听的方式提供了有力佐证。当然，当这两个器官受伤、失去相应功能时，其他感官的功能会被激发出来，如视力弱或丧失视力的人触觉和听觉非常灵敏。

◆ **理论知识点六：73855法则**

73855法则是由西方心理学教授亚伯特·马博蓝比提出的。在人际沟通中，旁人对你的观感真正产生影响力的语言、语调、动作所占的比例是不同的，其中沟通内容占7%，言行举止占38%，外在形象占55%（图8-7）。

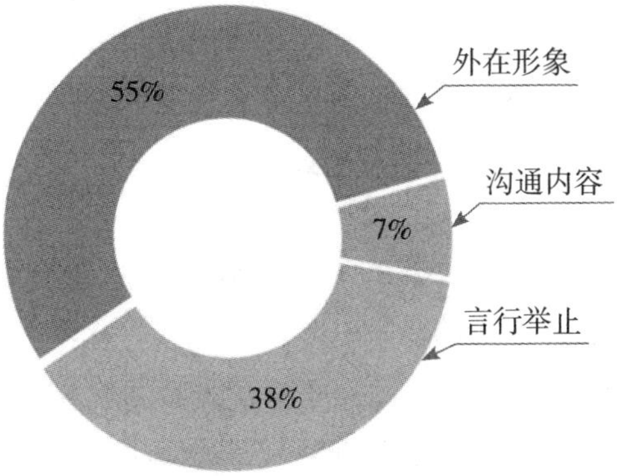

图8-7　73855原则

73855法则告诉我们在沟通中，7%属于言语沟通，93%属于非言语沟通。非语言沟通是指通过身体动作、身体姿态、语气语调、空间距离、外在形象等方式交流信息的沟通过程。在沟通中，信息的大部分内容往往通过语言来表达，而非语言作为提供解释内容的框架，来表达信息的相关部分。

在沟通时，我们要想将内容完整地分享出去，既可以通过语调强化，也可以通过身体语言来强化。比如在说“加油”时，同时配合高亢的语调和有力量的手势，就会将你的情绪更好地呈现出来，促成这一次的沟通。再比如在朋辈辅导中，有眼神接触、语调平和、语速中等、姿态前倾等非言语沟通方式的加持，可促进观念沟通的有效进行。

这就是73855法则的应用，该法则告诉我们在沟通中重要的不是内容，而是怎样去沟通。

◆ **理论知识点七：沟通漏斗**

朋辈辅导员了解沟通漏斗理论有助于沟通信息的有效表达与接受。

1. 沟通漏斗是一种下降现象

具体来说，假设分享者想表达的内容为100%，但说出来的可能是80%，这时分享者想表述的内容已经漏掉了20%，而这80%的内容从听者这一方看，由于文化背景、当下期待等关系，可能有60%被听到，实际上被听者真正理解、消化了的大概只有40%了，三天后能记住的可能就剩下20%，真正能遵照领悟这20%采取行动时，内容可能已所剩无几了（图8-8）。

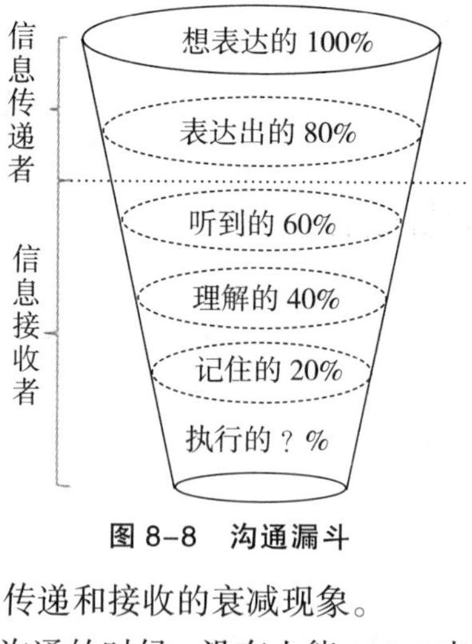

图8-8　沟通漏斗

这就是沟通中信息传递和接收的衰减现象。

可以看到，我们在沟通的时候，没有人能100%表达出自己的所思所想，也没有人能将听到的内容全盘吸收和运用，分享者可能有表达方面的问题，听者也可能有自己个人的原因。

为此，从分享者的角度看，我们不要去埋怨他人，“我都说了你怎么还不记得呢？”这样的埋怨有不合理的地方，因为有沟通漏斗现象存在。为了防止出现这样的误差，就有了这样的追问“我说清楚了吗”。你可以听听他的复述，是不是说得到位，你表达的主要内容是不是被他接收到了，这样可以防止沟通误区出现。

2. 应对沟通漏斗的方法

从倾听者的角度看，为了获得更多、更清晰的信息，我们可以尝试采取四点应对方法，见图 8-9。

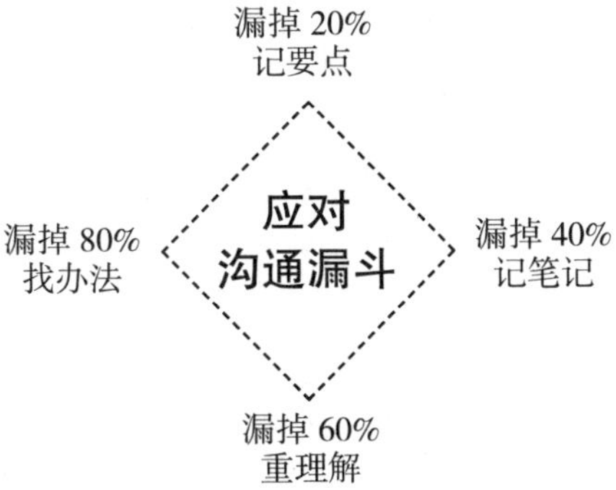

图 8-9　应对沟通漏斗

（1）记要点。第一个漏掉 20%（分享者心里想说的 100%，实际上说的 80%）的原因是：① 没有记住重点；② 不好意思讲。

解决办法：一是写下要点；二是多练习或紧急情况下请他人代讲。

（2）记笔记。第二个漏掉 20%（分享者嘴上说的 80%，倾听者听到的 60%）的原因是：① 分享者在讲话时有干扰；② 听者在听话时有干扰；③ 没有记笔记。

解决办法：一是双方避免干扰；二是听者记笔记。

（3）重理解。第三个漏掉 20%（倾听者听到的 60%，听懂的 40%）的原因是：① 听者不懂装懂；② 听者不方便询问。

解决办法：一是提问；二是找合适时间及时辅导。

（4）找办法。第四个漏掉 20%（倾听者听懂的 40%，行动的 20%）的原因是：① 没有具体的解决办法；② 缺少监督。

解决办法：一是多去找寻具体方法；二是督导（自己或他人）到位。

◆ 理论知识点八：PAC 理论

加拿大心理学家伯恩（Eric Berne）于 1964 年在《人们玩的游戏》（*Game People Play*）一书中提出了相互作用分析理论（transactional analysis，TA

理论，现称“人际沟通分析学”），这是一种针对个人的成长和改变的有系统的心理治疗方法。PAC 理论是 TA 理论中四大主要理论之一。

1. PAC 理论简述

伯恩认为，个体的人格由三种比重不同的心理状态构成，就是父母（parent）、成人（adult）、儿童（child）三种状态。取这三个词的第一个英文字母，所以简称 PAC 理论（自我状态理论）（图 8-10）。

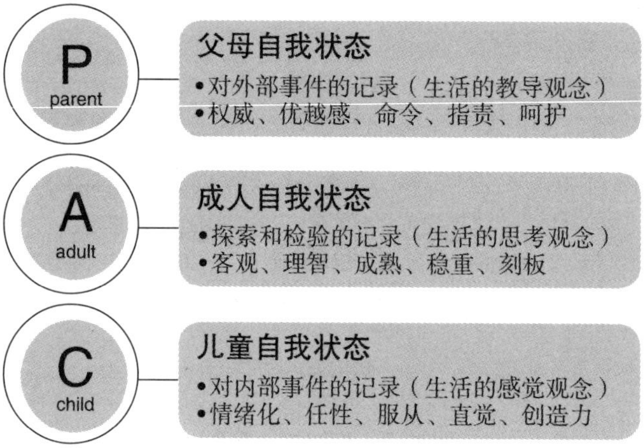

图 8-10　PAC 理论

2. PAC 理论的三种自我状态

PAC 理论认为个人的“自我”划分为“父母”“成人”“儿童”三种状态，三种状态在每个人身上都交互存在，也就是说这三者是构成人类多重天性的三部分。

（1）P 即父母自我状态，简称父母态（图 8-11）。

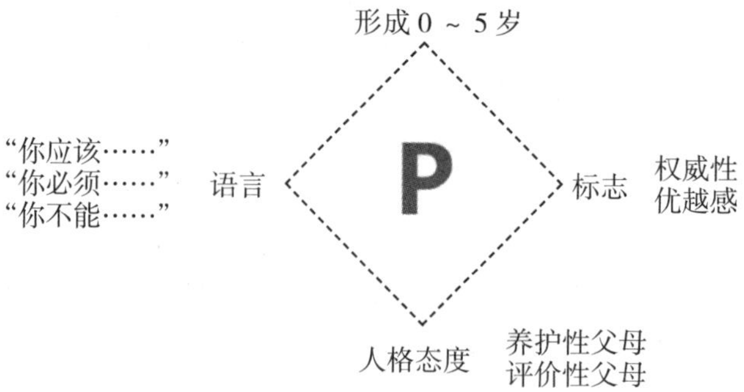

图 8-11　P（父母自我状态）

① 形成。出生至 5 岁形成，从父母处学来，整合到自己的人格，提供规范来遵守，帮助融入社会。

② 标志。以权威和优越感为标志，父母态包含父母与权威人物所持的指导性、态度与行为，通常表现为统治、训斥、责骂等家长制作风。这个自我状态反映了幼时父母对个人之告诫、命令、惩罚及鼓励等经验的记忆。

③ 人格态度。父母态会促使个体表现过去养育者的养育与批评行为，同时指导其形成独有的价值观、性别意识与行为的决策，由此表现为两种不同的人格态度：一是“养护性父母”，主要涵盖了养育或协助的行为；二是“评价性父母”，提供评论、控制及惩罚等行为与信息。

④ 语言。父母态说话语气常常是一种教育命令、批评训斥、强硬式，如“你应该……”“你必须……”“你不能……”等。

（2）A 即成人自我状态，简称成人态（图 8-12）。

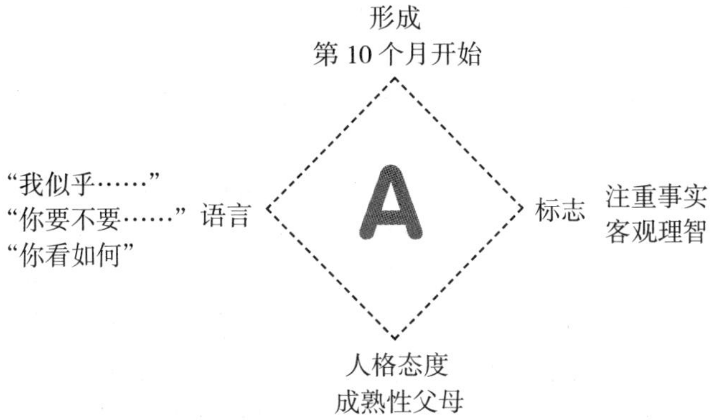

图 8-12　A（成人自我状态）

① 形成。从第 10 个月开始出现，犹如电脑的决策历程一般，是精密而无情绪的。

② 标志。以注重事实和客观理智为标志，成人态以现实为基础，利用现有资源思考、记忆、应用的部分，并以成熟、客观、逻辑及理性思考的态度来告知自己这是成熟经验。A 以成人自我状态监督、分析来自父母态或儿童态的信息，处理现实的问题，帮助成人过有效率的生活。

③ 人格态度。成人态行为表现为：待人接物冷静，慎思明断，尊重他人，心理比较成熟，理智、理性，也会给人刻板、没有变通性的印象。这一状态与年龄无关，即使是一个孩子也能够依据这种状态来收集事实，客观地处理现实。

④ 语言。成人态说话语气常常是一种民主、平等、尊重他人、商量式（不确定的词）的：“我似乎”“你要不要”“我个人的想法是这样的，你看如何”等。

（3）C 即儿童自我状态，简称儿童态（图 8-13）。

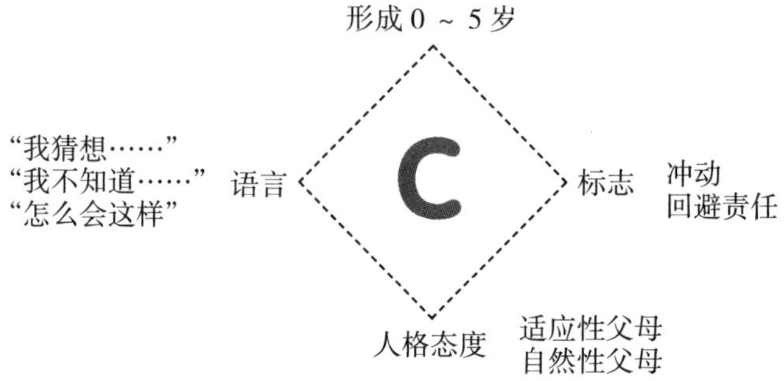

图 8-13　C（儿童自我状态）

① 形成。出生至 5 岁形成，以幼时方式思考、感觉、表现，主要是儿时的情绪体验，包含自发性、创造力和直觉力。

② 标志。以冲动和回避责任为标志，儿童态累积着自然到来的冲动，人皆有之。儿童态记录着从小对所见所闻的内在反应或重要事件，包括遇事畏缩、感情用事、喜怒无常、不加考虑等不成熟表现，还包括深层感受、情感、适应、表达及乐趣等。

③ 人格态度。儿童态是人格中很重要的部分，表现为两种不同的人格态度：一是“适应性儿童”（adaptive child），是顺服权威人物的结果，很依赖，没有主见，非常听话，“被动”是其特征；二是“自然或自由性儿童”（natural or free child），表现为冲动的、未训练的、自爱的及寻求快乐。

④ 语言。儿童态说话语气常常是不成熟、夸张幼稚和冲动的，如“我猜想……”“我不知道……”“哎呀，我也不知道呀”“天呐！怎么会这样”等。

◆ **理论知识点九：非暴力沟通**

从人际沟通使用的言语上，分享非暴力沟通理论。朋辈辅导员了解非暴力沟通有助于信息沟通的有效对话。本小节从非暴力沟通的概念简介、四要素、操作模式和沟通练习方面进行解读（图 8-14）。

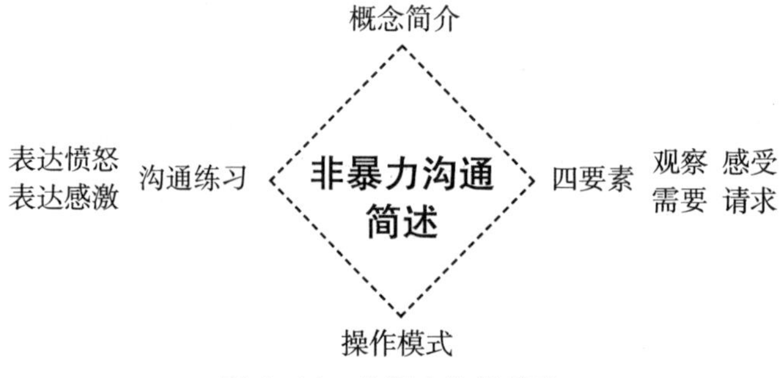

图 8-14　非暴力沟通简述

1. 非暴力沟通概念简介

美国心理学专家马歇尔·卢森堡博士在 1963 年提出非暴力沟通理论，并著有同名图书。马歇尔·卢森堡博士师从人本主义心理学家罗杰斯，在学习实践中发现了一种沟通方式，依照这种方式来谈话和聆听能使人们情意相通，和谐相处，这就是非暴力沟通。

要想更深入地了解非暴力沟通，可以从与暴力及暴力沟通的比较分析中开展。

（1）暴力沟通定义

非暴力沟通理论认为人的暴力有两种：一种是身体的暴力，是一种行为；另一种是精神上的暴力，是很隐蔽的一种，可能是一种态度，也可能是语言本身或者语言表达（语气、表情等），这些很可能是一种隐性的暴力。

暴力沟通的形成是后天养成的，人们的批评、指责、说教、嘲弄、任意打断、概不回应、随意评价、随意下结论等，其实都是在态度和语言表达上的一种暴力，这些都会给对方在合理沟通上带来阻力和伤害。

暴力沟通分为四种模式：道德评判、进行比较、回避责任和强人所难（图 8–15）。

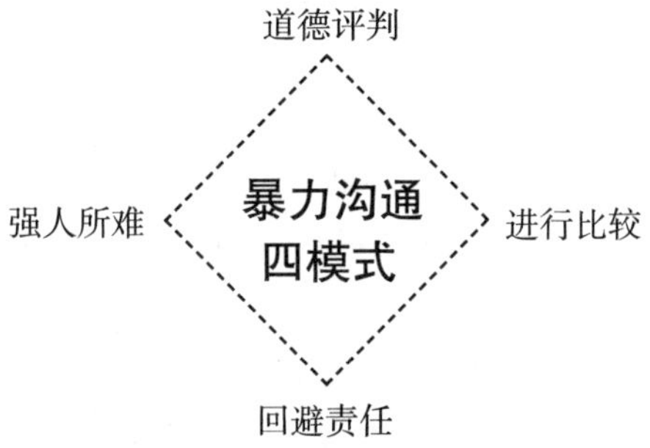

图 8–15 暴力沟通四模式

① 道德评判。依据我们的需要和价值观所认同的道德标准来评判他人，粗暴地破坏了人际边界感，在思想观念上“干涉、绑架”他人。其暴力的根源在于忽视了彼此的感受与需要。

② 进行比较。比较也是评判的一种形式，即以自己的视角对相应结果作比较，以致让人产生浮躁或失落的情绪。其根源在于蒙蔽了我们对人对己的爱意。

③ 回避责任。生活中广泛使用“不得不”表达方式，淡化了个人责任，提供的理由看起来往往来自环境或他人，其实是在试图回避责任。其根源

在于忽视了我们情感的内在根源。

④ 强人所难。对他人的要求有时暗含威胁，如果不配合就会受到惩罚。这是社会中强者常用的手段。其实我们是无法强迫他人按照我们的期待生活的。

（2）非暴力沟通定义

什么是非暴力沟通？下面从定义、原则、步骤和技巧四个方面进行解读（图 8–16）。

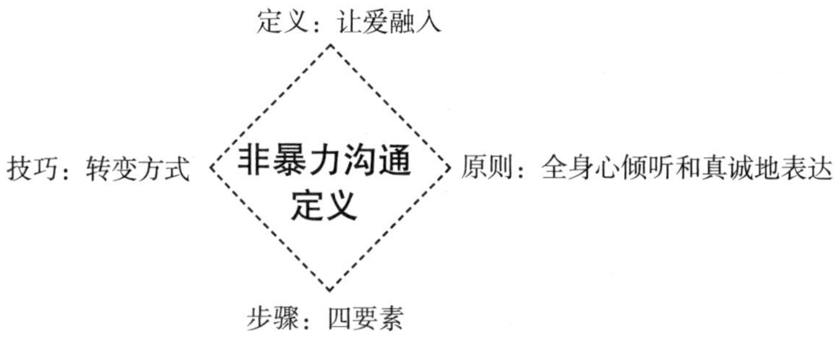

图 8–16　非暴力沟通定义

① 定义。非暴力沟通，又称爱的语言、长颈鹿语言等。非暴力意味着让爱融入生活，让尊重、理解、欣赏、感激、慈悲和友情，而非自私自利、贪婪、憎恨、偏见、怀疑和敌意来主导生活。

② 原则。非暴力沟通是一种沟通方式，就是通过观察事实，感受自己的心情，表达自己的愿望和需求，同时倾听他人的愿望和需求。沟通双方需用心观察和倾听，即全身心倾听和真诚地表达。

③ 步骤。非暴力沟通以增进理解为出发点，其有四个步骤：留意观察（是什么），表达感受（怎么样），厘清需要（为什么），说出请求（怎么办）。

④ 技巧。非暴力沟通可以指导我们转变谈话和倾听的方式，不再条件反射式地回应，可以帮助我们建立联系，特别是在发生矛盾和冲突的时候，运用非暴力沟通，可以促进倾听、理解和发自内心的互助，让爱和尊重融入生活。

（3）非暴力沟通的人性假设

当我们的生活基于如图 8–17 所示的人性假设时，自我联系以及和他人的联系的可能性将会增加并变得容易，也将更加温暖与和谐。

图 8-17　非暴力沟通的人性假设

① 行为尝试。我们的所有行为都是为了满足某种需要，无论是有意识的还是无意识的。而我们的世界提供了足够的资源满足所有人的基本需要，只要意识到我们真正想要的是什么，就能找到一个有效的策略来满足这些需要。

② 内在选择。我们每时每刻都可以做出选择，当我们意识到自己的需要时，就可以从遵从内心的选择开始，这就是内心最诚实的想法。自我联系是通向平静最直接的途径。

③ 互助关系。人性是相通的，虽然每个人的价值观和生活方式不同，但是人有着共同的感受和需要。人类通过互助的关系来满足许多需要。每个人都有相同的需要，并因这种需要产生能量而相互联结。

④ 爱的能力。每个人都有爱和慈悲心，当人们被爱，并能做到自主选择且得到尊重时，不仅人会爱自己，而且爱他人和尊重他人的心也会油然而生。当人类乐于给予，乐于为他人奉献时，人们就能感到真正的快乐。

（4）非暴力沟通的意义

非暴力沟通的意义从遵从人性、满足需要、疗愈关系和智慧生活四个方面进行阐释（图 8-18）。

图 8-18　非暴力沟通的意义

① 遵从人性。非暴力沟通相信人的天性是善良的，也是相通的，非暴力沟通就是人通向美好、有爱的世界另一端的桥梁。

② 满足需要。非暴力沟通是通过建立联系使我们能够理解并看重彼此的需要，然后一起寻求方法满足双方的需要。

③ 疗愈关系。非暴力沟通认为应放下自己固有的想法和判断，学习以善意、友爱、温柔对待自己和他人，化解矛盾，重建心灵联结。

④ 智慧生活。非暴力沟通认为依照尊重与接纳、倾听与看见、真实与主动的态度和方法来对话及交流，能使人们情意相通，自在相融。

2. 非暴力沟通四要素

非暴力沟通是爱的语言，主要可以分为两方面，表达自己和倾听他人，包含四个要素：观察、感受、需要和请求（图 8–19）。

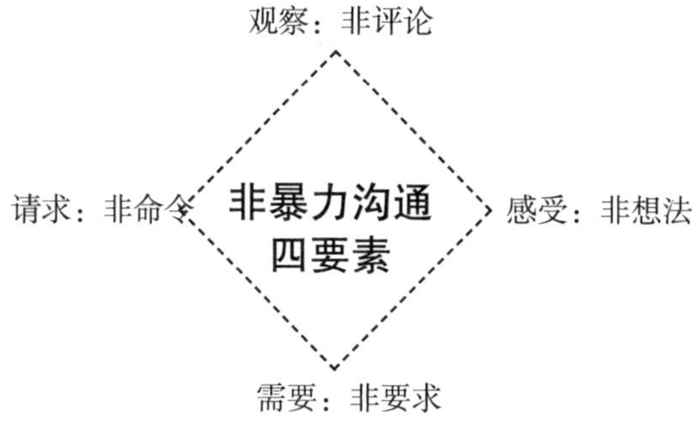

图 8–19　非暴力沟通四要素

（1）观察

非暴力沟通的观察，通过实质、步骤、关键和常用词四个方面进行阐释（图 8–20）。

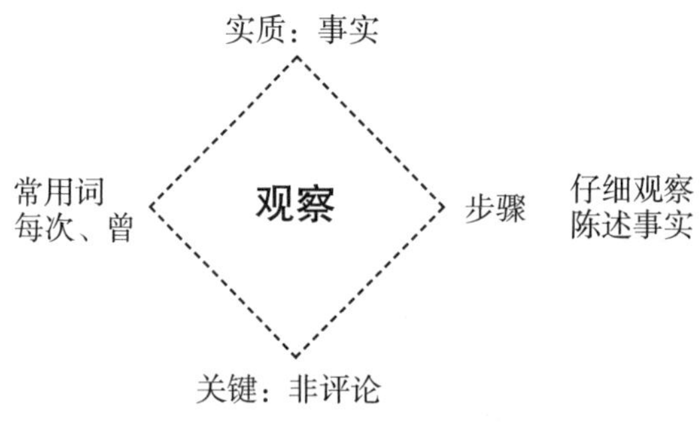

图 8–20　非暴力沟通的观察

观察的实质意味着注重客观存在。

观察的步骤分两步，先仔细观察，留意实际上发生了什么，是关乎人呢？还是关乎事呢？然后不带有任何情绪，清楚地陈述观察结果。

观察的关键在观察而非评论。在陈述事实之前，我们需要区分观察与评论。请留意我认为、我觉得、你总是、你从来、你永远等词，这些词是在表达非常主观的看法，跟在这些词后的往往就是评判、评价。非暴力沟通不鼓励绝对化的评论，而主张评论要基于特定时间和环境中的观察。

观察的常用词是“每次”“曾”等，带有这些词语的句子表达的是观察结果。如果我们的表达言过其实，对方就可能产生逆反心理，而不愿做出友善的回应。

（2）感受

非暴力沟通的感受，通过实质、步骤、关键和常用词库四个方面进行阐释（图 8-21）。

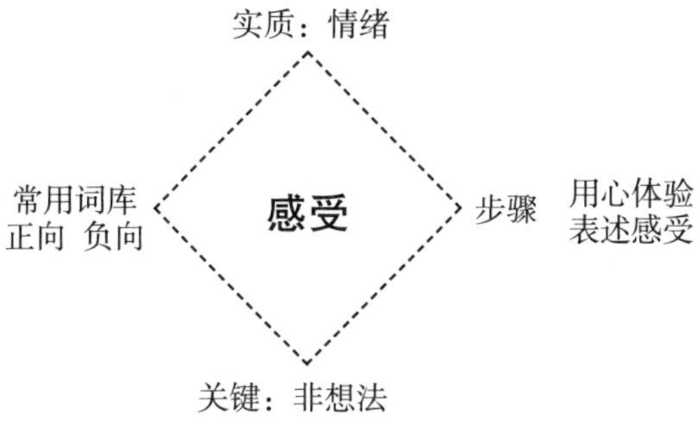

图 8-21　非暴力沟通的感受

感受的实质意味着呈现情绪状态。

感受的步骤分两步，先用心体验，此时的内心感受是什么？是正向感受还是负向感受？然后清晰地用情绪词如实表述对自己感受的觉察。

感受的关键在感受而非想法。在表达感受时，注意区分感受和想法。当我们说“我觉得”，常常并不是在表达感受，而是在表达想法，这里的“我觉得”换成“我认为”也许更恰当。还有一些词表达的是想法，而非感受，如被抛弃、被羞辱、被虐待、被打扰、被拒绝、不受重视、被束缚、被欺负、无人理解、得不到支持、无人赏识、被利用、被贬低。

非暴力沟通主张使用具体的语言，要建立感受的词库。感受的常用词库主要包含正向感受（需要被满足时的感受）词和负向感受（需要没有被满足时的感受）词。

① 表达需要被满足时的感受词：兴奋、喜悦、欣喜、甜蜜、精力充沛、兴高采烈、感激、感动、乐观、自信、振作、振奋、开心、高兴、快乐、愉快、幸福、陶醉、满足、欣慰、心旷神怡、喜出望外、平静、自在、舒适、放松、踏实、安全、温暖、放心、无忧无虑……

② 表达需要没有被满足时的感受词：害怕、担心、焦虑、忧虑、着急、紧张、心神不宁、心烦意乱、忧伤、沮丧、灰心、气馁、泄气、绝望、伤感、凄凉、悲伤、恼怒、愤怒、烦恼、苦恼、生气、厌烦、不满、不快、不耐烦、不高兴、震惊、失望、困惑、茫然、寂寞、孤独、郁闷、难过、悲观、沉重、麻木、精疲力竭、萎靡不振、疲惫不堪、昏昏欲睡、无精打采、尴尬、惭愧、妒忌、遗憾、不舒服……

（3）需要

非暴力沟通的需要，通过实质、步骤、关键和常用词四个方面进行阐释（图 8–22）。

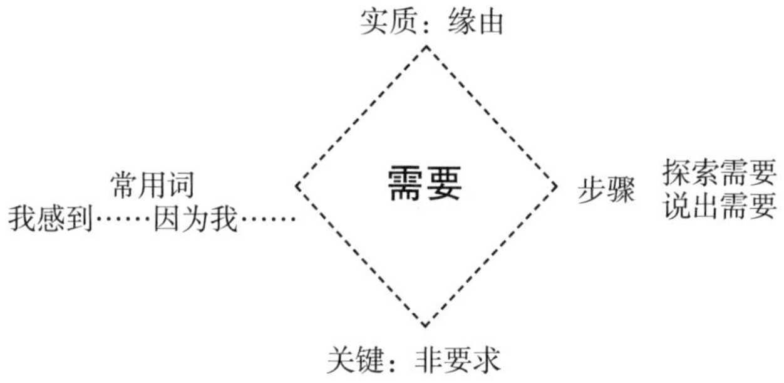

图 8–22　非暴力沟通的需要

需要的实质意味着揭示感受缘由。

需要的步骤分两步：先了解是哪些需要引发了相应的感受，这里的需要指感受的缘由，然后说出需要，并对背后的价值观念进行解读。

需要的关键在需要而非要求。在说出需要之时，应注意区分需要和要求。要求指向外在行为，常用表达："由于你……（行为），令我感到很……（情绪 / 感受）。"这里的"感受的引发"是由于他人的行为，更隐含着对他人行为的要求，当要求被刻意强调时，就很容易与需要混淆了。事实上，需要指向内在情感体验及态度、价值观念，当需要被满足或未被满足时就会产生正 / 负向情绪，所以需要才是产生感受的缘由，情绪因为自己，而不因为他人的行为。

需要的常用词是"我感到……（情绪），因为我……（需要及观念）"，这是表达个人感受背后缘由的一个句式。

（4）请求

非暴力沟通的请求，通过实质、步骤、关键和有效方式四个方面进行阐释（图 8-23）。

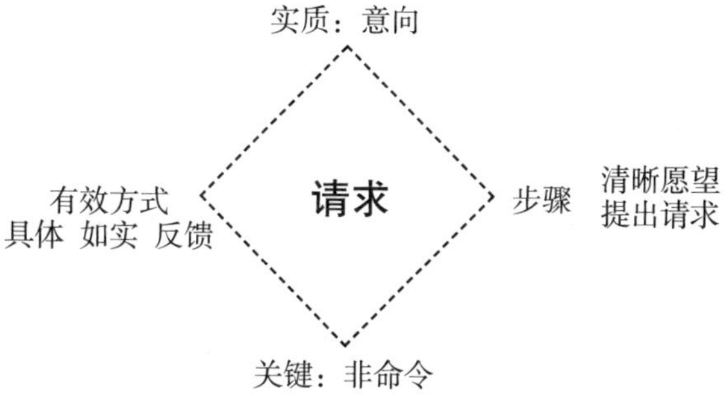

图 8-23　非暴力沟通的请求

请求的实质意味着明确行动意向。

请求的步骤分两步：先了解为了改善生活想要做些什么，然后把自己真正的请求说出来，获得他人的回应。

请求的关键在请求而非命令。在提出请求时，应注意区分请求和命令。命令是在请求发出后未得到满足时的批评、指责，或为达到目的时利用他人的内疚；而请求不是改变他人来迎合我们。当明确了自己或者他人的愿望时，可以向他人发出自己的请求，以获得自己愿望的满足；当他人无法满足我们的愿望时，应尊重他人的感受和需要，尝试体会是什么让他无法说“是”，而不是不管不顾地说服。

请求的有效方式如下：

① 提出具体的请求。清楚地告诉对方，我们希望对方做什么，我们提出的请求越具体越好。如果我们的意思含糊不清，对方就难以理解我们到底想要什么。

② 明确谈话的目的。我们期待的是如实的反馈——我们想了解他人的真实想法。有时也希望他人采取某种行动。对自己的认识越深刻，表达越清楚，我们就越可能得到称心的回应。

③ 请求反馈。我们的意思和对方的理解有时可能是两回事。如果无法确认对方是否已经明白，我们可能就需要得到反馈。

3. 非暴力沟通操作模式[①]

（1）诚实地表达自己，而不批评、指责

① 观察：我所观察（看、听、回忆、想）到的有助于（或无助于）我的福祉的具体行为，如“当我（看、听、想到我看到的 / 听到的）……”等。

② 感受：对于这些行为，我有什么样的感受（情感而非思想），如“我感到……”等。

③ 需要：什么样的需要或价值（而非偏好或某种具体的行为）导致我那样的感受，如“因为我需要 / 看重……”等。

④ 请求：清楚地请求（而非命令）那些能丰富我生命的具体行为，如“你是否愿意……”等。

（2）关切地倾听他人，而不解读为批评或指责

① 观察：你所观察（看、听、回忆、想）到的有助于（或无助于）你的福祉的具体行为，如“当你（看、听、想到你看到的 / 听到的）……”等。

② 感受：对于这些行为，你有什么样的感受（是情感而非思想），如“你感到……吗”等。

③ 需要：什么样的需要或价值（而非偏好或某种具体的行为）导致你那样的感受，如“因为你需要 / 看重……”等。

④ 请求：关切地倾听那些能丰富你生命的具体请求，而不解读为命令，如“所以，你想……”等。

4. 非暴力沟通练习

非暴力沟通需要练习。因为我们已经习惯对自己、对他人进行反应，根本没有思考，更没有体会后面的需要。

非暴力沟通始终围绕四个要素进行，即观察、感受、需要和请求。无论是表达愤怒还是表达感激，都是万变不离其宗的。

（1）练习一：表达愤怒

非暴力沟通认为不应忽视或压抑愤怒，相反我们需要深入了解愤怒，并充分表达内心的渴望。我们生气时，往往会对他人进行批评与指责，但这种方式并不能正确传达我们的心声，我们应该将注意力放在自己的感受和需要上。与批评和指责他人相比，直接说出我们的需要更有可能使我们的愿望得到满足。

---

① 引自：马歇尔·卢森堡. 非暴力沟通 [M]. 阮胤华，译. 北京：华夏出版社，2018.

表达愤怒的四个步骤：

① 观察，停下来，除了呼吸，什么都别做，静静体会自己。

② 感受，想一想是什么想法使我们生气了。

③ 需要，体会自己的需要。

④ 请求，表达感受和尚未满足的需要。

（2）练习二：表达感激

用非暴力沟通的方式表达感激，纯粹是为了表达对方的行为改善了我们的生活品质，丰盈了我们的生命，而非想让对方更听话或想要操控对方；极其真诚地表达对方言行提升了我们的生活质量，心情变好而发自肺腑地感激对方。

向对方表达感激，意味着对方已经达成了我们想要的，所以除去请求这个要素，其他三个要素就是具体的表达方式。

① 观察，对方做了什么事情，使我们的生活得到了改善。

② 感受，我们的心情怎么样？

③ 需要，我们什么样的需要得到了满足？

这三个部分会让对方知道他做了什么样的事情，满足了我们什么样的需要，以及我们的感受如何。

【课中研习】

◆ 研习一：头脑风暴

在人际交往中，我们最想解决的问题是什么？下列问题供参考。

（1）我愿不愿意试着去接触平常自己不太能接受的事物？

（2）我愿不愿意试着去听他人喜欢的音乐，看他人喜欢的节目，认识他人的朋友？

（3）我真的喜欢他人吗？还是只喜欢趣味相投的人？

（4）我是不是从自己的生活中获得满足和尊重，还是必须从他人的评价中得到满足？

◆ 研习二：问题树

使用问题树的参与方式，并对下列问题进行思考探索。

1. 问题树

树干，“人际交往状态”；树冠，“结果表现”；树根，“原因分析”。

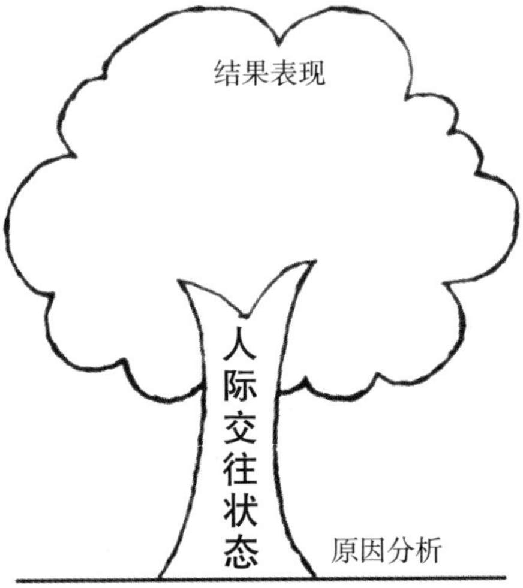

图 8-24　问题树：人际交往状态

2. 思考分析题

（1）请用“人际交往中的语言沟通漏斗”原理分析一例大学生活中人际交往的常见困扰。

（2）人际交往中我们更注意他人的优点还是缺点？举例分析快速建立关系的有效方法。

◆ **研习三：小组讨论**

结合“73855”人际沟通法则谈谈自己在学习、生活中的成功应用。

◆ **研习四：角色扮演**

（1）如何跳出“对陌生人客气，对身边人发脾气”的恶性循环？

（2）两人一组，请练习并分析下列日常对话中的暴力元素：“每次约会你都迟到，不想跟我在一起就直说嘛！”“小张，反正你今天也没什么事，帮我做件事吧。”“你知道妈妈上班多辛苦吗？你什么时候才能懂点事？”

◆ **研习五：案例分析**

宿舍中有个 Y 同学特别令人讨厌，因为她说的每句话都带刺又很小气、很啰唆，我们都不愿和她玩，但她总出现在大家面前。一想到要和 Y 同学生活在同一个屋檐下四年，心里就烦。我该怎么办呢？

请从 PAC 理论视角进行探索与沟通。

【课后实践】

（1）自我对话：人际态度与方式。

（2）进行全班同学宿舍人际生活小调查。调查内容包括宿舍氛围、相处方式、人际态度、冲突处理等。

【理论解析】

◆ 研习一：在人际交往中，我们最想解决的问题是什么

人际交往的五大原则如下。

（1）平等的原则：人与人之间没有高低贵贱之分，要以朋友的身份进行交往，才能深交。不因经验不足、经济条件差而自卑，也不因是学霸、年轻、美貌而趾高气扬。这些心态都影响人际关系的顺利发展。

（2）相容的原则：主要是心理相融，即人与人之间的融洽关系，与人相处时的兼容、包容及宽容。主动与人交往，广交朋友，交好朋友，不但交与自己相似的人，还要交与自己性格相反的人，求同存异，互学互补，处理好竞争与相容的关系，更好地完善自己。

（3）双赢的原则：交往双方的互惠互利。人际交往是一种双向行为，只有单方获得好处的人际交往是不能长久的。要双方都受益，不仅有物质的，而且有精神的，所以交往双方都要付出和奉献。

（4）诚实的原则：不要轻易许诺，一旦许诺就要设法实现，以免失信于人。朋友之间，言必信、行必果，不卑不亢，端庄而不过于矜持，谦虚而不矫饰诈伪，不俯仰讨好位尊者，不藐视位卑者来显示自己的自信心，而取得别人的信赖。

（5）宽容的原则：表现在对非原则性问题不斤斤计较，能够以德报怨，宽容大度。人际交往中往往会产生误解和矛盾，有度量是建立良好人际关系的润滑剂。

◆ 研习二：日常人际交往状态

大学校园的日常人际交往状态如下。

（1）没有知心朋友。这类大学生通常能正常交往，人际关系也不错，但总感觉没有互相倾诉心声、共同承担压力、一同分享甘苦的知心朋友，内心深处不免孤独和无奈。

（2）与人相处平淡。这类大学生能与他人交往，但与人相处的质量不高，多属点头之交，总感觉没有人值得自己牵挂，也觉得没人会惦记自己，心里常常不免迷茫和失落。

（3）与人交往困难。这类大学生交往不尽如人意，很少有成功的体验，而内心又非常渴望交往，但可能存在内心自信度低、个性怯懦、方法欠妥，情绪常常不免焦虑和苦恼。

（4）社交恐惧症。这类大学生害怕、紧张人际交往，极力回避与人接触，害怕自己成为他人注意的中心，总担心自己会出现错误而被他人嘲笑，心理变得更加焦虑和抑郁。

◆ **研习三：小组讨论**

“73855”法则表明旁人对你的观感，也就是人们对一个人的印象，只有7%取决于谈话内容，93%来自非语言，其中包括38%的语调和55%的肢体语言。这反映在人际关系中，只有恰如其分的语调和肢体语言才能有助于将内心观念传递出去。

本法则应用很普遍，包括如何更有效地请求/拒绝他人，如何面试成功。

◆ **研习四：角色扮演**

某些常见对话中，看起来人畜无害，其实含有某些特定的“暗号”，每次都能精确地引发对方的对抗情绪，让双方沟通从“就事论事”习惯性地转向“来啊，互相伤害啊，谁怕谁啊”。

这就是“暴力沟通”的表现：谈话双方偏离了沟通的初衷，进入激烈的情绪对抗状态，甚至想尽一切办法诋毁羞辱对方。

暴力的根源：人们忽视彼此的感受与需要，将冲突归咎于对方。

人们会在评论中暗含自己的价值观及需要，但以这样的方式提出主张很可能招来敌意。如果一个人的行为不符合我们的价值观，他就会被我们视为不道德的或者坏的。批评、指责、辱骂、归类、比较及评论等，都是在评判人。

◆ **研习五：案例分析**

PAC理论指明个体的人格状态由比重不同的“父母”“成人”“儿童”三种状态构成，即这三种状态在每个人身上交互存在。

本案例中的Y同学和表述中的“我”更多的是表现出C角色，Y同学的C角色主要有任性、冲动、不顾他人自寻快乐等不成熟表现；“我”的C角色主要有缺少理性思维、感情用事、遇事畏缩等不成熟表现。双方的相处模式是C—C，儿童之间的交互方式，都易诉之于感性，不易解决问题，甚至导致问题堆积或冲突升级。

在生活中人与人之间相处遇到矛盾或问题时，最简便也最有效的方式就是沟通。沟通是一种需要理性的工作，为此理性自我状态就是A角色工作状态。

助人篇

关怀技巧：通向有效的助人关系

帮助他人就是帮助自己；

朋辈关怀就是生命在线。

第九章　帮助关系：尊重与真诚

心理辅导是一项有挑战性的工作。它需要才智、人际成熟和情感平衡的生活、不断的技能学习、同理心、真诚与勇气。辅导者需要做一个终身的学习者。

所有一切都是从面谈开始的，而面谈是以辅导关系为基础来展开的。

美国心理辅导大师艾鲍说："在辅导过程中，辅导员能带进辅导关系中最有意义的资源，就是他自己。"

帮助关系的决定因素是辅导者的专业性，包括人格的成熟和健全、专业能力与经验，营造辅导双方之间的信任与开放空间。

【课前思考】

1. 请说说大学生难于／困于求助的原因

（1）没有被人帮助的经验

★ 我遇到困境或感到烦恼时，去寻求帮助时常常犹豫不决。

★ 我一直都是独自解决问题，父母工作忙，从小就习惯了在没有任何帮助的情况下解决困难。

★ 我不管有多难都是靠自己，不会寻求帮助。

（2）求助中的观念困惑

★ 向人寻求帮助是一件有损自尊的事。

★ 我认为求助是软弱的表现，寻求帮助会让人觉得我在暴露自己的脆弱和弱点。

★ 我不想让人担心或者认为我做不到。

★ 我不希望自己成为增加他人负担的人。

★ 我不太知道什么情况下需要求助。

★ 我觉得一定是心理有病才会去看心理辅导师吧。

★ 在生活中遇到“特别不好”或“特别困难”的事情才需要寻求心理辅导。

★ 明知道自己的情绪起伏不好，却又不知道该怎么办。我很难摆脱它，感到自己被困住。这个时候是不是应该去寻求专业帮助？

★ 若有人遇到很大困境，自己无法解决或无法通过同学、朋友或家人提供的资源获得支持，这种情况应该可以寻求帮助。

★ 我认为长期失眠的人、遭遇很大挫折的人、经历很多丧失的人等也是可以去接受心理辅导的。

★ 所遇到的心理问题严重干扰了自己的学习、生活等，并持续时间较长，通过自己的一些自我调整方式或朋辈之间的互助已经无法得到有效缓解，那么这个时候应该根据情况寻找精神治疗师或心理治疗师的帮助。

★ 与人交往感到困难的时候，对前途感到迷茫、人生没有方向的时候，可以去求助。

2. 进入帮助关系前的自省

（1）在同学、朋友眼中，我是否值得信赖及表里如一？

（2）我是否毫不含糊地表达真正的自己？

（3）我可以对他人抱有积极的态度——能对他人表现温暖、爱护、喜悦、关怀及尊敬吗？

（4）我能否敢于与人区分出来？

（5）当他人有独特的见解时，我会感到不安吗？

（6）我可否允许自己完全投入他人的感受，设身处地地为他人着想？

（7）我能否接纳他人，并且表达出这个态度？

（8）我能否敏于事而慎于言，使言谈举止不致对他人构成威胁？

（9）我能否不妄下批判，使他人感到安全和自由自在？

（10）我能否不被自己或当事人的过去束缚，而只是与这一刻存在的当事人进行交流？

【主题分享】

◆ 理论知识点一：帮助关系的内涵

帮助关系是一个独特动态的过程，是一个个体通过努力使另一个个体获得积极成长的助人过程，即一种新的、亲密的、建设性的人际关系。帮助关系的内涵具体表现在四个方面，如图 9-1 所示。

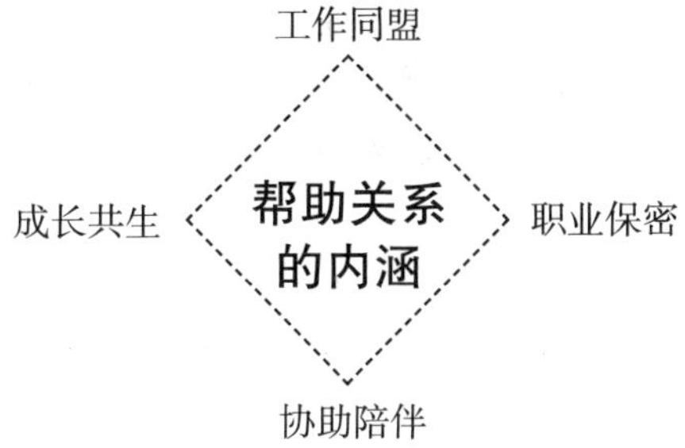

图 9-1　帮助关系的内涵

（1）帮助关系是一种同盟的、朋友的关系，即一种辅导工作中的合作伙伴关系，一种工作同盟，辅导者和来访者要以相互配合的方式开展工作。

（2）帮助关系是一种隐蔽的、保密的关系，即一种职业关系，它不是建立在社会交往的立场上的，它完全是一种在特定的时间或期限内的特殊关系。

（3）帮助关系是一种温暖的、亲近的关系，即一种协助关系，辅导者的目的是陪伴来访者看见自己，探索自己，学会与自己和解，获得疗愈的能力。

（4）帮助关系是一种成长的、双赢的关系，即一种共生关系，辅导者在与来访者共处中，彼此互为镜像，促进各自的成长、发展、成熟。

◆ 理论知识点二：专业的帮助关系之本质

心理辅导是生命的流露。心理辅导是一种人与人之间的交往，是一颗心与另一颗心的交流，是一种思想与另一种思想的相通，是一种经验与另一种经验的相融，是一种人格与另一种人格的碰撞。

关系胜于辅导。辅导者必须清楚知道自己不是神，心理辅导没有奇迹，只有过程。只有当辅导双方建立良好的辅导关系，即爱与信任的关系后，双方的心才能打开，才有可能真正地去面对问题、解决问题，心理帮助才开始产生效果。专业帮助关系的本质体现在四个方面，如图 9-2 所示。

图 9-2　专业帮助关系本质

1. 接近日常的关系

日常人际关系意味着重要的是两个人在连接、互动，而不是交往技巧，即两个具体而独特的个体之间的关系，是人与人的关系。

林孟平教授指出："在整个辅导过程中，最重要的并不是一个人的学位、资历、理论和技巧的纯熟，而是辅导员本身的修养。"心理辅导过程是一种人际关系，是辅导者和来访者之间的人际关系，辅导者要用所学的辅导理论去工作、用言语去工作，这样在非言语表达时也会在潜意识中对来访者产生影响，或被认同、内化成自己的一部分，就如同来访者生活中经历的每个重要他人，辅导者也可能成为来访者生命中的重要他人。

2. 专业设置的关系

专业设置意味着安全探索内心，需要有界限，是对心理辅导过程所作的精心设计，要求辅导者和来访者遵守的基本规则。

例如，关系设置提供了辅导双方的心理安全感和工作界限，有别于一般的人际互动，有利于聚焦要解决的问题，便于来访者反复在练习人际互动过程中觉察、获得支持。这种"设置"就好像一个外在的保护框架，促使两个陌生人在极短的时间、很小的空间里建立亲密又深入的关系，有时甚至超出了生活中会有的深入关系，帮助辅导在最小干扰和最安全的情况下进行，让辅导者尽可能地来到来访者的内部世界，以及帮助关系的内部，获得更多的理解。

3. 一起工作的关系

一起工作意味着辅导双方都有相应的责任区，即以来访者当下求助需要为目标，以探索问题、改善现状、提升自信为内容的工作模式。

帮助关系是辅导双方一起合作、共同努力的关系，是为了和来访者一起探索他的内心世界，其中辅导者是专业知识方面的专家，来访者是关于他自己的专家。这就是帮助关系的“双重专家理论”，它既不否认辅导者的价值，也不抬高辅导者；既不否认来访者的困境，同时也把来访者视为有力量的人；既有联结，又指向希望。它意味着，来访者不是一个“有问题、待修理”的弱者，他是一个主体的“人”，要为自己的改变和成长负起自己的责任。

4. 走向结束的关系

走向结束意味着帮助关系有时限性。为了让来访者重新拥有内在力、自信心，尽管会谈结束需要离开，但影响继续。

与生活中的其他关系不同，帮助关系建立的基础与目标是来访者能够获得独立应对生活的能力，因此辅导目标的达到，就意味着帮助关系的存在意义需要走向结束。这种帮助关系即两个人每周定期的会面结束后仍然保持开放性，还会持续影响辅导双方的关系。对来访者来说，未来如果有需要，依然可以回到辅导关系中；即使不再定期交谈，但这段经历会持续保留且持续影响来访者思考、感受、行为等生活方式。

◆ 理论知识点三：帮助关系的特征

帮助关系是发生在辅导者和来访者之间的动态联系，是个人的、亲密而又恰当的辅导关系。帮助关系有鲜明、显著特征，是开展心理辅导的心理基础和基本构架，也可阐明与其他人际关系的区别。帮助关系的特征有四点，见图 9–3。

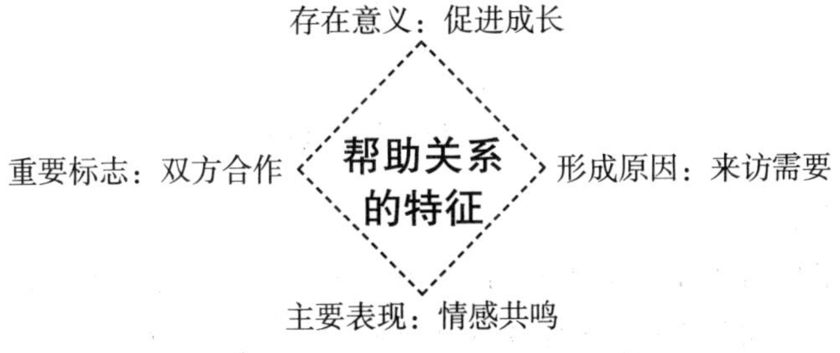

图 9–3　帮助关系的特征

1. 存在意义

帮助关系的存在意义是促进成长，这是由辅导双方所赋予的，辅导双方都接受这种关系中改善认知行为、缓解情绪困扰、促进心理成长的价值。

2. 形成原因

帮助关系的形成原因是来访者需要。帮助关系开始于来访者的心理需要或困惑，包括尚不能解决的情绪困扰、人际冲突、生活压力、人生抉择等。

3. 主要表现

帮助关系的主要表现是情感共鸣。此表现是相互的，辅导者发自内心地以诚相待，来访者感受到被接纳、被信任，愿意在专业陪伴下自我暴露与探索。

4. 重要标志

帮助关系的重要标志是辅导双方合作。辅导双方朝着一个共同接受的目标（即解决来访者的需要）而一起工作，通过沟通和交互作用，共同面对与改善。

◆ 理论知识点四：帮助关系的功效

帮助关系本身具有治疗价值。良好的帮助关系是心理辅导过程的第一步，是心理辅导取得良好效果的前提和基础。良好的帮助关系就是辅导者与来访者之间存在的一种相互信赖、充分理解、彼此坦诚相待的特定的人际关系。帮助关系的功效有四个方面，见图 9-4。

图 9-4　帮助关系功效

1. 折射自我

帮助关系折射出来访者整个世界的缩影，让来访者看见自己。来访者求助的动机，是遇到了自己无法解决的问题 / 无法迈过去的坎 / 无法承受的痛，所以良好的帮助关系可以陪伴来访者看见自己的困境，激发来访者改善自己困境的力量。

2. 反映关系

帮助关系反映了来访者与人联系的方式，让来访者理解自己。来访者所描述的自己和现实世界的任何关系，都可以从来访者与辅导者的关系中映照出来，辅导者对于来访者来说，就是一个具体的客体，就是整个外部世界。所以要改善来访者的一些冲突关系，可在辅导者的陪伴下去察觉、去尝试。

3. 展现希望

帮助关系展现了来访者的希望之路，让来访者疗愈自己。对于带着疑虑和问题而来的、前来寻求帮助的来访者，良好的帮助关系使来访者产生信任感，减少防范心理，愿意倾诉自己的感受和问题。这种倾诉不仅是心理治疗的良好开端，而且让来访者看到了走出困扰的希望和信心，有利于其自我认识和探索。

4. 提供经验

帮助关系提供给来访者一种健康人际经验，让来访者实现成长。经过专业训练的优秀辅导者具备丰富的知识与技能和很好的个人成长经验，通过构建沟通平台，能将更贴合的感同身受、更合理的生活观念和更有效的应对方式作为一种很好的示范，供来访者参考。

◆ **理论知识点五：帮助关系要素**

帮助关系要素主要有尊重、真诚、积极关怀和温暖（图 9–5）。

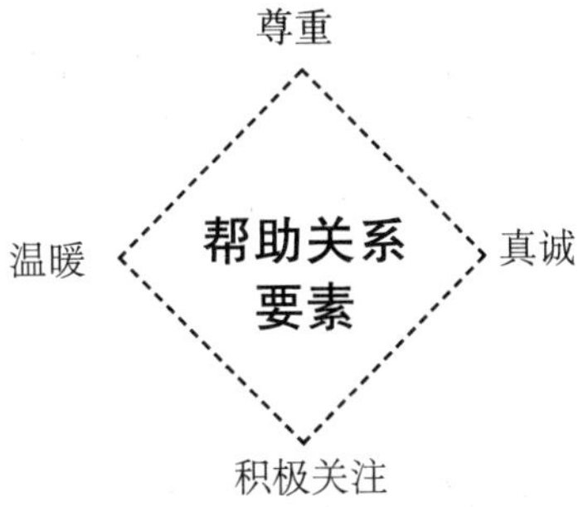

图 9–5　帮助关系要素

1. 尊重

（1）定义

尊重是指辅导者对来访者的接纳态度，意味着将来访者作为有思想感情、内心体验、生活追求和独特性与自主性的人来看待，即以真诚为基础，允许其有属于他 / 她自己的感受与经验，不论这感受是好或不好，接受其独特性，不予批判，接纳、关怀且愿意帮助他 / 她。

（2）意义

一是尊重可以产生巨大的效力，它可以给来访者创造一个安全、温暖的氛围，使其最大限度地表达自己。

二是它充分肯定人的价值与其自主、自立能力，有助于来访者获得自我价值感，自由地探索自己的内心世界，增强克服困难的勇气与重塑自我的信心。

2. 真诚

（1）定义

真诚是指在辅导过程中辅导者以“真实的我”出现，不带任何自卫式的伪装，不把自己藏在专业角色后面，不戴假面具，而是表里如一、开诚布公、真实可信地置身于与来访者的关系中。

真诚包含两方面的内容：辅导者一方面要真实地对待自己；另一方面要真诚地对待来访者。

（2）意义

一是辅导者对来访者保持真诚，提供一个安全自由的氛围，可以缩短辅导者和来访者之间的距离，帮助来访者认同辅导者，并将辅导者看作与他相似的另一个人。来访者便会对辅导者产生信任感，打消顾忌。

二是辅导者同时也起了榜样的作用，让来访者知道可以袒露自己的软弱、失败、过错、自私等，无须顾忌，使其切实感到自己被接纳、被信任、被爱护，引导来访者走向积极成长的方向。

3. 积极关注

（1）定义

积极关注即无条件积极关注，是对来访者言语和行为的积极面予以关注，从而使其拥有正向价值观；是向来访者表达辅导者乐于接受来访者、理解来访者，同时关心和帮助来访者。

积极关注涉及对人的基本认识、基本情感和信念。鼓励的方面包括帮助过程中的良好表现、身上的某些长处、帮助过程中的进步处、以往的表现和能力。

（2）意义

一是无条件的积极关注有助于促进双方更好地交流，形成信任感，建立良好的帮助关系，这种关注本身就具有辅导效果。

二是对那些缺乏自尊或目前感到困扰的来访者，辅导者的无条件积极关注往往能帮助他们全面认识自己及周围环境，看到自己的优势和长处，看到光明的一面和未来的希望，树立信心，走出困扰。

4. 温暖

（1）定义

温暖的含义与尊重相似，但相比尊重，温暖可使来访者和辅导者之间的心理距离更近一些。温暖是辅导者对来访者主观态度的一种体现，能够尊重来访者的辅导者更易于做到给来访者以温暖。

温暖不仅需要语言的表达，而且需要辅导者充分运用各种人际沟通的方式，尤其是非语言的沟通形式来表现。温暖也是一种真实感情的自然流露，它不是一种能力，无法借助实践、练习去培养和发展。只有辅导者真正关心来访者、真正充满爱心、真正做到与来访者共情，温暖才会从辅导者的言谈、姿势、动作、眼神和面部表情等方面流露出来，因为温暖需要辅导者自己从内心深处去开发。

（2）意义

一是温暖可以增强心理辅导的力量感，促进在心理技术上特殊的策略和干预措施适时到位。温暖可以减少辅导过程中或干预措施中的非人性化性质，以免给来访者带来冰冷的感觉。

二是温暖可化解那些对辅导有敌意的来访者身上的潜在敌意、愤怒，显著地改善帮助关系。温暖应该体现在整个辅导过程中，从来访者进门到离开，辅导者都应热情、周到地对待来访者，让来访者感到自己受到了很友好的接待。

◆ 理论知识点六：表达尊重

恰当地表达尊重，关键在于接纳（图 9–6）。

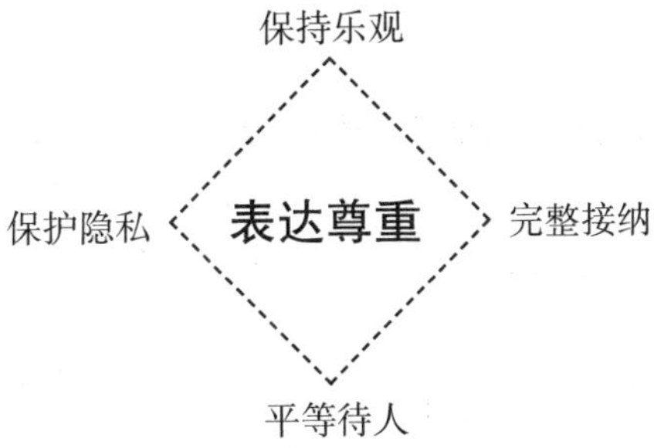

图 9–6　表达尊重

1. 保持乐观

辅导者应拥有正向乐观的人性观和生活态度，这一人性观能够营造一种充满活力、温暖、乐观的氛围，善于看见来访者身上的闪光点和潜力，相信来访者有能力去面对危机、寻求改变。

2. 完整接纳

无条件地接纳，不批判来访者的所作所为，不排斥其感受；接纳来访者的“人”与“感受”，而不是赞同其行为；尊重来访者的自我决定。

3. 平等待人

愿意与来访者在一起，接受且认同来访者是独特的个体，以来访者的视角了解、对待、接受来访者，不将来访者拿来与其他人比较而讶异于他的特别之处与不同。

4. 保护隐私

尊重来访者的个人隐私权，无论是在个体辅导或在团体辅导中都有责任采取适当的措施为来访者保守秘密。

◆ **理论知识点七：表达真诚**

恰当地表达真诚，关键在于自然（图 9–7）。

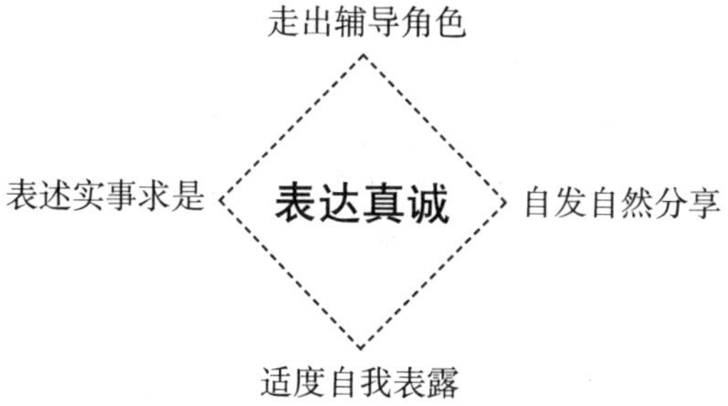

图 9–7　表达真诚

1. 走出辅导角色

不过分强调角色、权威或地位的辅导者，将使来访者觉得其更加真诚，因为这样来访者不会产生仰视感，即不会让来访者产生辅导者是英雄、自己很糟糕的感觉，从而造成过大而不必要的情感距离。

2. 自发自然分享

辅导者在没有刻意或造作的行为情况下自然地表达自己，真诚不是所有的实话全说，不是什么都可随意地、直接地说出来，而是有助于来访者改变、有益于来访者成长的想法才自发自然地分享。

3. 适度自我表露

辅导者通过言语和非言语的途径向来访者说明自己的情况。它可以作为有目的地传递真诚的一个途径。真诚不是自我的发泄，应适度，过多地宣泄自己会产生负面效果。

4. 表述实事求是

辅导者言行、情感要相辅相成，保持一致。如果来访者的言语过激，使辅导者感到不舒服时应承认这种感觉，让来访者获得相应的反馈和认知。辅导者若忽视、压抑，可能使来访者感到困惑，甚至被激惹。

◆ 理论知识点八：表达积极关注

恰当地表达积极关注，关键在于正向（图 9–8）。

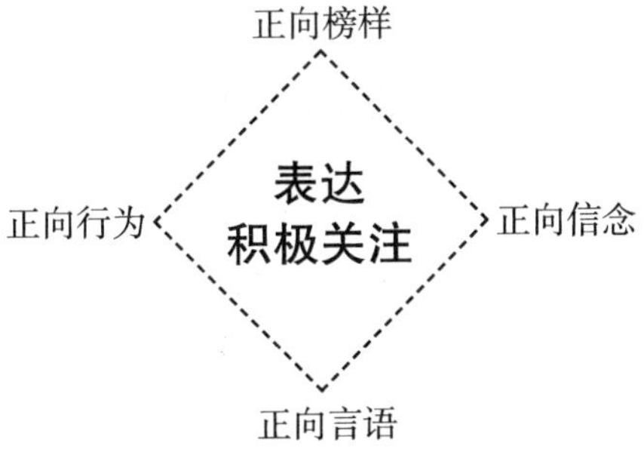

图 9–8　表达积极关注

1. 正向榜样

辅导者应该是一个能够正向关注自我、具有正向生活态度的人，同时是一个能倾听、理解并接受他人的思想和感受的人，让来访者从辅导者身上感受到正向的力量，并感到这个世界上有人能够真正理解自己和关心帮助自己，从而产生心灵共鸣，愿意把自己心灵深处一切所想到和所感到的全部倾诉出来。

2. 正向信念

辅导师在心理辅导工作中要抱有一种信念：来访者是可以改变的，他身上有优点、有潜力，可以通过努力和外界的帮助过上更健康、快乐的生活。辅导者要辩证客观地看待来访者，让来访者学会看到自己的更正向、更客观的形象，从而拥有改变自己的希望和动力。

3. 正向言语

辅导者可通过亲切、关怀的言语来尽力理解、关注来访者的问题，对来访者的行为、情感、想法等采取不评价、不批判的态度，并以事实为基础，既不脱离实际、无中生有，也不过分消极悲观或强化来访者的负性情绪，让来访者感到自己是被辅导者无条件地接纳的。

4. 正向行为

辅导者还可通过完成具体行动，包括遵守辅导时间约定、保留来访者的专用时间不被打扰、坚守保密性原则、直接明确地面对问题进行工作等来表达对来访者的重视和关心，传递辅导者愿意与来访者一起工作的愿望，让来访者开始正视自己、不回避自己所处的问题情境。

◆ **理论知识点九：表达温暖**

恰当地表达温暖，关键在于善意（图 9–9）。

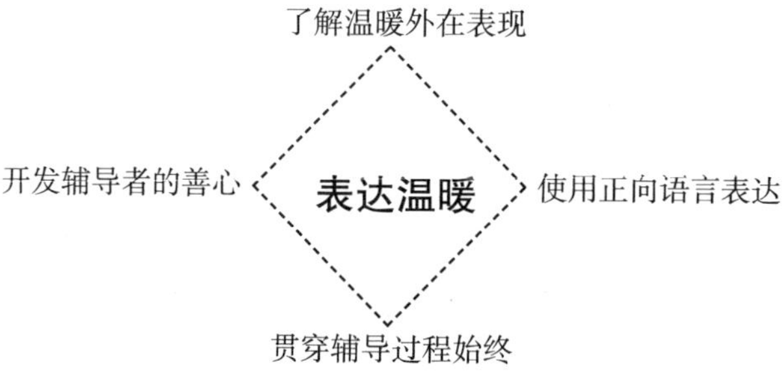

图 9–9　表达温暖

1. 了解温暖外在表现

不少心理辅导大师认为表达温暖主要是通过支持性的非言语行为来实现的，如言语声调、眼睛对视、脸部生动的表情、体态姿势、手势、合适的空间距离以及触摸等。

约翰逊描述了几种表达温暖与冷淡的非言语线索，见表 9–1。

表 9–1　表达温暖与冷淡的非言语线索

非言语线索	温暖	冷淡
语调	柔和	生硬、冷酷无情
面部表情	微笑、有兴趣	面无表情、皱眉、无兴趣
姿势	前倾、放松	向后靠、紧张
目光接触	看着对方的眼睛	避免看对方的眼睛
触摸	轻触对方	避免接触对方
手势	开放、欢迎	封闭、自我保护、拒绝他人
空间距离	近	远

2. 使用正向语言表达

温暖可以通过有选择性的语言反应来传递。一种有效的方法是辅导者通过使用陈述句将来访者的积极面或属性反映出来，正面强化来访者。例如："你今天真的说得非常好。”“你对所处的学习生活管理得这么好，真是太了不起了。”“这个行动方案你执行得很出色。”另一种方法是在辅导过程中觉察到来访者的正向言行时，应立即用正向语言表达出来。

3. 贯穿辅导过程始终

辅导者对来访者表达温暖时应注意将温暖贯穿辅导过程的始终，做好倾听、耐心、细致的循循善诱，不对来访者表达的内容进行批评指责，尤其当辅导遇到阻碍或者来访者出现反复时，更应该不急不躁、不厌其烦，认真、热情地帮助来访者。

4. 开发辅导者的善心

温暖更多地体现在辅导者的态度而不是技能上，很难完全借助实践、练习发展。温暖存在每个人的心里，需要辅导者自己去开发。只有辅导者充满爱心，对来访者充满关切，拥有一颗诚挚的助人之心，才能最大限度地表达出对来访者的温暖。

【课中研习】

◆ 研习一：角色扮演

（1）两人一组，面对面坐。交谈一分钟，一人拿一张纸挡在眼前，彼此无法对视。两人角色互换再做。

讨论：彼此分享这个经验的感受。

（2）两人一组，一人站着，另一人坐着，对视一分钟。一分钟后，两人角色互换再做。

讨论：分享对于刚才这段静默的感受。

（3）两人一组，一人说，另一人关注地倾听。一分钟后，两人角色互换再做。

讨论：彼此分享相互倾听的感受。

◆ 研习二：辩论赛——谁更重要？

在心理辅导过程中和疗效上，辅导者和来访者哪一方更重要？成功的朋辈辅导，即能引发来访同学的思考或达至问题的缓解，谁起主要作用？

1. 辩题

正方：辅导者（心理委员）更重要。

反方：来访者（来访同学）更重要。

2. 辩手分工

双方各选出 4 人，分别为第一辩手（陈述观点），第二、第三辩手（证明与反驳），第四辩手（总结陈词）。

3. 辩论赛开始前，双方进行论据搜索与总结

（1）正方：辅导者（心理委员）更重要。

列举论据在表 9–2 内。

表 9–2　正方：辅导者（心理委员）更重要

角色	定义	责任	态度	做法
心理委员				
来访同学				

（2）反方：来访者（来访同学）更重要。

列举论据在表 9–3 内。

表 9–3　反方：来访者（来访同学）更重要

角色	定义	责任	态度	做法
心理委员				
来访同学				

◆ **研习三：角色扮演**

请阅读下面的对话，从尊重与真诚的态度两方面觉察哪些话具有建立帮助关系的意义。甲为来访同学，乙为心理委员。

甲：我好痛苦啊！我的大物（大学物理）真的学不下去了，我很努力认真听，但就是听不懂，老师人很好，大家都说她讲得很好，但我就是听不懂，感觉很对不起她。

乙：是什么让你这么想的呢?

甲：因为老师人很好，很用心地准备上课内容，我不想辜负她的用心。所以我想学好大物，但是我又学不好大物，我的物理成绩从高二开始就不大好，上了大学，难度加大，我学习物理就更吃力了。

乙：这很令你不安吧。

甲：嗯。现在我每次学物理就会很焦虑，我知道这样的心态不好，但是我不知道怎么办。

乙：你有没有想过找老师交流一下呢?

甲：没有！我怕耽误她时间。

乙：那你觉得接下来该怎么做呢？

甲：（陷入沉思）

乙：心中有答案了吗？

甲：谢谢你！这么耐心听我说，我想我大致知道该怎么做了。

◆ 研习四：关于尊重的案例分析

请阅读朋辈辅导员与来访同学的对话，并根据“帮助关系中的尊重原则”分别对下面五位朋辈辅导员的回应进行点评。

来访同学：我觉得人生很空虚……我常常在想，每天劳碌奔波为了什么。

朋辈辅导员：

（1）我不高兴你用一种灰色的调子来描述自己，你如今已是大学生，前途一片光明，我想你该知足了。

点评：

（2）人生不如意事十之八九，若你天天告诉自己空虚，我想你会越来越觉得空虚与难受的。

点评：

（3）其实每个人如果要生活，就必定要学习，要工作，我希望你不要埋怨……事实上你现在的状况够好的了，想想那些打工的人，你就会感到庆幸了。

点评：

（4）想不到你年纪轻轻，思想竟然如此消极，实在太不应该了。

点评：

（5）你觉得人生没有意思，很无聊，同时你也在不断探索生命的意义。

点评：

◆ 研习五：关于真诚的案例分析

请阅读朋辈辅导员与来访同学的对话，并根据“帮助关系中的真诚原则”分别对下面七位朋辈辅导员的回应进行点评。

来访同学：上次沟通当时觉得还行，但回去没试，还是老样子，你会不会很生我的气？

朋辈辅导员：

（1）我怎么会跟你生气呢，不会的。

点评：

（2）是的，我能不生气吗？！

点评：

（3）你说呢？

点评：

（4）要是你，你会不生气吗？

点评：

（5）没什么，现在我们还是来看看今天要谈的问题吧。

点评：

（6）我是有点生气，你上次不是答应得好好的吗？

点评：

（7）我希望你能认真做那些作业，你没完成我感到有些失望。

点评：

◆ **研习六：小组讨论**

如何让一个问题有力量？说话是一门艺术，语言是一种修行。在心理帮助时需要学习词语的选择，尽量规避使用“为什么—因为”模式，应使用“是什么—如何”模式。

练习上述两种语言模式，发现差异，找到意义。

【课后实践】

（1）面向同学/朋友，练习建立帮助关系。

（2）作为朋辈辅导员，请用尊重与真诚的态度对下列情境进行回应，并写出思考与感受。

①你想对来访同学表示尊重，可来访同学却不信任你，甚至说话不礼貌，比如：来访同学说“我看你没有什么经验，还是换个水平高的吧”，或“你长得像我最讨厌的那个人，我看到你就不舒服”，你该如何回应？

②尽管你努力想使自己尊重来访同学，可对方身上的某些东西还是让你无法控制对其不快，此时你该怎么办？

③当来访同学问：“你认为我这个人是否很自私？”而你从心底里也认为他是自私的，此时你是否该真诚地表达自己的感觉？你认为怎样表达比较恰当？

【理论解析】

◆ **研习一：角色扮演**

帮助关系最重要的特征就是平等对话。我们在和他人交流沟通时要像父母与自己孩子说话时一样蹲下来，在同一个视角、同一个层级、同一个世界里，就能看到、听到他/她想要表达的东西。

要说明这一点，可以分享一个小故事加深理解。

记得在广州一次以春节花市为主题的幼儿绘画比赛中，大多数参赛作品是画花市景象，画各种各样的花，而获得一等奖的作品却让人耳目一新，只见画里没有花，只有各种人的腿脚。为什么？因为孩子个子矮小，跟随父母去花市，只能看到周围人的腿，各种颜色的裤子，透过这画面我们能感受到一个热闹非凡的花市。站在孩子的角度去看参赛作品，就能感悟到孩子眼中的花市印象，这就是获得一等奖的理由。

平等对话的意义就在此，心理辅导是一个高智慧的工作，不是简单的日常聊天，而是在建立有效的帮助关系下的专业对话。

◆ **研习二：辩论赛——谁更重要？**

辩论赛意味着什么，辩论的目的是什么？

辩论赛是明确帮助关系中辅导者和来访者到底谁更重要。其实辩题中最关键的词——“更”，表明双方都很重要，缺谁都不合适。我们讲关系，缺一方就不叫关系。但在这里面比较一下，这两个人谁更起作用。我们的目标是什么？是一个人的行为，让另一个人的目标发生了一些改变，做了一些改善。这叫作成功的辅导。

谁更重要？让我们先试着体验下面的游戏动作：

“举起您的右手；

“伸出您的食指；

“眼睛盯住食指尖；

“按顺时针方向画圈，从上到下。”

大家试试看，你的眼神一定跟着自己的手指头，如此转一圈。

其中，手指头是来访者，眼神就是你——辅导者，请记住这个动作的整个过程，相信你会记得很清晰。谁是主角？首先两者都很重要，但是谁更重要？眼神可以随便转动吗？不行！因为手指和眼神各自在转动，就不是一体的行动，其实在这一过程中手指是主角，它怎么走眼神就跟着怎么走，这个过程就是一个辅导过程的形象化呈现。

如果来访者和辅导者之间没共鸣那就是无效的；如果有共鸣，来访者没有行动，也是无效的，有效的帮助关系是成功辅导的关键条件。如何建设有效的帮助关系？在刚才的游戏动作过程里，我们看到辅导者在心理辅导中，若去给来访者做分析，告知来访者应做什么改善，那么给出的任何建议都叫先入为主，或称为好为人师。事实上，在有效的帮助关系中，很重要的是来访者自觉地表达的内容和之后想要改善的动力和行动力，为此如果有同学找你想谈一件挺烦恼的事，你意识到同学没有意识到的问题，这时候你就需要清晰地告诉自己不要过界，一旦过界，那这次谈话可能就失效了。因为同学自己没有认识到的话，就依然会感到烦恼。

在帮助关系中，辅导者和来访者双方都很重要，缺一不可，主位是来访者，次位是辅导者。

◆ 研习三：角色扮演

辅导者对来访者的基本信念。

（1）相信来访者是个有价值、有很大潜能的人。

（2）相信来访者是愿意上进的，愿意变好的，愿意被人喜欢、接纳的。

（3）相信来访者是可以改变的。

（4）相信来访者是可以自我控制、自我调整的。

（5）相信来访者是愿意为自己的行为负责任的。

上述就是建立良好帮助关系的心理态度。

◆ 研习四：关于尊重的案例分析

点评：

（1）居高临下的规劝口吻。尊重意味着彼此平等，无论身份、观念、立场，承认每个个体在任何方面都是不同的。

（2）空谈道理的教育口吻。尊重意味着接纳来访者，认识到每个个体的人生过程都是一个复杂的奋斗、思考和感受的过程。

（3）无力说教的安慰口吻。尊重意味着理解和保护个体的人格与潜能。

（4）没有边界的批评口吻。尊重意味着无条件接纳，相信来访者有解决心理问题、改变自我的主观愿望和努力。

（5）合理回应的尊重口吻。尊重意味着完整接纳，信任对方。

◆ 研习五：关于真诚的案例分析

点评：

（1）掩饰的回应，易使来访者下次也不会开诚布公。真诚不是回避问题，不能说假话。

（2）虽实话实说，但属自我发泄，不尊重人。真诚不是有意地自我发泄。

（3）有风险，这与问话的语气、态度等很有关系，容易让来访者无言以对。真诚不应有责问之意。

（4）虽没正面回答，但话中包含了生气的成分。真诚不等于简单说实话。

（5）回避，求助者会觉得辅导师并不真关心自己的问题，他为什么不问我不交作业的理由呢？真诚不是在扮演角色或例行公事。

（6）真诚的，但带有批评的口吻。真诚就是实事求是。

（7）真诚的，友好的，有分寸的。真诚就是有关心对方的愿望。

◆ **研习六：小组讨论**

如何让一个问题有力量？词语的选择就是你对世界的选择。这里介绍两种模式：

一种是“为什么—因为”模式——相对不太合理的模式，如常说的“为什么呀”。“为什么”这个词常常带有指责、不公、不平等语气，当你提出“为什么”，对方就会辩解，其实潜台词是不想再和你继续沟通；在沟通当中用“因为”这个词，常常是一种解释，这种解释是带着不友好情绪的。当你的“为什么”换来他的“因为……”的时候，两个人的沟通就差不多要结束了。因此，“为什么—因为”模式缩小了两人交谈的范围，慢慢地关上了沟通的大门。

另一种是“是什么—如何”——值得推荐的一个合理模式。在一个过程当中遇到困境的时候、遇到问题的时候，不说“为什么”，而说“是什么”让这件事才会变成这个样子的。这个“是什么”，首先不会让问题漫无边际，能直接指向问题，能聚焦，让人能很清晰地、快速地找到问题的根本。然后我们讨论“如何”做好这件事情——这个问题到底有一个什么样的架构？如何重新看待这件事？该如何准备？你又打算如何？因此，“是什么—如何”模式将带你找到问题的解决方式，也会扩展你健康的人际沟通。这种语境模式下，我们能获得一个很重要的心理感受：被看见、被懂得。

第十章　倾听回应：同理与对话

当我们会心地听他人谈话时，实际上就是在真正地与他人沟通。这就是说，应该通过倾听对方的观点来理解他 / 她想表达的思想和态度，体会他 / 她的感受，并根据他 / 她的谈话内容了解其观点。

被人真心地倾听是一件特殊的礼物。在辅导关系中辅导师必须根据来访者言语及非言语的变化，随时调整自己的语言与非语言行为，以同样的脚步跟随来访者，如此才能反映出辅导者的专注与倾听。

【课前思考】

1. 你认为听与倾听有什么区别？

★ 我以为听就是听见声音，没有内容；倾听不仅听见声音，还听到内容。

★ 听就是用耳朵接受声音，倾听是用心接受。

★ 我觉得听更多是无意的、片段的、被动的，倾听却是有意的、有计划的、主动的。

★ 听有时是“左耳进右耳出”，倾听的形式表现为专注，就是全身心投入。

★ 听就是不用心，甚至不尊重，有些人用呆滞的眼神看着你，一心只想着自己待会要说什么，根本听不进你说的话；还有些人一边敷衍地点头认同你说的话，一边神游；更有甚者在听他人说到一半时，突然打断，然后开始谈论自己感兴趣的话题，让人想说的话不上不下卡在喉咙里……

而倾听的本质大概是告诉对方："嘿，我就在这里，我在努力理解你，也愿意陪伴你，我希望你知道，芸芸众生之中，你不是孤零零的一个人。"倾听为什么重要呢？因为倾听是肯定他人的存在。这世间只要有一人能够倾听也愿意倾听我，生命便有了意义。

2. 在日常生活中，你是听得多，还是说得多呢？你更愿意倾听还是倾诉？

★ 我愿意倾听，我是我朋友的"烦恼垃圾桶"。

★ 以前是倾听者，现在我的烦恼也越来越多，我对周遭世界有了更多自己的解读，特别想当个倾诉者。

★ 同样多。乐于倾诉，说明我善于与人交往，愿意表达自己的情感，愿意同他人分享苦乐。同时，我愿意倾听他人的感受，愿意倾听他人对我的建议、评价。

★ 其实我比较愿意倾听，我身边有很多朋友会在比较安静或不太容易被人注意到的地方跟我聊天，其实就是她们说我听着。她们跟我说的不过就是学校里某几个小团体怎么样，家里人又闹别扭了怎么样或者又胖了又瘦了怎么样。我很愿意听别人抱怨琐事或者倾诉委屈。我觉得当朋友特别生气或特别开心或特别伤心地跟我讲述一件事时，展现出来的是她们对我的依赖和信任。其实朋友对你倾诉的时候自己也是一种放松呢。

★ 都想吧，倾诉代表你有相信的人，倾听代表有人相信你。

★ 倾听吧。以前更喜欢倾诉，但是后来发现自己分享的东西，对方并不会感同身受。你只有学会倾听才是好的。

★ 我在听的时候会适时地表达。

3. 对你来说：倾听中最难的是什么？

★ 倾听中最难控制的是自己的情绪，如果控制不好情绪，就会与倾诉者抢话，从而影响其宣泄，对方如果有点自卑，那么会加剧他的自卑，也就不能放松地与人交流了。因此，为了让对方更加放松，倾听者最好控制好自己的情绪，让对方把话说完，这样也有利于倾听者更加全面地了解对方的想法，同时也减轻了对方的紧张与焦虑。

★ 不被倾听的对话对于倾诉者来说是一件特别心塞的事情。为什么现在那么多人无法认真听完别人讲完一件事情？除了话不投机以外，可能是现代社会的人都处于快节奏里，没有时间也就没有耐心去听人倾诉。

★ 我总是那种耐心听完他人讲话的人，但无论我多么有耐心地听完，可轮到我讲的时候还是会被对方不断打断，难道一个人的倾诉欲就真的那么难控制吗？

★ 倾听不佳有三个表现：一是很难听倾诉者讲完话，总想或不自觉地插话；二是很难理解倾诉者到底要表达什么意思，结果常常让对方怀疑自己是否在敷衍；三是漫不经心地、片段式地听，让倾诉者草草收场或不说了，因为感觉听者不是自己的沟通对象。

★ 倾听看似简单，却是一件难以做到的事情，因为我们都习惯于敷衍、否定、评论、提建议等“不听”的行为。

4. 对你来说，倾听回应时最难的是什么？

★ 倾听回应中最尴尬的是，有一次跟我的一个朋友散步谈话时，我说了我最近的一些事，她回应得少，要么浅浅问一句，要么转换话题开始说她自己的事。当时我心里很难受，感到自己的感受没被看见和关心，我真的不喜欢这种感觉，关键是我一直在做到认真倾听他人、回应他人，人难道不是相互的吗？可是他们没有在乎和回应我的感受。不只这个朋友，同学、室友都是只管说，不会回应。

★ 别人说什么我不知怎么回应，原因是自己内向自卑。别人和我说话的时候我会紧张，不敢袒露内心真实的想法，怕对方不喜欢，想维持自己正面的形象，又不能说谎，简单说就是害怕真实的自我不被他人接受。

★ 说多错多，害怕触及对方的雷区，不好作答，只能沉默；插不上话，只能赔笑；无存在感，只能当空气。

★ 对倾诉者的话题不感兴趣，常常会敷衍了事地听，懒得回应；有时是被迫听，如果对方一直“倒垃圾”会让人很烦，想要赶紧跑开。

★ 我反应迟钝，理解能力不够，不能理解对方表述的关键点，不知道怎么回应。

【主题分享】

◆ **理论知识点一：倾听的内涵**

1. “听”与“倾听”的区别

“听”与“倾听”虽有一字之差，但含义大有不同，下面通过比较，可以加深对“倾听”内涵的理解（图 10-1）。

图 10-1　听与倾听的区别

（1）身体上，单纯的“听”常常只是用耳朵在听；“倾听”是“倾身而听”，看着对方的眼睛，上半身往前倾，身体呈开放状态（双手可放置于身体两侧，不要环抱胸前），适时点头，表情有变化（与内容相关的适度表达，温和有度），并在关键处出声附和，如“嗯”“是的”等，以态度与言词表现出自己正在听。

（2）方式上，“听”是被动地听，只听一部分、碎片式的信息；“倾听”是“倾心而听”，用心去倾听完整的信息，去体会对方的感受。也可以说“倾听”是“主动地听、积极地听”。

（3）内容上，“听”只是单纯地去听对方的话，是一种“听见”，不需要思考；倾听，绝不是简单意义上的“听见”，更多的是一种“听到”，是一种有效的思维习惯（《现代汉语词典》将倾听定义为，凭助听觉器官接受言语信息，进而通过思维活动达到认知、理解的全过程）。

（4）态度上，“听”或“听见”的态度是随意的，有时只听到声音；倾听时的态度是尊重的、真诚的、中立的，不仅需要听其“音”，而且要听其义，尊重说话者的价值观，中立地不随意评价。

2. 真正的倾听

倾听是接受语言和非语言信息，确定其含义并对此进行反应的过程。倾听属于有效沟通的核心技能。

“听”的繁体字——“聽”，真正体现“听”的真谛，诠释“真正的倾听”之内涵，图 10-2 尝试把“听”的繁体字组成部件进行拆解分析。

图 10-2 《说文解字》——听

《说文解字》里是这样阐述"听"的繁体字的：它由"耳、壬、十四、一心"四部分会意而成。

（1）耳，侧耳而听。繁体"听"字左侧上部为"耳"，意味着"听"的第一感官是耳朵，即首先是用耳朵来听，侧耳而听是用耳朵靠近或朝向声音处再细听。

（2）壬，倾身而听。繁体"听"字左侧下部为"壬"，"壬"是指人直立的样子，意味着"听"的外在映现是身体姿态，倾身而听是身体显现出听的工作态。

（3）十四，侧目而听。繁体"听"字右侧上部为"十四"，"四"即"目"，意味着"听"的加强感官是眼睛，延伸为注视和关注，古语"十"为多、全部，侧目而听即全神贯注地听。

（4）一心，倾心而听。繁体"听"字右侧下部为"一心"，意味着"听"的内在是理性思考，倾心而听是一心一意地、专心地、用心地、理解地听。

因此，倾听不仅要用耳朵来听诉说者的言辞，而且需要一个人全身心地去感受对方在谈话过程中所表达的言语信息和非言语信息。

狭义的倾听是指凭借听觉器官接收言语信息，进而通过思维活动达到认知、理解的全过程；广义的倾听包括文字交流等方式。

◆ 理论知识点二：善于倾听的意义

苏格拉底曾说："上帝赋予我们人类一张嘴、两只耳朵，也就是让我们多听少说。"生活中，我们随时都会成为倾听和倾诉的对象，懂得且善于倾听是心智成熟的人的基本素养（图 10-3）。

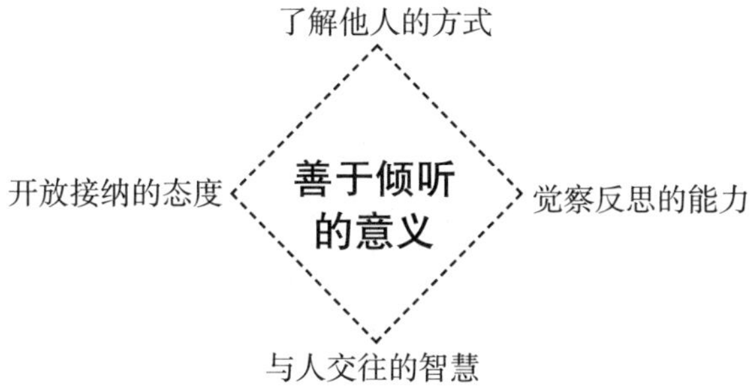

图 10-3　善于倾听的意义

1. 了解他人的方式

善于倾听是一种了解他人的方式，是洞察人心的手段，可以增加对他人的了解，容易深入沟通和交流。

2. 觉察反思的能力

善于倾听是一种觉察反思的能力，是获取优秀经验的机会，可以更高效地做好事情，容易提升认知和实践。

3. 与人交往的智慧

善于倾听是一种与人交往的智慧，是建立情感关系的桥梁，能使对方感觉受到尊重，容易获得友谊和信任。

4. 开放接纳的态度

善于倾听是一种开放接纳的态度，是探索内在生命的路径，以获得高自我价值感。

◆ **理论知识点三：听的层次**

依据倾听的态度和有效性，人们听的层次由低到高有五个层次（图 10-4）。

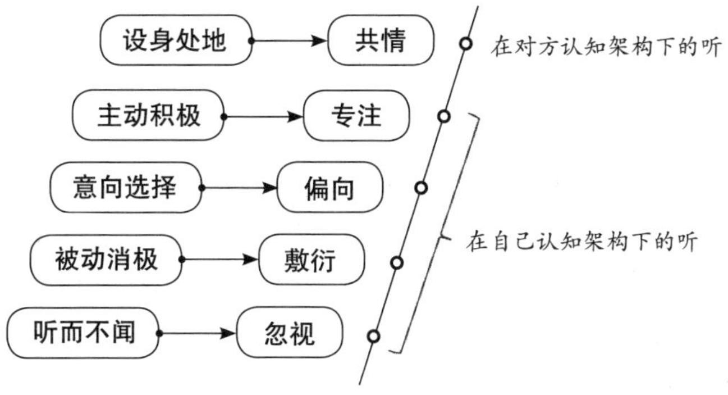

图 10-4　听的层次

1. 听的五个层次

第一层次，听而不闻。

这一层次的听者持一种忽视对方的态度，心不在焉，听声未听音，只听到了声音，但是说话者所说的话完全没有听进心里，或只沉迷在自己的世界，心里想着自己的事情，或心里只是想着如何辩驳对方。这一层次只是物理行为上的“听”，听力正常的人都能做到这一点，所以不能称为“倾听”。

第二层次，被动消极。

这一层次的听者持一种敷衍的态度，可能出于对说者的礼貌或被要求听，虽然在听，但是左耳进，右耳出。只做出了倾听的样子，嘴里敷衍着，通过点头示意来表示在听，但最终对方到底说了什么，根本不得要领。这些往往会导致说者误以为听者听懂了。这一层次只是身体语言假装在听，不能称为“倾听”。

第三层次，意向选择。

这一层次的听者持一种偏向的态度，确实有在听对方说话，也尝试去了解对方，但是根据自己的印象与好恶，只留心听自己感兴趣的部分，那些与自己观点不一致或者自己不太感兴趣的部分，就会自动忽略掉，为此可能漏掉一些至关重要的信息。这一层次只是依自我意愿选择来听，也不能称为“倾听”。

第四层次，主动积极。

这一层次的听者持一种专注的态度，能够全情投入，投入很多的精力，放下自己手头的事情，保持高度的注意力，全心全意地凝神在听对方所说的话，专心地注意对方的一举一动。不过听者是从自己的角度出发，所理解的、所反馈的可能很难引起对方的共鸣。这一层次是正向关注积极反馈的听，称为“倾听”。

第五层次，设身处地。

这一层次的听者持一种共情的态度，能够放下自己的观点、站在他人的角度去听，为了更多、更好地了解对方的观念和感受，而不是给予反应、建议或指导，让说者感受到被尊重、被接纳。这一层次是懂得与共鸣的听，是最高层次的倾听，是心理辅导者应具备的能力。

2. 关于倾听层次的说明

（1）不同层次所占比例不同。第一层次至第三层次的听，都不是倾听，在人群中有 70% ~ 80% 的人处于这三个层次；15% ~ 25% 的人能够做到第四层次的倾听，达到第五层次水平的倾听至多只有 5% 的人能做到。

（2）不同层次的参照系不同。从第一层次至第四层次，是在自己认知架构下的听，双方很难产生心理共鸣，层次越低人际交流受到的影响越大；第五层次是在对方认知架构下的听，双方易产生共鸣和对话。

◆ **理论知识点四：影响有效倾听的心理干扰**

倾听效果是否有效，除了光线、噪声等外在环境干扰和口语与体语不符、口语或方言运用不当等技巧技能干扰外，主要受到人们心理状态的干扰（图 10–5）。

图 10–5　影响有效倾听的心理干扰

1. 紧张焦虑的情绪

紧张焦虑的情绪会影响人们倾听方式的表现。当一个人过度紧张焦虑难以集中注意力在声音或者对话上时，会影响信息的接收，也会干扰大脑的信息处理能力。

2. 先入为主的想法

先入为主的想法会影响人们倾听内容的呈现。先入为主的想法也称为定式，是大脑中的“噪声”，比较容易拒绝听他人所说的话，或扭曲他人说话的内容。

3. 差异冲突的经历

差异冲突的经历会影响人们倾听思维的展现。不同的过往生活经历带来不同的生活方式，听者与说者对相同信息的理解力，对于交流中的信息会有很大的理解差异。

4. 压抑封闭的内心

压抑封闭的内心会影响人们倾听关系的凸现。内心压抑封闭常常固守自认为正确的理想和价值观，很难听取与自己矛盾冲突的观念，容易对相互关系起疑。

◆ **理论知识点五：五种倾听回应方式**

倾听就是了解他人的想法、需要和请求，再给予回应。回应是对他人所表达的信息做出回答、回复及相应的表示。回应是对他人的尊重，是负责任的表现。生活中常见的倾听回应有五种，如图 10-6 所示。

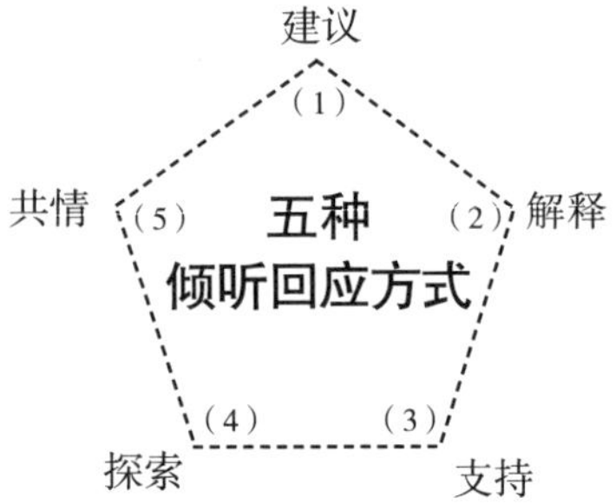

图 10-6　五种倾听回应方式

1. 建议

建议是想要判断对方说话正确与否，或者恰当与否；表示回答的人想要暗示说话者应该或可能怎么做。

2. 解释

解释是想要教导，告诉他人问题的症结何在，告诉他应该怎样想，应该想什么，告诉他人事情的真相和构成问题的原因，等等。

3. 支持

支持是要安慰对方，疏通与化解问题，以减轻对方的感受强度，像是说“没什么啦，每个人都有这种感觉”或“放心好了，总有办法的”。

4. 探索

探索是想要获取进一步的资料，顺着某一方面发出的问题，要说话的人在这点上多谈谈；想要知道某些还没有说出来的事。

5. 共情

共情是要查证自己了解得正不正确，可以针对事实也可以针对感受而发，看看自己听得对不对。不一定是说“我懂了”，而是回答说“我了解的是……，是不是这样的”。

示例：

来访同学：不知道为什么，就是提不起精神来。

朋辈辅导员：

回应一：打起精神，努力一点就没事。

回应二：是天气的关系吧……也可能星期五都会这样……

回应三：大家都会，没事啦，我也是……

回应四：是不是生病了？

回应五：你不知道为什么提不起精神喔……

分析：回应一为建议；回应二为解释；回应三为支持；回应四为探索；回应五为共情。

◆ **理论知识点六：解读同理心**

小说《杀死一只知更鸟》中有一句话说："你永远也不可能真正了解一个人，除非你穿上他的鞋子走来走去。"这便是同理心。本小节将从同理心的定义、意义、表达和水平四个方面进行简述（图 10-7）。

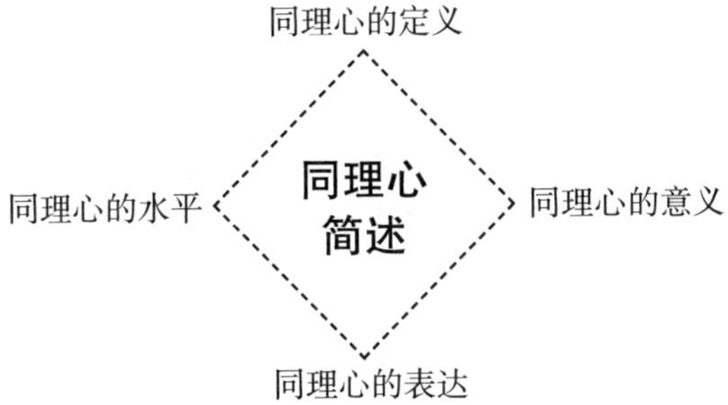

图 10-7　同理心简述

1. 同理心的定义

同理心是理解与响应他人经验的能力。同理心就是情感对焦、思想并轨，就是"通电"。

（1）同理心的立足点，即同理心的核心就是在心理辅导中站在他人的立场来思考与对话（图 10-8）。

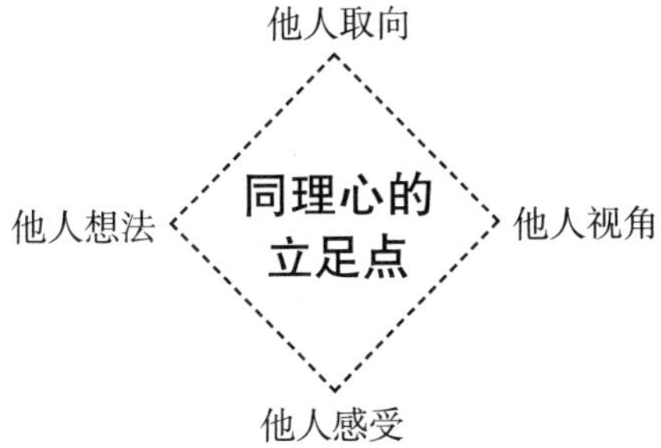

图 10-8　同理心的立足点

① 同理心是一种他人取向，而不是“我”的取向。以来访者为主角，暂时忘记自己，进入对方的思想或感情，主语是“你”，常用开场白是“你觉得……”。

② 同理心是一种他人视角，而不是“我”的视角。采用来访者观点来看问题，终止自己的个人评判，将自己的意见放到一边，同时试着了解对方。

③ 同理心是一种他人感受，而不是“我”的感受。跟着来访者的感觉走，好像是穿着他人的鞋子走一走，体会对方的恐惧、喜乐、伤心等感觉。

④ 同理心是一种他人想法，而不是“我”的想法。从来访者的角度来观察世界、体悟世界及形成的个人观点，了解对方感觉背后的内在世界。

（2）同理心的落脚点，即同理心的目标就是让来访者从内心真正感到被接纳、被疗愈（图 10–9）。

图 10–9　同理心的落脚点

被关注、被理解。辅导者专心倾听，并用自己的语言把对来访者的感受、想法、行为的了解表达出来，让来访者知道辅导者对他有所了解，感受到自己被关注，产生信任感；感受到自己被理解，产生温暖感。

被懂得、被引领。辅导者真诚地走进来访者的世界，并从来访者所呈现的感受和想法里，说出隐藏的含义和内心期待，让来访者感受到内心被懂得，获得领悟感；体悟到生命被引领，获得信念感。

示例

来访同学：这条路好黑哦，我不敢走过去。

辅导者回应一：又没有鬼，有什么好怕的！

点评：可能是事实，但是没有同理心，也没有帮助的行动。

辅导者回应二：这条路一盏灯都没有，确实让人很害怕，不过我对这里的环境挺熟悉的，知道治安还不错，不然我陪你走过去，好吗？

点评：既表达了同理心，又提供了有用的信息和具体的协助。

2. 同理心的意义

根据同理心的含义，解读展示同理心在心理辅导过程中的意义，具体可分为四点，如图 10–10 所示。

图 10–10　同理心的意义

（1）关怀：协助看见自己。同理心的关怀模式，有助于辅导者更好地进入来访者的内心世界，了解来访者的想法、感受与困顿，了解来访者的内在参考架构，并与来访者一同学习、讨论有效的生活经验，协助来访者看见自己。

（2）映照：协助看见困扰。同理心的映照模式，有助于辅导者在建立良好的帮助关系后，更深入地体察来访者困扰背后所隐含的感受和想法、态度，并表达出来让来访者尝试面对和探索问题，协助来访者看见困扰。

（3）共鸣：协助看见此在。同理心的共鸣模式，有助于辅导者放下自己的立场，真诚且中立地接纳、理解来访者有不同的经验和感受，并传达给来访者，来访者也能觉知辅导者的理解与共情，协助来访者看见此在。

（4）互动：协助看见改变。同理心的互动模式，有助于辅导者更靠近来访者的内在世界，以来访者过往的或现在的经验进行对话与回应，努力与来访者在言语和观念上保持同频，重整自我经验与感受，协助来访者看见改变。

3. 同理心的表达

展示同理心是一种能力和态度，但过犹不及的展示不是可取之法，适度才是正道。同理心的表达主要有四种，如图 10–11 所示。

图 10-11　同理心的表达

（1）缺乏同理心。缺乏同理心的人，无法对他人合理表达关怀、理解，或常以自我为中心待人，这些容易引发人际关系紧张或冲突。具体表现有：直接地指导和引导；简单地判断和评价；空洞地说教和劝诫；虚弱地安慰和保证；盲目地贴标签和判断；过度地解读和思考；不适地反应和接纳。

（2）随时同理心。随时同理心的人，即时时处处、随时随地展示同理心，属于同理心泛滥现象，意味着个体的生命里一切只有他人，一切为了他人，而一个心中只有他人、没有自我的人在现实中不可能存在，也是违背人性的。其实展示同理心只是暂时放下自己的立场，进入无我的状态。

（3）沉浸同理心。沉浸同理心的人，很容易沉浸在他人的负向情绪中，为他人承担额外的悲伤，难以自拔而精疲力竭，这种习惯性的过于投入，容易让人倍感疲惫、无所适从，甚至给自己的身心造成创伤，明显影响人们的生活。实质上展示同理心就是走进他人世界、感受他人的感受而已。

（4）适度同理心。适度同理心的人在面对一定的问题情境如冲突处理、问题解决、协议达成等时，会适时适度展示同理心，容易设身处地、感同身受地体会他人的想法和情绪，帮助其更好地适应且融入社会。因此，同理心的运用不是随时随地的。

4. 同理心的水平

同理心的水平即同理心的层次，有五个层面（图 10-12）。

图 10-12　同理心的水平（层次）

第一层次：辅导者漠视内容和感受，对来访者的感受和表达的内容都没有关照到，顾左右而言他。

第二层次：辅导者回应来访者表达的内容，但对感受视而不见；辅导者回应了来访者的感受，但忽略了表述的内容。

第三层次：辅导者对来访者陈述的内容及感受进行回应，使来访者觉察到内在更深的情绪，促进来访者自我觉察。

第四层次：辅导者完全了解来访者表达的内容和感受，并对其内容背后隐藏的信息（包括内心的渴望、心理创伤）进行探索，适度地将对来访者外在和内在反映的了解传达给来访者。

第五层次：辅导者在充分理解来访者表达的内容和感受的前提下，更深入地挖掘其隐藏信息背后的信念或意义，指明来访者陈述中所隐含的目标，而运用这个目标作为来访者成长的方向，或铺陈来访者未来行动的道路。

示例：

来访者（刚入学的大一学生）：我一想到要搬进学校宿舍就害怕，我住在家里还有家人照顾，但现在我一个人也不认识，我很害怕会变成孤单一个人。

辅导者：

回应一：这是小事情。你很快就会交到新朋友，上大学就是要住校的。

回应二：许多刚入校的大一学生在入学之前跟你有一样的担心，但是只要决定来上学的学生都会渡过这一难关的。

回应三：听起来你对要住宿舍很担心，害怕自己会孤单而失落，而希望能和关心你的人在一起。

回应四：你一想到要离开家就很担心，因为你舍不得离开家和家人，虽然你心里明白上大学是要住宿舍的，但你还是不太确定住宿舍会不会有麻烦，舍友好不好相处。

回应五：听起来你对要住宿舍这件事很矛盾，一方面你很担心，害怕自己会孤单而失落，而希望能和关心你的人在一起；另一方面想要住进去，因为这是入学要面对的事，似乎在想办法面对。

点评：回应一为第一层次；回应二为第二层次；回应三为第四层次；回应四为第三层次；回应五为第五层次。

◆ **理论知识点八：同理心倾听与回应**

倾听的第五层次即同理心倾听，同理心倾听是倾听的最高层次，下面从同理心倾听的定义、原则、步骤和表达四个方面进行阐述（图 10–13）。

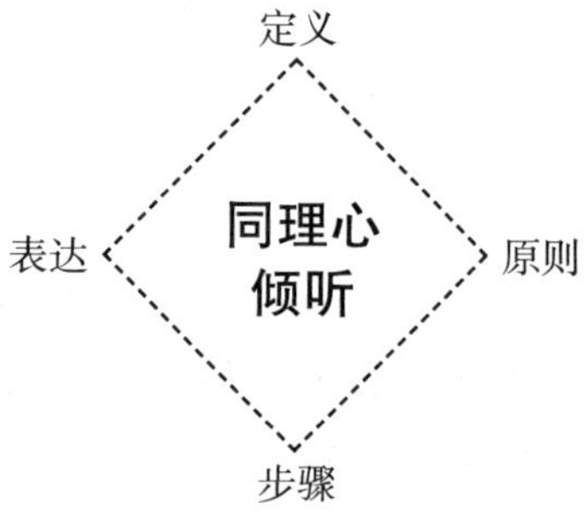

图 10–13　同理心倾听

1. 定义

依照同理心的含义可知，同理心倾听就是不带任何成见和立场去倾听他人的看法，即站在他人立场倾听。同理心倾听包括四部分，即对方角度、专心倾听、辨识情绪、理解内容，如图 10–14 所示。

图 10-14　同理心倾听定义

（1）对方角度。辅导者放下自己的评断、建议、抱怨、指责，无条件地接纳来访者，深入了解其需求，并表达尊重与理解。

（2）专心倾听。辅导者用自己的耳朵、眼睛和心，全然投入地倾听，即“放空”地倾听，让来访者感到被尊重。

（3）辨识情绪。辅导者尽力倾听且辨识来访者的情绪，感同身受，并反馈其情绪让来访者感到欣慰。

（4）理解内容。辅导者尽力理解来访者说话的含义。只有先倾听才有可能去理解，做对方最忠实的翻译者：“你的意思是……，是吗？”

2. 原则

同理心倾听的“十字原则”，即先处理情绪，后处理事件，如图 10-15 所示。

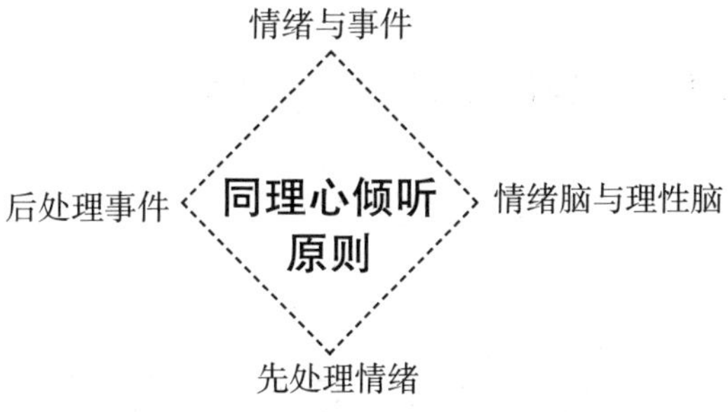

图 10-15　同理心倾听原则

（1）情绪与事件。情绪和事件是两个完全不同的概念。情绪是指人对客观事物的态度体验以及相应的行为反应，具体表现为此时此刻的感受，如愤怒、委屈等。事件是事物的实际情形，是人类所作所为及自然界的一切现象或活动，是处世的道理及人情世故，即每件当下发生的具体的事。

其实在生活中，许多时候人们发现情绪和事情常常交织在一起。所以，当一个人的情绪没有处理好时，关于他的事情也常常处理不好。

（2）情绪脑与理性脑。情绪脑和理性脑都是人脑中具体的生理结构，边缘系统负责喜、怒、哀、乐等基本情绪的产生，是情绪脑，是人类的情绪情感中心；大脑的前额叶负责感知、认识、理解、思考、推理等，是理性脑，是人类的思维逻辑中心。

大脑活动规律表明，对于一件事情，通常是情绪脑先于理性脑做出反应，同时情绪脑的能量远强于理性脑，于是能够进行理性思考的部分脑区便失灵了。所以当有情绪的时候，我们往往是无法好好思考的，容易“气昏了头”，意气用事，使事情变得一团糟。

（3）先处理情绪。来访者若一直沉浸在负向情绪中，易引发情绪化，将关注点聚焦在细枝末节，远离问题的核心，或放大问题的严重性，对事情的分析与判断出现偏差，常常做出非理性的决定。也就是说，理性思考被负向情绪困住了。

先处理情绪，就是觉察情绪、接纳情绪、理解情绪，给情绪找到一个流动的出口，促使理性脑尽快恢复正常工作状态。

（4）后处理事件。当情绪得到宣泄和处理后，来访者会逐渐恢复冷静，理性脑也就开始工作了，恢复处理事情的能力。

后处理事件，这时可以问问自己，是什么让自己陷入困境？我现在可以为自己做些什么？

3. 步骤

同理心倾听的四个步骤包括放下立场、倾听感受、体悟内容、理解意图，如图 10–16 所示。

图 10–16　同理心倾听步骤

（1）放下立场。辅导者放下自己的视角与立场，呈现来访者本人主观视角中的内容，其中包括情绪、认知、意图、愿望。

（2）倾听感受。辅导者协助来访者觉察情绪、表达情绪、处理情绪。

（3）体悟内容。辅导者与来访者站在同一位置，看向同一角度，走进来访者的经验世界。

（4）理解意图。辅导者在一定程度上，尝试说出不明确的内容，即来访者尚未清晰或完整地意识到的隐含情绪和意图，以及尚未说出来的愿望。

4. 表达

（1）试探式的开场：同理心倾听的起始语

你觉得……

你是说……

听起来……

如果我没听错的话……

好像你觉得……

我听到好像……

我是不是听到你在说……

你是不是觉得……

我不太确定我真的了解你的感觉，你的意思是不是说……

我没有把握我真的抓到了你的感受，你是不是觉得……

我刚听到你觉得……

这是不是你的感觉……

如果我没听错的话，你说……

听起来你好像告诉我说……

所以，以你的立场而言……

你的意思是不是……

（2）表达公式："情绪 + 事件"

同理心的表达包括两层意思：用自己的话将对方的感觉说出来，再将对方的想法 / 事件说出来。其中有两种常见表达方式：①你觉得……（情绪），因为……（事件）；②……（事件）让你感觉到……（情绪）。

（3）示例

A 为来访同学，B 为心理委员。

示例一

A：不知道为什么，就是提不起精神来。

B：你说你不知道是什么让自己提不起精神来，感到有些迷茫。

示例二

A：我是大学新生。这是我第一次离开家。在中学时我过得很好，有不少很好的朋友，我不知道大学会怎么样。

B：你是说你喜欢以前的生活和朋友，现在你离开家庭，不知道在大学里会怎么样，似乎有些担心。

示例三

A：我的每次作业都是要等到最后一分钟才急忙去赶做，以至于整晚熬夜，结果所完成的作业也不好。

B：你好像看到了自己的作业模式，似乎拖延使你无法把作业完成得像你本来能做到的那样好，所以你感到有些焦虑。

【课中研习】

◆ 研习一：小组讨论

你是个善于倾听的人吗？请你觉察自己在和他人沟通时，是否有如下行为。

（1）喜欢打断对方讲话，以便讲自己的故事或者提出意见。

（2）没有和对方进行眼神接触，不看对方。

（3）任意终止对方的思路。

（4）催促对方，不耐烦。

（5）接打电话、发电子邮件等，或把注意力转移到其他事情上。

（6）不记得对方所讲的内容。

（7）特意等到对方讲完，只为方便你对他所讲的内容“盖棺论定”。

◆ 研习二：角色扮演

（1）两人一组，一人为倾诉者，另一人为倾听者。

（2）倾诉者叙述3分钟，倾听者只听不说，可以有非语言表示（点头、眼神关注、身体前倾等）。

（3）角色互换。

（4）两人分享自己分别扮演倾诉者和倾听者的感受。

①倾诉者的感受。

②倾听者的感受。

◆ 研习三：同理心练习

（1）来访同学：我是一名新生。这是我第一次离开家。中学时我过得很好，有不少很好的朋友，我不知道大学会怎么样。

请在图 10-17 中写出来访同学说的与做的、朋辈辅导员想到与感到的信息。

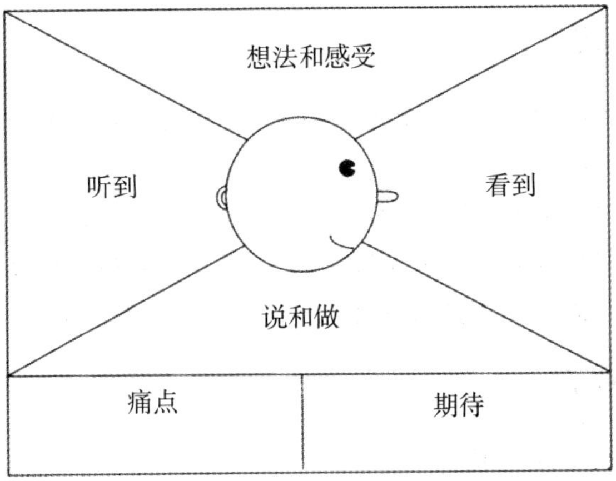

图 10-17　同理心地图练习（一）

请写出朋辈辅导员的回应：

____。

（2）来访同学：唉！我什么事都做不成。我拼命地干，好像在鞭策自己埋头苦干，结果却一无所获。我似乎……一事无成，已经白混两个月了。

请在图 10-18 中写出来访同学说的与做的、朋辈辅导员想到与感到的信息。

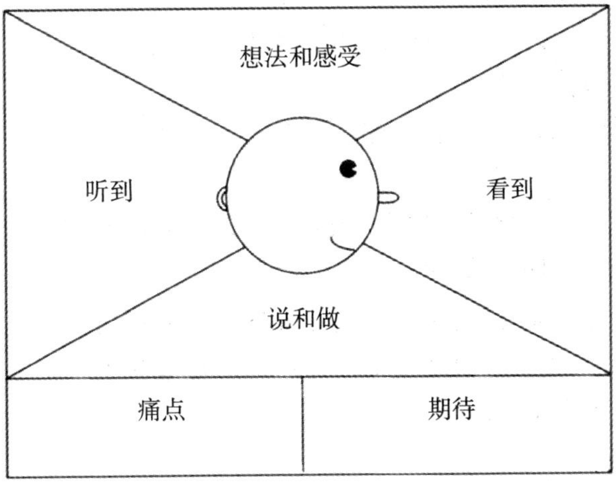

图 10-18　同理心地图练习（二）

请写出朋辈辅导员的回应：

____。

【课后实践】

（1）使用句型练习："你觉得……"（感受＋内容），回应10人，记录对话及对方反馈。

（2）自我练习：同理心地图。

（3）上网观看动画片《同理心的力量》（*The Power of Empathy*），此片取自Brené Brown关于同理心的演讲。

【理论解析】

◆ **研习一：小组讨论**

如果你的行为中出现上述所列出七种情况中的一种或一种以上，你就应该注意改善自己的倾听技能了。

善于倾听的人，是静静倾听、默默陪伴的人。倾诉的人大多只是想有个人知道，仅此而已，不想对方过多地去评论，去义正词严，去说一些该怎样做的话，只是需要对方的陪伴。

善于倾听的人，是感同身受、理解包容的人。要更好地回应倾诉的人，就要体会其情绪感受，理解其立场观点，包容其困境冲突，只有这样才能让双方有更好的交谈。

◆ **研习二：角色扮演**

一个人有没有认真听你说话，是能感觉得到的。这种感觉来源包括但不限于以下两方面：

（1）肢体，如身体微微前倾、眼神关注、开放的手势和坐姿、微笑、点头回应等。

（2）语言，用"嗯""哦"等语言回应，很感兴趣地询问细节。

◆ **研习三：同理心练习**

同理心地图（empathy map）也被翻译成"共情图"，最早由美国商业顾问公司XPlane提出。同理心地图是一种展现来访者所说所为及想法和感受的表达工具（图10–19）。

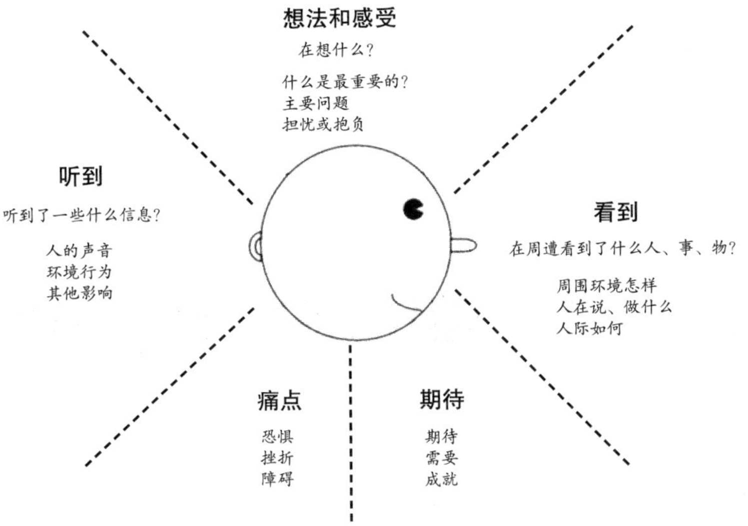

图 10-19　同理心地图

来访者说了什么？写下来访者说过的重要的语句和关键词。

来访者做了什么？描述辅导者注意到的动作和行为，或插入图片或照片。

来访者想了什么？深入挖掘，辅导者认为来访者可能在想什么，他的动机、目标、需求和欲望是什么？

来访者感觉如何？来访者会有什么样的情绪呢？请注意肢体语言等微妙的提示，以及对词语和语气的选择。

案例一回应分析：

是啊，我们每个人总有一天要离开家，要长大，这没什么了不起的。

你看上去又聪明又漂亮，你会过得很好的。

你喜欢以前的生活和朋友，现在你离开家，不知道在大学里会怎么样，心里不免有些担心。

案例二回应分析：

嘿！今天真有意思！你知不知道公牛队输了？

我也发现你什么事都没有做成。

你一定很烦，因为你觉得一事无成。

你觉得自己有很大的压力，好像注定了要失败似的，虽然对压力有所反应，但觉得自己不如人。

第十一章　辅导实践：面谈与团训

心理辅导是生命的流露。心理辅导是一种人与人之间的交往，是一颗心与另一颗心的交流，是一种思想与另一种思想的相通，是一种经验与另一种经验的相融，是一种人格与另一种人格的碰撞。

【课前思考】

1. 你了解身边同学常见的困扰有哪些？

★ 上了大学也不知道逃了多少次课，旷了多少节课，按时上课像是另类行为，对未来没有想法，就是没有目标。听已工作的学长说，每天按时上课，认真听讲的大学生才是最厉害的。工作的时候就知道了，当初没学的，早晚得补回来（即便你的专业和工作无关）。

★ 除了有课以外，几乎是宅在宿舍里，看微信、看视频、网上聊天，也玩游戏但不多，常常独来独往，没有生活上的朋友，有时会感到孤单。

★ 自卑与自负两极振荡，懒散与退缩，恐惧失败。

★ 人生目标茫然，学习目标不明确，学习动力缺失，生活随波逐流，常伴有无意义感。

★ 人际关系不适。有同学与舍友相处冲突不断，有同学与家人关系紧张，等等。

★ 情绪不稳定，生活消极，常常感到无聊、无趣。

★ 大学生大多出类拔萃，很少会向他人寻求帮助，这种优秀特质带给自己的压力巨大，很难信任他人，他们可能会认为，寻求帮助就是示弱。

2. 大学生什么时候需要心理帮助？

★ 没有人生方向，一片迷茫；家里出事，不知所措；朋友的不认可，让自己没有主见；失恋，不知道该怎么办；等等。这些都可以寻求心理帮助。

★ 在大学里，有一些同学有着相似的困扰，由于处在同一个年龄段，同一学习生活环境中，面对同样的社会压力，可以参加团体心理活动，互相帮助，走出困境。

★ 刚入学时，全新的大学学习生活不同于中学的教学方式，有不同的学习方法，不少同学感到迷茫，这个时候需要进行心理辅导，帮助他们更好地面对新的学习生活。

★ 心理压力特别大的时候，可以去做心理辅导。刚上大学的时候，我们会接触到各种新鲜的事物，心理压力可能会变大，尤其是在人际交往方面。初入大学的我们还不懂怎么适应大学生活，不懂怎么进行人际交往，这些都是我们可以去进行辅导的。

★ 感到迷茫的时候，也可以去做心理辅导。成长过程中难免会有迷茫，不知道自己下一步该干什么。我们可以去找心理辅导老师辅导一下，找到自己内心最真实的想法，给自己一个坚定的方向。

★ 感到嫉妒的时候，也应该做心理辅导。刚上大学的时候，我们会接触到各种各样的人，我们可能嫉妒他人的成绩，嫉妒他人的美貌，嫉妒他人的金钱，而如果一直嫉妒他人，就容易让自己陷入死循环，走不出来。这种问题一定要及时解决，防止嫉妒损害我们的心理健康。

★ 感到绝望的时候，就要去求助心理辅导。还有在很多时候我们明明很努力，但并没有取得理想的成绩，内心感到绝望无力的时候，也可以向辅导者寻求帮助。

3. 心理委员到底能起什么作用？

★ 我既不知道心理委员是干什么的，也不明白心理委员有多重要。

★ 心理委员起着桥梁作用，是高校心理服务的一员，但不是起心理辅导老师的作用。

★ 心理委员只是起着一根导管的作用，发现需要帮助的人，稳住他，然后推荐他去心理辅导中心。

★ 宿舍里的小事情，大家根本不会来找心理委员，心理委员除了发现自己宿舍的问题以外，也可以间接了解其他宿舍的困扰，这些问题和性格、家庭环境、成长背景都有关系，当然心理委员无法以一己之力来解决，不过只要做个认真负责的用心人，是会有帮助的。

★ 心理委员的职责之一，就是帮助大家树立一个寻求帮助的意识。

【主题分享】

◆ 理论知识点一：朋辈理念

典故：

一位少年去拜访一位年长的智者，他问：我如何才能变成一个自己愉快、也能够让别人愉快的人呢？智者笑着望着他说：孩子，在你这个年龄有这样的愿望，已经是很难得了。我送给你四句话：把自己当成别人，把别人当成自己，把别人当成别人，把自己当成自己。

这四句智者箴言对朋辈理念解读有很大的启示（图 11–1）。

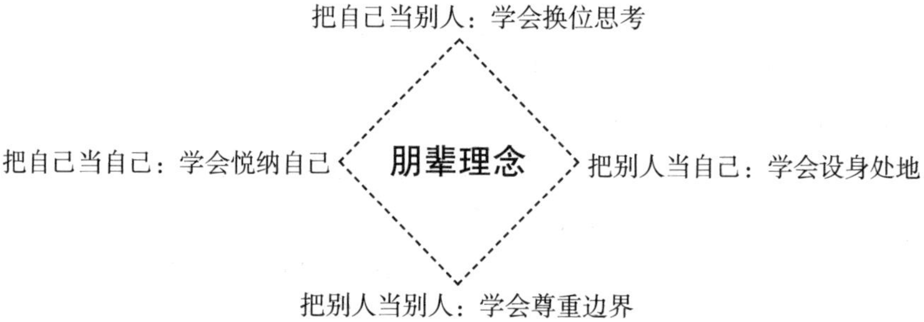

图 11–1　朋辈理念

1. 把自己当别人：学会换位思考

朋辈辅导员要学会站在来访同学的角度去了解其所面临的困扰，平等、真诚地对话，消除与来访同学之间的隔阂，协助来访同学建立认同感和信任感，建立有效的帮助关系。朋辈辅导员不应以居高临下的口吻与来访同学对话，不以“我建议/觉得/希望你……”或者“你觉得自己有什么问题……”作为起始用词，而可以用“最近看你总是……是遇到什么不开心的事”作为开始对话的用语，使来访同学容易从心里信任朋辈辅导员，愿意主动去面对和探索问题。

2. 把别人当自己：学会设身处地

人本主义心理辅导家坚定认为，同理心是影响心理辅导过程和效果最关键的辅导特质之一。朋辈辅导员无论是在双方对话交流中，还是在观察来访同学的日常言行时，可以想想“这件事如果发生在我自己身上，我会有什么样的感受，会怎么办？”努力走进来访同学的内心世界感受和领悟，深入对方内心去体验来访同学的情感、思维，理解来访同学面临的处境及问题的实质，这样容易促进来访同学真实地表达自己的想法、进行自我探索，从而达到更多的自我了解，发现问题，然后解决问题。

3. 把别人当别人：学会尊重边界

“世界上没有两片完全相同的树叶，更没有两个完全相同的人。”人的个体差异是指个体在生理、心理和社会等方面表现出的相对稳定而又不同于他人的特点，这种个体的差异性是客观存在的。朋辈关怀就是协助来访同学的独特性、创造性得到更好的发展。朋辈辅导员在来访同学的个体帮助中，应该学会尊重他 / 她的个体差异性，来访同学才会感觉被重视、被关注，达到信任的第一步，从而更好地走出困惑、走向健康。

4. 把自己当自己：学会悦纳自己

朋辈辅导员是同学中的心理健康榜样，是需要帮助同学的第一发现者、关怀者，也是学校心理辅导专业老师的得力助手，是心理健康宣传者，处于学校心理健康教育与辅导的重要位置，因此朋辈辅导员的心理成长尤为重要。在工作中，朋辈辅导员要学会自我对话，合理地认识自我和评价自我，全面了解自己在实际工作中的能力和不足、优点和发展潜力，肯定并接纳自我，积极探索和实践，实现自我成长和完善。

◆ 理论知识点二：朋辈辅导准备

朋辈辅导准备是一个理论与实践体系的建构过程，包括人员准备、态度准备、理论准备和方法准备四个方面（图 11–2）。

图 11–2　朋辈辅导准备

1. 人员准备：朋辈辅导员自我成长

朋辈辅导员个人成长是助人有效性的首要因素（图 11–3）。

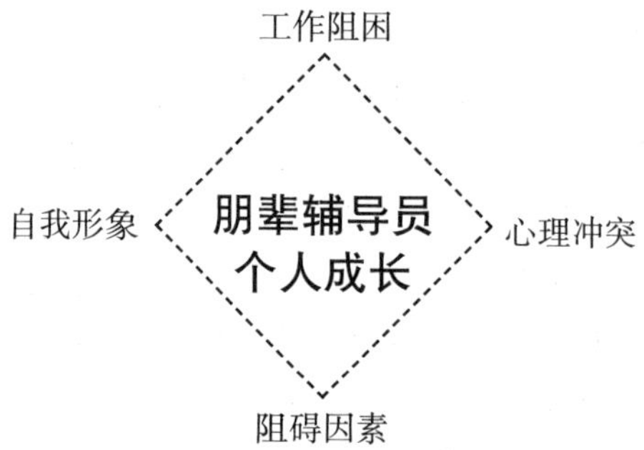

图 11-3　朋辈辅导员个人成长

（1）工作阻困

缺乏自信，面对来访同学不知所措，帮助关系难以建立；自我太封闭，不肯袒露自己，与来访同学距离太远；过于自信，好为人师，试图解决所有问题；以权威自居，指导性意见太多，易使来访同学产生拒绝感；人格偏差，对来访同学产生不利影响；自我期望值过高，容易产生挫折感。

（2）心理冲突

独立性与依赖性的矛盾，在心理上与父母逐步分离；认知与情意发展不均衡，在感性上逐渐合理化；孤独感与渴望交往的矛盾，在人际交往中心理闭锁性增加；理想与现实的矛盾，在需要上追求的丰富性增多；性生理成熟与性心理社会化滞后的矛盾，在身心发展上更加成熟。

（3）阻碍因素

“应该”模式常无法合理评估自己的能力与价值，只是一味苛求自己，也苛求别人；过度追求荣誉导致人们精神焦躁不安，注意力根本无法集中，患得患失从而带来失败；不合理“比较”看不到自己的满意之处，看到的多是失望与挫败，轻视自己、批评自己、拒绝自己、放弃自己，即成为不相信自己的人。

（4）自我形象

独立的自我评价，不再人云亦云；合理的自我态度，不再自卑自负；完整的人格特质，不再单一偏颇；和谐的人际关系，不再自恋排他；积极的生活态度，不再患得患失。

2. 态度准备：人本主义关怀

人本主义心理学家罗杰斯说，治疗的成功并不依赖于治疗者技巧的高低，而依赖于治疗者是否具有某种态度。为此人本主义心理学重视人与人的态度和情感交流的助人立场。

（1）出发点：以人为本，相信人类生命的价值和朝着有意义方向发展的本心。

（2）立足点：辅导产生的关键，是建立一种温暖、安全、接纳的帮助关系。

（3）操作点：朋辈辅导员最重要的抓手是同理心、无条件的积极关怀、真诚。

3. 理论准备：合理情绪疗法

美国认知心理学家埃利斯提出人的合理信念有助于身心健康。

基本观点：人怎样想，就会有怎样的感觉。接纳自己，就是接纳自己是一个会不断犯错的人，是一个在不断学习如何与他人和平相处的个体。

（1）合理信念与不合理信念

合理信念与不合理信念的区别，如表 11–1 所示。

表 11–1　合理信念与不合理信念的区别

合理信念	不合理信念
客观事实，就事论事	主观臆测，贴标签
使自己身心愉快	产生情绪困扰
更快地达到预期的目标	难以达到现实目标而困扰
不主动干涉他人，有边界意识	主动介入他人麻烦，无边界感
很快摆脱情绪困扰	长期陷入情绪困扰不能自拔

（2）不合理信念的改善

绝对化要求：应该、必须、一定、总是。

改善：希望。

过分概括化：以点概面、光环效应。

改善：就事论事。

糟糕透顶：总往坏处想、悲观看问题。

改善：凡事都有两面性。

4. 方法准备：朋辈关怀技巧

朋辈辅导是一种准专业的心理辅导，主要表现为朋辈关怀。朋辈关怀技巧包括觉察情绪、帮助关系、有效倾听、同理回应（图 11–4）。

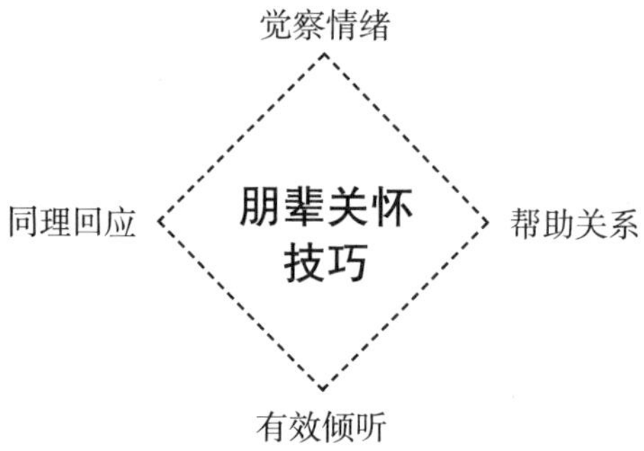

图 11-4 朋辈关怀技巧

（1）关怀技巧一：觉察情绪

觉察，就是看见。负向情绪来了，如果没有看见，就像我们吃饭时碗边有破损，很可能划伤自己一样，情绪可能影响甚至左右我们；如果看到了，就像你会注意使用缺损的碗一样，情绪不会影响我们，甚至还有所帮助。

如果不去进行情绪觉察，就只能选择继续掩饰你的痛苦。当你这么做时，你的痛苦会以料想不到的方式出现，它会扭曲你的行为，改变你的话语，僵化你的知觉，然后造成你不想要的困难后果。觉察情绪的意义在于看见自己/他人的情绪，理解并接纳自己/他人的情绪，这种理解就能帮助我们从各种困住自己的信念中解脱出来。觉察情绪的步骤，如图 11-5 所示。

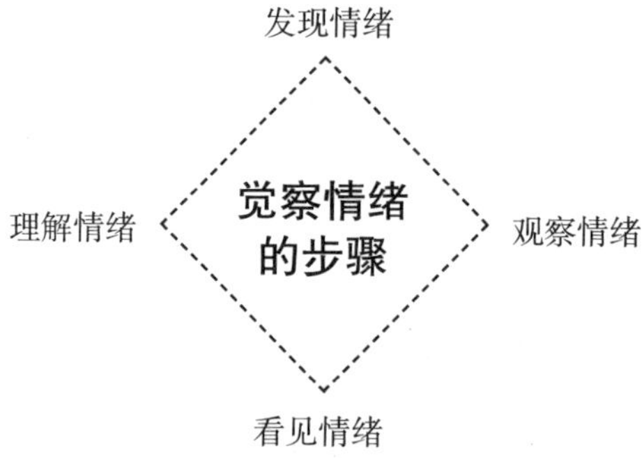

图 11-5 觉察情绪的步骤

第一步，发现情绪。在有情绪产生的同时，要意识到自己正处在某种情绪里，“我怎么了？”就是要体察自己或他人的面部表情、身体动作、声音特征正在发生的一些变化，如面红耳赤、垂头丧气、心跳加快、手心冒汗、口干舌燥、音调升高、语速加快等，这些身体变化的信号在告知我们不太舒适的状态。

第二步，观察情绪。尝试体验这是什么情绪，“我是不是感到很委屈，还是失望呢？”就是要认清情绪是什么，然后给它命名（可以通过学习“情绪词”加以深入了解），如我现在很愤怒，我现在好像有些失落，我现在很紧张，等等。当我们给情绪命名（即说出情绪名）时，我们就和自己当下的情绪连接了。

第三步，看见情绪。了解和体察当下情绪对人行为活动的感染程度，情绪是偏正向表达，还是负向表达；情绪的表现程度是比较高涨、精力旺盛、富于激情，还是比较微弱、情绪安宁、趋于冷漠；自我日常的心境方式是欢乐愉快还是抑郁低沉，是心情安静还是不安和激动；等等。

第四步，理解情绪。与自己对话，问问自己是什么引发这种情绪的，如“是什么让我感觉很愤怒？”就是要理解情绪，尝试在心里复盘，将引起自己愤怒情绪的人、事、物找出来，再看看自己因为这一事想了些什么，又在乎些什么。对它了解越多，即把它梳理清楚了，理解了愤怒，我们才可以与愤怒和平相处。

（2）关怀技巧二：帮助关系

帮助关系的建立是因来访者的现实困扰和内在需要所进行的辅导双方互动，最终为了来访者的改变所形成的工作联盟。建立良好的帮助关系，是朋辈辅导的重要一环（图 11-6）。

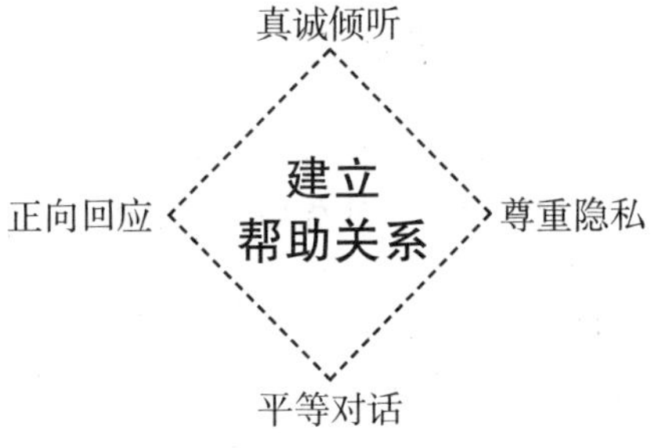

图 11-6　建立帮助关系

第一，真诚倾听。一是辅导者通过身体语言表达真诚倾听，保持眼神交流，用身体前倾、开放的姿态表达愿意倾听，用点头表达理解、乐意陪伴；二是辅导者用心理态度表达真诚倾听，不随意打断对方说话，不作价值判断。

第二，尊重隐私。来访者的困扰通常会伴随不便公开的隐私，这些隐私可能是令其觉得尴尬的事情，也可能是公开后会影响正常学习、生活的个人信息。为此，辅导者要尊重、保护来访者的隐私，尊重求助意愿。

第三，平等对话。一是保持平等的态度，建立双方在人格上平等的信念，主动接纳，轻松相处，促进学生产生平等的意识；二是保持平等的方式，可以使用平易近人的语气，眼睛平视，进行平等无间的交流。

第四，正向回应。一是正向语言，辅导者可以使用正向词进行沟通，这会让来访者感到被接纳、被支持、被鼓励；二是正向姿态，辅导者的目光自然柔和、双手自然地置于身体两侧，这有助于来访者接受联结。

（3）关怀技巧三：有效倾听

在朋辈辅导中倾听就是一种最好的陪伴，是对他人最好的关心和尊重。做到有效倾听是倾听的最高境界。有效倾听的标志是听完整、听明白、听深入。

有效倾听包括两个方面，即倾身而听和倾心而听。

① 倾身而听，即非语言倾听模式，主要表现为身体倾听。

身体倾听五要素（SOLER）：面向来访者（squarely），身体姿势开放（open），身体前倾（lean），适当的目光接触（eye），身体放松（relaxed），如图 11-7 所示。

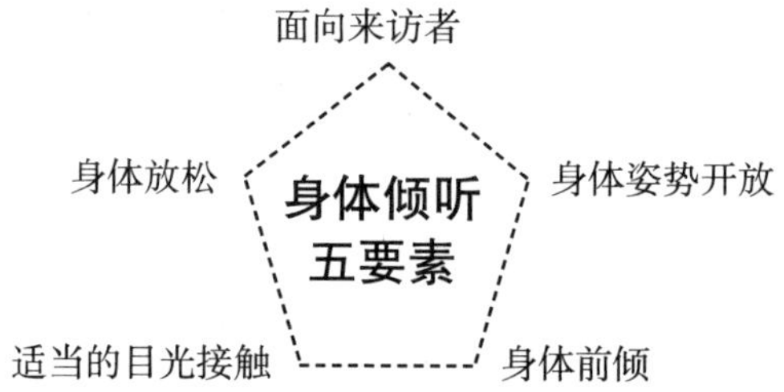

图 11-7　身体倾听五要素

一是面向来访者。这是一种给予来访者安全的态度。侧面对着来访者，坐姿呈 90°，是一种安全的人际空间。“面向”一词也可作象征性理解，辅导者告诉来访者我们同在，即一种表达投入的姿态。

二是身体姿势开放。这是一种辅导者表达接纳来访者的态度。将身体朝向来访者，自然摊开手掌，放松上下肢，双手自然放在身体两侧，这代表完全的接纳和包容，让对方也开始慢慢开放自己。

三是身体前倾。我们经常看到两个进行亲密交谈的人上身自然地向对方倾斜。这是一种体现关切的交流手段，表达了正全身心地投入来访者所关心的话题上的状态。

四是适当的目光接触。眼睛是心灵的窗户，可传达辅导者对来访者的关切、温暖、支持与重视，传递关心、关注和重视，使来访者获得温暖和重视，愿意勇敢地面对任何问题。

五是身体放松。放松意味着表情大方自然、泰然自若，不仅使辅导者自然而然，有信心，也有助于来访者保持轻松状态。辅导者身体放松，让对方感到平静踏实，能带动对方放松下来。

② 倾心而听，更倾向于语言模式，主要有鼓励、澄清、释义、情感反应（图 11–8）。

图 11–8　心理倾听四要素

一是鼓励，为获得更多信息而倾听。鼓励是辅导者运用言语或非言语的方式使来访者介绍更多的信息，包括点头、张开手，运用“嗯哼”等肯定性的短语以及重复来访者所说的话。鼓励常用的开放性问题有“什么”（事实），“怎样”（事情的经过或情绪），“为什么”（原因），“能……”（一般性的情况）。

二是澄清，为获得准确信息而倾听。目的是帮助来访者澄清所说话语的意思，获得更多信息，是在来访者发出模棱两可的信息后向其提出问题的反应。可通过重述其解释，或提出问题，促使来访者作进一步解释。澄清的常用句式有“你是说……”“你能试着描述……吗？”等。

三是释义，为准确理解信息而倾听。将来访者信息中与情境、事件、人物和想法有关的内容进行重新编排，目的是帮助来访者关注且明确自己信息的内容。辅导者要在心中重复或者回忆来访者的信息——“他 / 她告诉了些什么？信息中存在怎样的情境？”释义的常用句式是“不确定词 + 信息”。

四是情感反应，为感同身受而倾听。情感反应是对来访者的感受或求助者信息中的情感内容重新加以编排，目的在于鼓励来访者更多地倾诉感受，帮助其认识、识别、管理情绪。感受包括正向感受和负向感受。情感反应技巧常见句式为“不确定词 + 情绪词”。

综上，有效倾听意味着只倾听而不加评判，仅仅是关注、接纳、体验、探索。其实要做到这一点是不容易的，因为辅导者在面对对方时，需要由衷地接纳和关怀，这样才可以做到进入来访者的世界。

（4）关怀技巧四：同理回应

同理回应是朋辈关怀技巧中比较高级的，下面借用四个成语对同理回应进行分解（图 11-9）。

图 11-9　同理回应

① 设身处地。辅导者试着进入来访者的世界，设想自己处在别人的地位或境遇。处境不同的人，可能他 / 她的看法不同，感受也会不一样，只有暂时放下自己的立场、走出自己的世界才能靠近他人。

② 将心比心。辅导者试着以来访者的视角面对，了解其当下困境及日常表现，以来访者的角度探索其内心期待及现实阻碍，这样才能靠近和理解真实的来访者及产生困扰的缘由。

③ 感同身受。辅导者试着体会来访者的心情，尽可能准确地描述来访者所表达的情绪，并能够感受到来访者隐藏于表面情绪之下的某些感觉，这样才能在情感层次上与来访者产生共鸣。

④ 换位思考。辅导者试着像来访者那样思考问题，理解其想法，并解读出来访者所述信息中未表达的深层态度与观念，这样才能在认知层面上与来访者趋于一致或达成共识。

综上，我们只有设身处地，才能感同身受；只有将心比心，才能学会换位思考，这就是同理回应的内涵。

◆ 理论知识点三：大学生心理求助的原因

时下仍有不少大学生不知道自己是否需要心理帮助，在什么情况下需要求助。下面以求助意识与行为出现的概率大小，由高到低进行分解（图 11-10）。

图 11-10　大学生求助原因

1. 心理问题

这是求助原因最多的一项，很多大学生已形成了有心理问题去寻求心理帮助的意识。比如，由于慢慢形成的对自我批判、拒绝的态度，导致产生较严重的抑郁症、焦虑症、人格障碍、人际交往障碍等，自感个人状态比较低迷，对任何事物都不太感兴趣，不想上课，不想学习，就连打游戏也没有兴趣，整日无所事事、宅在宿舍，自我罪恶感、挫败感日益增大。

2. 人生抉择

这是大学生中不时会出现的事，大学阶段正是大学生人生发生各种变化的活跃期。比如，专业选择自己喜欢的，还是有前途的？专业学业和社团活动如何安排？毕业前是准备考研还是找份工作……由于不清楚“我要成为怎样的人”，也不知道什么对自己更重要，一些大学生在面临人生重要决定时常常犹豫不决，导致日常生活受到一定影响，也影响着其身心健康。

3. 日常烦恼

这是大学生活的常态，人在成长过程中总会遇到各种事情，在处理事情时，常常会出现小矛盾，发生小冲突。比如，在宿舍因舍友说话方式欠妥当，心里感到不快；看到班上某些同学有艺术、体育方面的特长，心里有些嫉妒；还有的同学可能因为某些不公平的待遇而心情低落。大多数情况下，大学生会用自己的处理方式去自我消化，若未及时处理则容易影响个人心态。

4. 个人成长

这是部分大学生对自我发展更具格局、更具整合、更具力量的内心期待，是一种更具正向的健康模式。这些期待包括在生活中如何更好地照顾自己，在学习中如何更快地提升自己的学习力，在团队中如何更有效地与他人建立连接与协作，在恋爱里如何更深地拥有成熟且幸福的爱情，等等。这些都需要在智者的引领下更智慧地去思考与体悟，从而看见人生的更多可能。

综上，这些求助意愿与困境不仅需要专业的心理帮助和干预，也需要朋辈辅导员的发现、陪伴、转介。

◆ **理论知识点四：朋辈实践一——个体面谈**

心理辅导是一项具有挑战性的工作，它需要才智、成熟的人际关系、情感平衡的生活、不断的技能学习、同情心、真诚与勇气。

心理辅导主要是一种谈话的艺术，是辅导双方在言语和非言语方面进行交流、沟通且相互影响、相互作用的过程。心理辅导工作意在使人健康成长，这种成长是自发的、主动的。经典的心理辅导是从面谈开始的（图 11–11）。

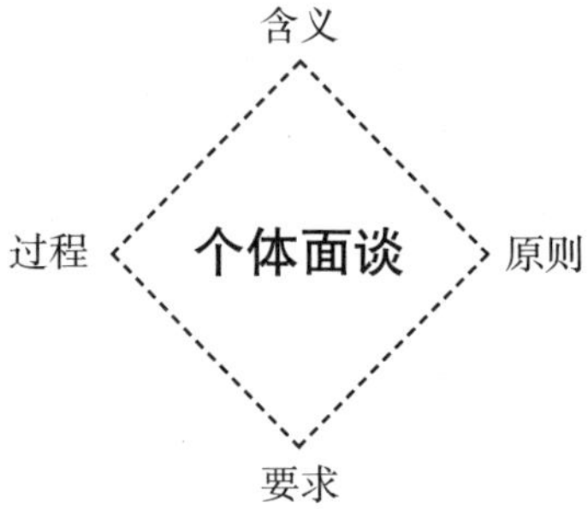

图 11–11　个体面谈

1. 个体面谈含义

个体面谈是心理辅导中最常见的一种形式，是指心理辅导过程中辅导者与来访者之间的一种言语沟通，是一种特定的会话形式。

个体面谈是朋辈辅导中关怀、帮助来访同学的重要方式之一。朋辈辅导要求辅导者全神贯注地倾听来访同学讲话，设身处地地感受来访同学的内心体验，并给予正向的、适当的回应，鼓励、支持来访同学为自己负责。

2. 个体面谈原则

在朋辈辅导中，个体面谈的四项原则包括保密原则、中立原则、“三不”原则和成长原则（图 11–12）。

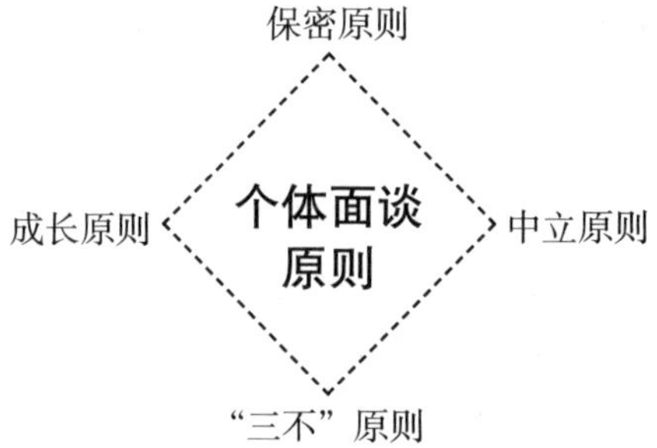

图 11–12　个体面谈原则

（1）保密原则。这是首要的朋辈关怀原则。

（2）中立原则。尽量不给来访同学提供建议，不包办代替，暂时放下自我立场，避免过分说教和劝告，就事论事，避免泛泛而谈。

（3）“三不”原则。不判断、不批评、不指责，只需要接纳与倾听。

（4）成长原则。给予正向的支持、鼓励，协助来访者提升抗逆力、独立性、做出决定的能力和维持日常生活的能力。

3. 个体面谈要求

在朋辈辅导中个体面谈主要有四个方面的要求，包括接纳和觉察、中立和会谈、倾听和强化、陪伴和协助，如图 11–13 所示。

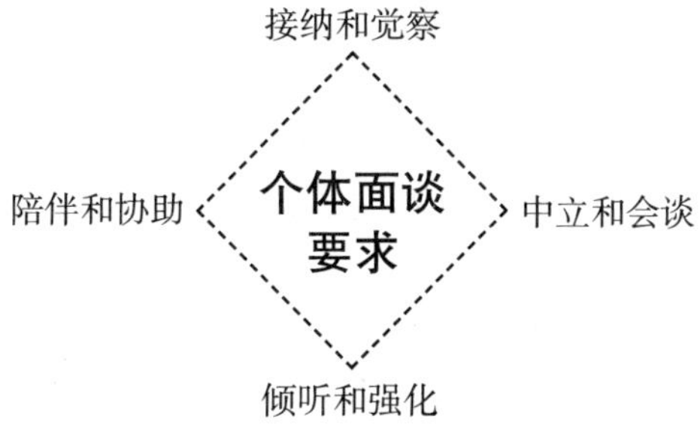

图 11–13　个体面谈要求

（1）接纳和觉察

全面接纳和宽容来访同学，深度觉察来访同学的情绪。对来访同学来说，最大的困难是如何开口，他们可能经历过多次犹豫，最终才决定求助。在辅导者的接纳和鼓励下，来访同学会慢慢地平静下来从迟疑到自然说出自己的问题，这一过程让来访同学觉得轻松释然。

（2）中立和会谈

放下自我立场以趋向中立，促进与来访同学继续会谈。理解来访同学是辅导者尽力保持中立立场的前提，因此需要辅导者在心理辅导来访同学的过程中，暂时放下自己的认知观念、价值判断，感知来访同学的世界，包括非言语鼓励、言语的简单回应、共情等，保持面谈通畅。

（3）倾听和强化

有效倾听来访同学的想法，适时强化来访同学的重点。辅导者应是一位很好的倾听者，不会品头论足，更不会轻率地下结论，而是会提出一些简单的问题，就像举起一面镜子，协助来访同学看见问题，包括自己“陷入困境”的原因、自己对问题的责任、自己可以为改变而采取的行动意愿等。

（4）陪伴和协助

来访同学常常希望辅导者听完之后，能一针见血地找出“症结所在”，或给出自己“秘籍”，但实际上辅导者只能陪伴来访同学一起面对和探索，因为所有问题都没有现成的答案，只能协助来访同学努力寻找、挑战。

4. 个体面谈过程

朋辈辅导中个体面谈过程主要有四个方面，包括准备工作、面谈要素、面谈技巧和有效助人，如图 11–14 所示。

图 11–14　个体面谈过程

（1）面谈准备工作：人员、环境

人员：辅导者乐于且善于接纳，来访者愿意面对自我困扰，因为面谈是一个双向奔赴、助人自助的过程。

环境：私密性、舒适、安全、不锁门、不被打扰。

座位：90° 放置座椅，让来访者自己选择座位。

（2）个体面谈要素：建立关系、探索困扰、鼓励尝试

建立关系：辅导者就像是举起一面镜子，引导来访同学发现自己“陷入困境”的原因，以及自己可以为改变而采取的行动。

探索困扰：最重要的探索方法是将问题具体化。常用问句：你想要什么？对你来说，那是什么？基于什么对你如此重要？你已经做到了什么？你接下来还可以做什么？

鼓励尝试：辅导结束时，辅导者需总结，来访者分享会谈内容和感受；来访者的改变并不是在一次帮助中发生的，回到现实生活中继续思考、尝试体验。

（3）面谈技巧：有效倾听

有效倾听技巧包括非言语鼓励、言语的简单回应、重述、诠释情绪、澄清、具体化、开放性问题。

（4）有效助人行为：言语的与非言语的

朋辈辅导中合理使用言语和非言语是具有疗愈性的（表 11–2）。

表 11-2　有效助人行为

言语的	非言语的
倾听时使用肯定性词汇（是的、明白）	采用与来访者相似的语气语调、语音
回应时使用不确定词汇（似乎、好像）	保持善意的目光接触
对来访者的表达做出反应和澄清	偶尔点头
适当的、非判断性的解释	偶尔微笑
对来访者的描述做总结	面部表情富有活力
适当地提供信息	双方尽量以 90° 安坐
回答关于自己的提问	身体最大限度接近来访者
偶然地使用幽默以消除紧张	身体适度向来访者倾斜
对来访者的陈述表现出最大程度的理解	偶尔的身体接触

◆ 理论知识点五：探索问题的对话

朋辈辅导员协助来访同学面对自我困扰的参考对话。

1. 关注问题的对话

（1）你最近遇到的困扰是什么？

（2）这个困扰持续了多久？

（3）你认为这个困扰是基于什么发生的？

（4）发生这一困扰，你的感受与想法是什么？

（5）这个困扰对你的负向影响是什么？

（6）你曾用过哪些方法来处理这个困扰？你处理不成功的原因是什么？

（7）因为处理不成功，你的感觉与想法又是什么？

2. 聚焦解决的对话

（1）你最近所遇到的困扰是什么？

（2）你认为这个困扰最后得以解决，会是什么样的情形？

（3）这个困扰什么情况下没有发生或比较不严重？原因是什么？

（4）当你面临这个困扰时，是什么力量让你撑（面对）过来的？

（5）若问你周围的好朋友，对于你面临的这个困扰，他们会给你什么样的帮助？

（6）你觉得还有什么资源可以协助你处理这个困扰？你要如何找到这些资源？

（7）若距离你想要的结果是 10 分的话，你目前在几分？若你获得所需资源后，可以达到几分？所以你觉得可能跨出的第一小步是什么？

◆ 理论知识点六：朋辈实践二——团队心理训练

依据全人成长、全员参与、全程关怀的工作理念，朋辈辅导中除了面向个体进行朋辈关怀外，还要面向班级或小组开展团体心理训练活动。团体心理训练有完善的理论与实践体系，主要包括定义、目标、要求和计划四个方面（图 11–15）。

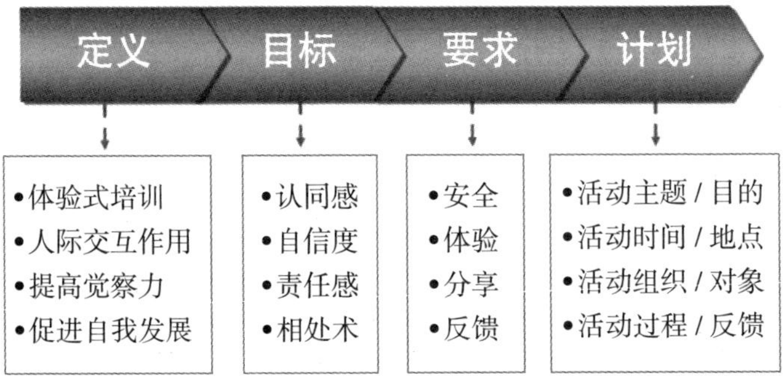

图 11–15　团队心理训练

1. 定义

团体心理训练就是借助体验式培训作为媒介手段，通过团体内人际交互动力作用，提高自我觉察力，排除个人成长障碍，促进自我发展，为团体成员提供心理帮助与指导的一种训练方式。

2. 目标

认同感，学习相信自己和别人，发展独特的认同感。

自信度，提高自我接纳、自信、自尊的程度。

责任感，提高对自己和他人负责任的程度。

相处术，学习更有效的社会技巧，提高对他人的需要和情感的敏感度，学习如何待人以关心、热忱、真诚、直率，学习与他人和谐相处、有效协作。

3. 要求

安全，始终是第一位的。

体验，弱化输赢，活动的目的是体验过程，而不是结果。失败和放弃也是对自己的跨越和挑战。

分享，这是团体心理训练的灵魂所在。

反馈，积极地跟踪与反馈团体呈现的问题。

4. 计划

团体心理训练方案设计要素包括活动主题、活动目的 / 宗旨、活动时间与地点、活动组织者（主办 / 协办）、活动对象、活动过程（宣讲、体验、分享）、注意事项（用具准备、费用等）。

具体方案参考如下（以“自我探索”为例）：

（1）团体活动主题：自我探索。

（2）团体活动目标：协助成员更清晰地认识自己；协助成员增进自我

觉察的能力；协助成员接纳与欣赏自己。

（3）团体活动，见团体心理训练："自我探索"活动安排表，如表 11-3 所示。

表 11-3 团体心理训练："自我探索"活动安排表

活动名称	活动目标	活动内容	时间	地点
认识你真好	（1）使引导者与成员间相互熟悉； （2）使成员了解团体目标与进行方式； （3）引导者与成员共同制定团体规范	①当我们"围"在一起	5 分钟	文科楼教室
		②寻找共同点与不同点	15 分钟	
		③我是团体中一员	20 分钟	
		④结语	5 分钟	
发现特质	（1）让成员认识自己拥有的特质； （2）协助成员了解特质对自己的影响； （3）帮助成员认同自己的特质	①特质贴贴贴	15 分钟	
		②我就是我	25 分钟	
		③结语	5 分钟	
你我很重要	（1）协助成员认识价值观； （2）协助成员检视个人的价值观	①魔术商店	10 分钟	
		②价值拍卖会	30 分钟	
		③结语	5 分钟	
心花朵朵开	（1）成员能总结团队的经验； （2）成员能给彼此回馈； （3）成员能对团队做具体的评价	①回忆	5 分钟	
		②心的花瓣	30 分钟	
		③再出发	10 分钟	

（4）详细方案：第一次活动。

① 活动计划表，详见表 11-4 所示。

表 11-4 团体心理训练"自我探索"的第一次活动计划表

<table>
<tr><td>单元名称：认识你真好</td><td>活动地点：文科楼教室</td><td colspan="2">所需时间：45 分钟</td></tr>
<tr><td colspan="4">单元目标：1. 团体成员间相互熟悉。
2. 团体成员了解团体目标与进行方式。
3. 共同制定团体规范。</td></tr>
<tr><td>活动名称</td><td>活动流程</td><td>材料准备</td><td>所需时间</td></tr>
<tr><td>1. 当我们"围"在一起</td><td>（1）引导者自我介绍，欢迎成员参加团体训练，并简单说明何为团体；
（2）引导者简介团体训练主题、目标及进行的时间、次数、方式</td><td></td><td>5 分钟</td></tr>
<tr><td>2. 寻找共同点与不同点</td><td>（1）引导者发下"寻找共同点与不同点"表格，并说明操作事宜；
（2）请成员相互访问及填写附件中的空格；
（3）分享</td><td>附件一</td><td>15 分钟</td></tr>
</table>

续表

活动名称	活动流程	材料准备	所需时间
3. 我是团体中一员	（1）引导者说明制定团体规范的目的及意义； （2）引导者带领成员阅读团体规范，同意请用手在头上比○，不同意比 ×。成员都同意的规范就写在海报纸上； （3）引导者询问成员如果违反了团体规范，该如何处理，并让成员头脑风暴想出解决办法	附件二	20 分钟
4. 结语	（1）引导者回顾今天的团体训练，并再次提醒遵守团体规范的重要性； （2）告知下次活动内容、时间、地点		5 分钟

② 附件。

附件一：团体规范

在团体心理训练之前，全体组员在训练组长的协助下商议、制定“团体规范”，有助于维护团体的一致性、参与性和激励性。为此，每位组员需在“团体规范书”（图 11–16）上签名。

团体规范书

为使团体训练活动能够顺利、安全地进行，所有成员能在真诚、互动交流的氛围中感悟自我、感受他人，特制定以下团体规范：

1. 主动发言，专心倾听，积极参与，不交头接耳。
2. 尊重、信任组员，严守组员秘密，不以任何方式损害组员利益。
3. 服从组织者的引导和行动指挥。
4. 不批评别人说的话。
5. 每次团体活动不缺席，有强烈的时间观念和集体主义精神。
6. 不带食物进入团体，在训练过程中不使用手机等通信工具。
7. 团体活动中，如有非离开不可的原因，及时向组织者作详细报告。
8. 报名之后，在本次活动正式进行前两天，由于某种原因而不得不退出时，及时到报名地点注销。

姓名：

时间：

图 11–16　团体规范书

附件二：寻找共同点和不同点

“寻找共同点与不同点”是一个破冰活动，也是一个尝试与人联结的体验方式，有助于团体心理训练“自我探索”第一次活动的展开。

要求：请全体组员 5 分钟内在场地随意走动，与尽可能多的组员打交道，找出他 / 她与你的共同点和不同点，并填入表 11–5 内。

表 11–5 寻找共同点与不同点

序号	组员姓名	共同点	不同点
1			
2			
3			
4			
5			
6			
7			
8			
9			
10			

（5）详细方案：第二至第四次活动，继续将活动计划写入表 11–6 中，具体内容省略。

表 11–6 团体心理训练“自我探索”的第　次活动计划表

<table>
<tr><td colspan="2">单元名称：</td><td colspan="2">活动地点：</td><td colspan="2">所需时间：</td></tr>
<tr><td colspan="6">单元目标：</td></tr>
<tr><td>活动名称</td><td colspan="3">活动流程</td><td>材料准备</td><td>所需时间</td></tr>
<tr><td></td><td></td><td></td><td></td><td></td><td></td></tr>
</table>

【课中研习】

◆ 研习一：小组讨论——朋辈辅导员的辅导潜质

请你对表 11–7 中的 16 个问句用“是” / “否”进行回答，在选项空白处打“√”。

表 11–7 朋辈辅导员的辅导潜质

题号	内容	是	否
1	你对他人真的很感兴趣吗？		
2	遇到挫折时，你是否比较容易心情烦乱，无法集中注意力？		
3	你能否耐心地倾听他人诉说和你相反的观点、意见，而不会排斥？		
4	你批评他人时是否按照自己的价值标准？		
5	对他人所说的话，你是否能抓住“重点”？		
6	当你倾听他人倾诉时，是否希望他人赶快讲完，然后就可以尽情地陈述自己的观点？		
7	他人陈述问题时你是否专注？		
8	当他人告诉你隐私时，你是否会表现出好奇、震惊或惊讶？		
9	当你对他人的心理问题的原因感到迷惑时，通常是否有强烈的愿望去深入寻找？		
10	对于你喜欢的人，你是否容易只看到其优点，反之对不喜欢的人，是否常看到其缺点？		
11	他人是否认为你很能理解其心情？		
12	如果你的意见和他人有出入，你是否更愿意相信自己的判断？		
13	你能否化解对他人的不满而不会使自己感到不舒服？		
14	你是否常主动地给他人一些忠告或建议？		
15	有人说，江山易改，本性难移，但你是否更愿意相信人是可变的？		
16	如果与你交流的人让你感到不舒服，你的情绪会低落，甚至可能回避？		

填写完“朋辈辅导员的辅导潜质”表后，在小组中进行分享。

◆ **研习二：角色扮演——模拟辅导**

辅导问题：自己或他人的实际生活。

模拟过程：准备、扮演、评价。

模拟方式：二人组（一人为辅导者，另一人为来访者，双方再交换角色）。

辅导结束：两人分别分享作为辅导者 / 来访者的感受，并作出适当评价。

时间安排：每轮 3 分钟，每人分享 2 分钟，共计 10 分钟。

讨论与分享表 11–8 的内容，并在评估选项的空白处打“√”。

表 11-8　模拟个体辅导

角色扮演	思考问题	评估	
		是	否
来访者	辅导者是否一直在积极关注自己		
	自己是否受到鼓励说出心事		
	自己的情绪是否有所改善		
	自己对问题的认识是否有所改变或变清晰		
辅导者	来访者是否愿意坦诚相告		
	辅导过程中自己感到有哪些阻力和问题		

◆ **研习三：角色扮演——个体面谈**

小应，大二学生，男生，自我感觉为人仗义，朋友有事，必出手相助，但最近小应与宿舍 A 同学因网络游戏问题起了冲突，而朋友 B 冷眼旁观，并没有为自己打抱不平，这让小应很生气，决定与朋友 B 断绝关系。小应平时英语成绩还可以，也比较努力，原来以为会很顺利地通过英语四级考试，而考试结果下来，让他很是沮丧，舍友们都过了，唯独自己没有过。这些让小应意志消沉了好一阵，没想到前几天，女友提出分手，说自己爱上了别人。这让小应彻底崩溃，觉得自己一无是处，想死的心都有了。

（1）两人一组模拟个体面谈。

（2）面谈步骤如下：

①请用合理情绪疗法列举出小应的负向情绪与不合理信念。

②用尊重和真诚的态度建立帮助关系。

③共同探索问题，找寻解决方案。

（3）逐字记录对话。

◆ **研习四：团体方案**

请按团体训练方案设计要求，分别对下列主题进行思考与设计：

（1）自信训练。

（2）团队合作。

◆ **研习五：心理训练**

主题：认识团体。

参与：12 人一组，其中 2 人为朋辈辅导员，10 人参与培训。

步骤：①培训方案设计；②培训时间为 10 分钟。

【课后实践】

（1）对照“朋辈辅导准备”的内容，请每一位朋辈辅导员结合自己的实际进行逐一梳理，与指导老师协商制订出完善的成长计划和行动步骤。

（2）练习个体面谈，并依据表11-8的内容，辅导双方进行面谈后小结。

（3）设计主题为“团队协作”团体心理训练方案，并适时面向班级/小组开展。

【理论解析】

◆ 研习一：朋辈辅导员的辅导潜质

参考说明——

奇数题“是”得1分，偶数题“否”得1分。

如果你的得分在12分以上，说明你已具备了有效帮助求助者的特质。这样的人大多热心、诚恳、有理解力、有条理、较客观、有自信心。

如果得分在9分以下，需仔细衡量自己所提供的帮助是否得当。

如果得分在3分以下，需重新学习关于朋辈辅导的理论与方法。

◆ 研习二：角色扮演——模拟辅导

（1）辅导者需要做到：

①建立帮助关系。

②放下立场倾听。

（2）来访者试着做到：

①倾诉心理准备。

②了解困扰正常性。

③相信辅导者。

④坦诚表露自己。

◆ 研习三：角色扮演——个体面谈

（1）同理心公式：先处理情绪，后处理事件。

（2）问题探索具体化对话过程：

①你想要什么？

②对你来说，那是什么？

③基于什么对你如此重要？

④你已经做到了什么？

⑤你接下来还可以做什么？

（3）面谈时需注意避免规避行为，如图 11-17 所示。

图 11-17　辅导者需规避行为

◆ 研习四：团队方案

团队训练一：自信训练

1. 培训目标

（1）学会赞美自己；（2）掌握增强自信技巧；（3）增强内心力量。

2. 理论依据

（1）合理情绪疗法；（2）积极心理学；（3）人本主义心理学。

3. 训练过程及体验活动

（1）相互认识，相互赞美；（2）寻找自身优点；（3）头脑风暴，“如何提升自信”。

4. 分享点

（1）觉察自我自信状况；（2）学习提升自信的方法；（3）探索自信的力量。

团队训练二：团队合作

1. 培训目标

（1）快速融入团队；（2）学会团队合作；（3）了解团队意义。

2. 理论依据

（1）群体动力学；（2）社会学习理论；（3）人际沟通理论。

3. 训练过程及体验活动

（1）相互认识；（2）同舟共济；（3）“信任倒”；（4）心有千千结；（5）众志成城。

4. 分享点

（1）主动与人交往；（2）每个人在团队中的位置；（3）相互支持信任；（4）相互合作、配合。

◆ **研习五：心理训练**

1. 培训思路

通过一个心理体验活动，让大家了解什么是团队。

2. 关键词

团队、互助、沟通、协作、目标、执行、效率、角色定位、倾听。

3. 过程

（1）开场白（1分钟）

大家好！我们是朋辈辅导员，我叫××，我是××。

我们今天做一个“关于团队”的小组心理训练，开始之前想问下大家：你是怎么定义团队的？（请两位同学回答）接下来就请每个人带着自己的定义来做一个体验活动。

（2）体验环节（6分钟）

① 将10名同学随机分成2组，每组5人（1分钟）。

② 每组讨论完成以下任务，限时4分钟，其中在1分钟内分别展示。

相互认识，选出组长，取个组名，设计队形，统一口号。

（3）分享环节（2分钟）

请两位同学来回答：参加完刚刚的体验活动，你对于团队的定义，跟之前相比有改变吗？

（4）总结环节（1分钟）

关于团队，我们的解读是：首先我们组成团队要有人，其次我们需要有一个领导者，最后需要有共同的目标，大家清楚自己的定位，一起通过沟通和协作去达成我们的目标。由于时间关系，我们的体验活动到这里就结束了，谢谢大家！（结合当下的分享而适当调整）

（5）指导老师点评

今天这场培训的目的是让大家认识团队，通过在短时间内组建一个团队，从而体验团队合作，进而对团队有一个直观的认识和感受。

（6）学生反馈

通过本场团队训练体验，现在已经解决了__________，还可以改进的地方是________________。

第十二章　危机干预：识别与转介

心理危机包括三类：一是发展性危机（正常成长和发展过程中，急剧的变化或转折所导致的异常反应）；二是境遇性危机（出现罕见或超常事件，个体无法预测和控制时出现的危机）；三是存在性危机（伴随重要的人生问题，如关于人生的目的、责任、独立性、自由和承诺等出现的内部冲突和焦虑）。预防重于治疗，重点是面向全体学生做好预防发展性危机。

【课前思考】

了解身边同学／朋友可能存在的成长困惑

★ 离家带来孤独感；担心上学给父母带来经济困难；与室友或其他人发生矛盾；担心成绩不理想，害怕失败；对学校的课程安排不满意；担心毕业后的就业问题。

★ 为什么每次有重要作业或者考试，我就会很纠结，一方面想要充分准备，另一方面总会拖延，心里虽自责，但就是不想去做？对我来说，做好一件事情是自尊和价值感的唯一来源，所以我很恐惧“做不好”，那将是对我整个人的否定。于是，我很难忍受挫败感，甚至挫败的可能性，一旦不顺利或者没有正向的反馈，便会回避拖延。

★ 为什么每当别人向我提一些要求时，即便我不想做，但仍然无法拒绝？在成长的过程中，我们被过度地强调服从。我们曾经反抗过，但发现对方不理解和体谅，反抗之后更难受，修补关系更累心，于是便不敢再生事端。过去的经历对我们现在的行为和选择都有深远的影响。

★ 为什么见不到父母非常想念，但是一起待几天后又矛盾不断？也许长大后的我们会觉得和父母渐行渐远，互相有很多看不顺眼的地方，因为曾经的亲密一体渐渐转变成两个既独立又相互连接的个体，这个过程对双方可能是很大的考验，会有很多矛盾、激烈的情绪，这需要我们和父母一起修复关系中的裂痕。

★ 学习时间分配不均匀，放松力度不会把控。大学的自主性与自由给予了优秀学生诸多便捷，但也给自律性差的学生埋下了隐患。大一每天的课程不多，有较多自主时间，但很多新生不知道来大学读书的目的是什么，于是乎就把这段时间用来上网、游玩，无形之中学习被弱化了。

★ 情感困惑。初入感情中，存在许多细微问题，有的同学对待感情太过重视，为了爱而舍弃学业；有的同学专心致志谈恋爱，将自己的生活全部用恋爱填满；有的同学一味地付出，但没有意识到感情是双方的事，水满则溢，月满则亏。

★ 社会层面接触缺乏。一些同学存在死读书的现象，靠着死记硬背考上大学，这难免会造成学生探索能力和判断能力偏低，缺乏社会辨别能力和抵抗能力。

【主题分享】

◆ 理论知识点一：危机与心理危机

1. 危机

危机是个体面对某种困难的境遇，运用自己已有资源与应对机制无法解决问题时，在一段时间内所出现的生活迷惑、混乱、失衡、解体的状态。我们应学会合理解读危机，图 12–1 为解读危机的四个方面。

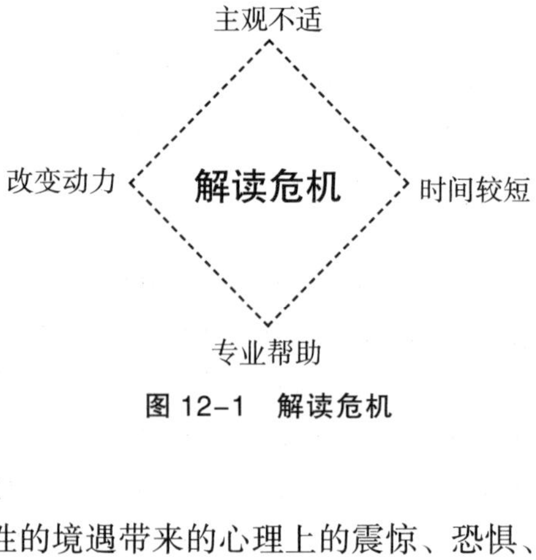

图 12–1　解读危机

（1）主观不适

危机是由破坏性的境遇带来的心理上的震惊、恐惧、无能为力的主观状态，而不是指破坏性的境遇本身。

（2）时间较短

危机有一定的时限性。大多数危机时间较短，最多不过几周时间，以后主观不适的感觉会减轻。

（3）专业帮助

危机对个人生活有较严重干扰，此时若依靠个人资源与应对方式不能使自己调整到正常状态，就需要寻求专业帮助来解决问题。

（4）改变动力

危机既是危险，也是机会。危机期间的严重焦虑和痛苦为成长和改变提供了动力。战胜危机的过程能使人获得应对压力的经验，变得更加成熟。

2. 心理危机

心理危机是一种认知，是指个体遭遇重大问题或变化时，既不能回避又无法用自己的资源和应对方式来解决时所出现的情感、认知和行为方面的心理功能失调反应（心理失衡现象）。事实上，面对生活的不确定性，任何人都有可能出现心理危机。心理危机有四层含义，如图 12–2 所示。

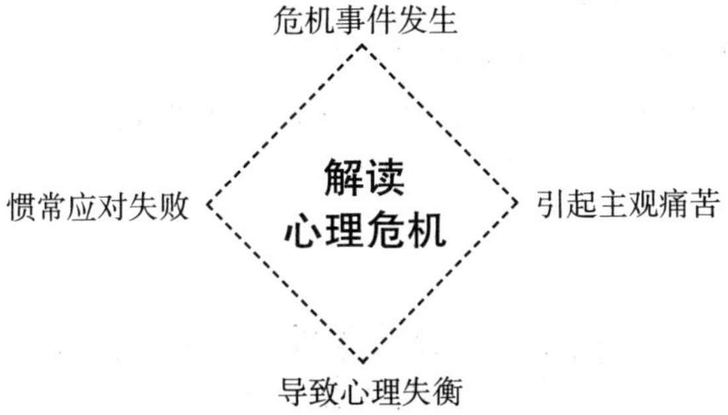

图 12–2　解读心理危机

（1）危机事件发生

心理危机由个体无力处理内心压力或外在事件引起，一般为急性应激，也可能是潜隐性应激。

（2）引起主观痛苦

心理危机反映出当事人的认知经验而非病态，心理危机的程度取决于个体对事件的感受和解释，而不取决于事件本身。

（3）导致心理失衡

心理危机导致当事人的心理、情感和行为等方面的功能失衡，但这些心理失衡表现均不符合任何精神疾病的诊断标准。

（4）惯常应对失败

心理危机是由于惯常的应付方式失败，个体用寻常解决问题的手段暂时不能应付，或用现有的生活条件和经验难以克服困难。

3. 危机与心理危机的区别与联系

（1）区别

危机强调应激事件本身的性质，是指人类个体或群体无法利用现有资源和惯常应对机制加以处理的事件和遭遇，常和突然爆发的灾难性事件联系在一起。

心理危机强调个体对应急事件的认知，即心理危机程度与危机事件的强度不一定成正比，更重要的是取决于个体对危机事件的认识，以及个体应对能力、既往经历和个性等，如不同的大学生在同样的压力情境下，有的产生了心理危机，有的却适应良好。

（2）联系

心理危机是一种常见的危机，也是其他危机产生的动因和根源。为做好危机管理，要先从心理危机干预做起。

◆ **理论知识点二：心理危机的类型**

依照引起危机的事件，心理危机分为四类（图 12-3）。

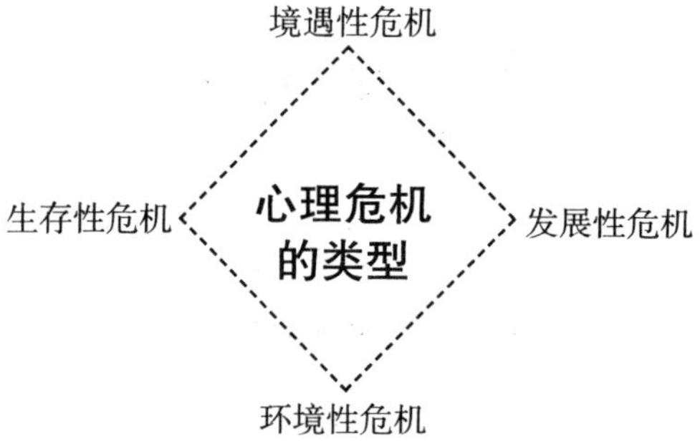

图 12-3 心理危机的类型

1. 境遇性危机

境遇性危机是指个人面临着无法预测和控制的超常事件时出现的危机，这些事件通常是随机的、突然的，具有灾难性和震撼性，如各种自然灾害和人为灾难。

2. 发展性危机

发展性危机是指在正常成长过程中，人们在经历重大人生转折事件时的急剧变化所导致的异常反应，如青年大学毕业时，中年人生重大职业改变时，老年人退休时，等等。

3. 环境性危机

环境性危机是指自然或人为的灾难降临到一群人身上引起的危机反应，包括自然灾害、传染性疾病的爆发、政治危机及经济危机等，包含着人与人之间的交互作用。

4. 生存性危机

生存性危机是指伴随重要的人生问题，如关于人生目的、人生价值、责任、独立性、自由与承诺等问题的困惑而出现的内心冲突与焦虑，这种危机可能基于现实，也可能基于个人的主观感觉。

◆ **理论知识点三：心理应激反应阶段**

面对危机，人们正常的心理应激反应是一种保护、预警，即调动人的身心紧急工作机制来应对突发且重大事件，而过度的心理应激反应是一种回避伤害，持续降低甚至放弃面对与处理事件的身心状态。心理应激反应有四个阶段，如图 12-4 所示。

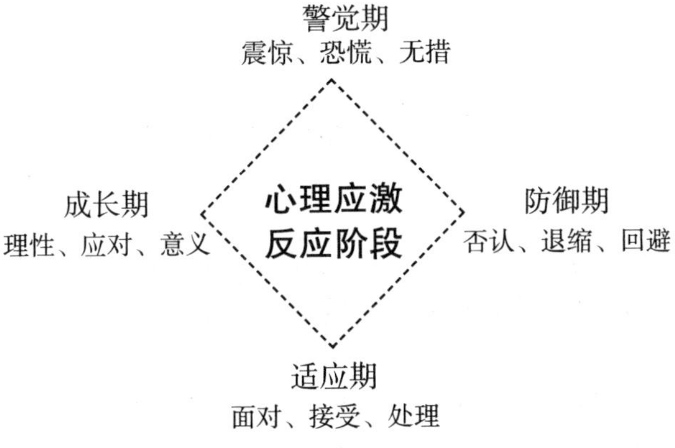

图 12-4　心理应激反应阶段

1. 警觉期：震惊、恐慌、无措

危机发生后，我们常常表现为高度警惕、恐慌不安，随后出现意识模糊，判断力下降等现象，或脑子一片空白。

2. 防御期：否认、退缩、回避

由于危机超过了自己的应对或承受能力，为了恢复心理上的平衡，缓解焦虑，人会本能地启动“心理隔离”自我保护机制。

3. 适应期：面对、接受、处理

危机发生一段时间后，我们开始学习采取正向态度面对并接受现实，寻求各种资源处理问题，焦虑缓解，自信心增加，恢复正常生活状态。

4. 成长期：理性、应对、意义

在心理和行为上变得更成熟，在思维上变得更理性，深度实践解决问题的合理态度和应对技巧，也更深入思考痛苦的意义、生命的价值。

◆ **理论知识点四：预防心理危机**

高校心理危机预防工作是做好工作的出发点和落脚点，做到谋事在先，未雨绸缪，采取科学有效的预防措施，减少心理困扰的发生，将心理危机消除在萌芽状态。预防心理危机包括四个方面，如图 12-5 所示。

图 12-5　预防心理危机

1. 原则

预防工作的原则是照顾自己，人人有责，这也是一种工作态度，有助于建立最全最强的心理防线；预防工作的参与者是全体大学生。

2. 学习

深入学习，阅读关于“大学生心理健康知识”的文章或图书，强化心理健康意识，掌握心理健康知识，提高心理健康素质。

3. 觉察

觉察发现，面对微小且持续的自我身心状况或身边同学的情绪变化，增强心理成长的责任感，照顾自己、关照他人，适时发现同学的危机状态，适当地面对同学的求助。这些微小身心变化主要有四个方面，如图 12-6 所示。

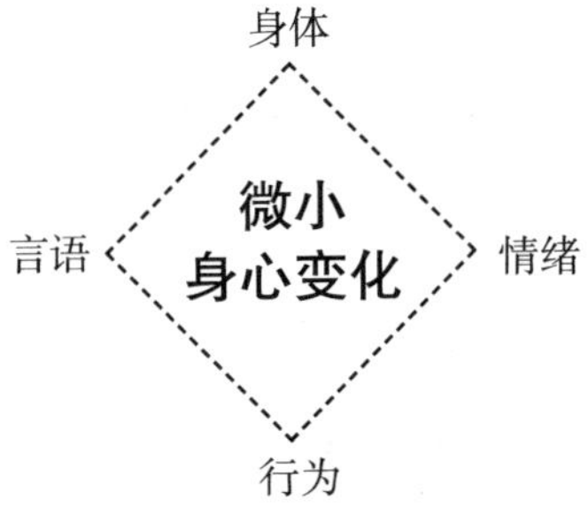

图 12-6　觉察微小身心变化

（1）身体上，首先是肠胃，食欲下降，还有心慌、出冷汗等。

（2）情绪上，常常有负向情绪体验，失望、低落、害怕、愤怒等。

（3）行为上，开始有回避动作，如待在宿舍一周以上不出门。

（4）言语上，常流露出偏激、极端负向的语词等。

4. 对话

与自己 / 他人对话。

（1）我 / 你是否感到自己近来处于苦恼（担心 / 失望 / 埋怨 / 生气……）中？

（2）我 / 你的生活状态（食欲、睡眠、学习、人际等）有发生变化吗？

（3）可能是什么（人、事、物）引起的？

（4）我 / 你自己有办法处理吗？

（5）没有的话，那我 / 你可以找谁谈谈？

◆ **理论知识点五：识别心理危机**

高校心理危机识别工作是做好危机防范工作的前提，早期识别有利于提高大学生心理危机干预的时效性，意味着早发现、早报告、早干预；准确识别有助于加强大学生心理危机干预的有效性，意味着更适度、更到位、更安全。识别心理危机包括四个方面，如图 12-7 所示。

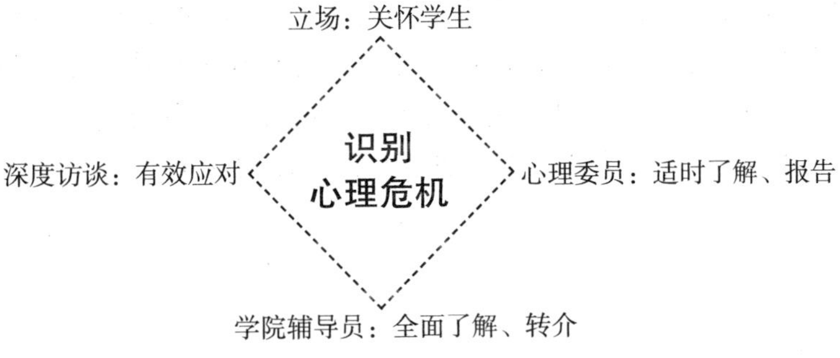

图 12-7　识别心理危机

1. 立场：关怀学生

识别心理危机工作的立场是更好地关怀学生，让学生健康生活；识别工作的参与者是心理委员和朋辈辅导员，他们是与大学生的学习生活紧密联系的一线关怀者。

2. 心理委员：适时了解、报告

心理委员识别心理危机的任务是通过适时了解和同学告知获得信息，面对已表现明显困境及困扰症状的同学，进行朋辈关怀、适时报告等有效应对。心理危机初表现主要包括负向情绪、失常行为、异常境遇、消沉观念（图 12–8）。

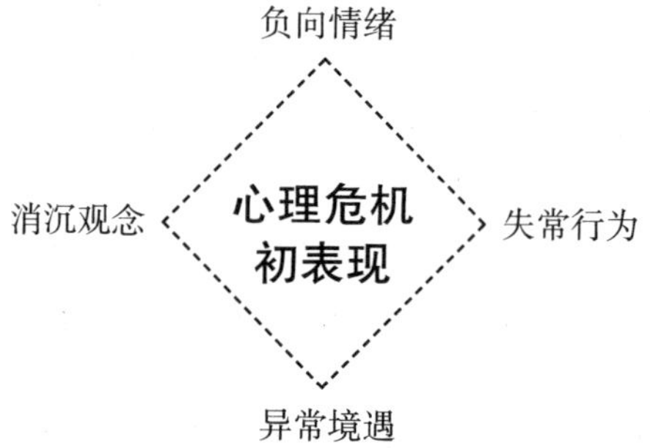

图 12–8　心理危机初表现

（1）情绪上，负向情绪体验持续一周以上且不能摆脱时。

（2）行为上，一周失眠 3 次以上、厌食或暴食、逃课现象。

（3）境遇上，遭遇失恋、家庭变故等引发知情意异常。

（4）观念上，思想消极、厌世态度等。

3. 学院辅导员：全面了解、转介

学院辅导员识别心理危机是通过日常主动走访、学生和心理委员报告、心理辅导中心反馈、家长反映、媒体信息等途径获知，识别的信息将更全面。学院辅导员面对已出现心理问题的学生，应进行深度访谈、诊断与转介等快速且有效应对。可能容易出现心理问题（心理危机预警信号）的学生主要表现在情绪、行为、境遇、人格四个方面（图 12–9）。

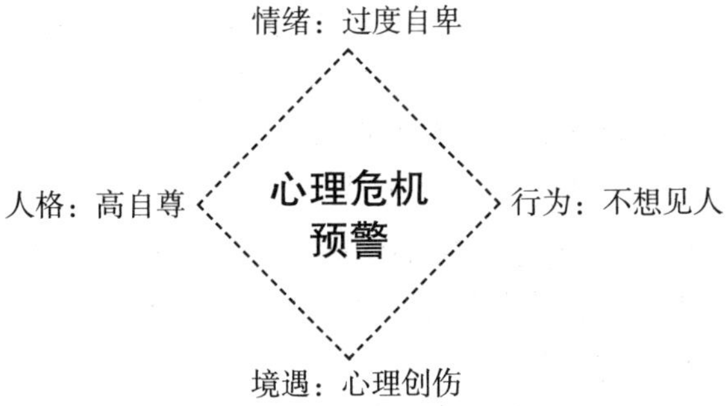

图 12-9　心理危机预警

（1）情绪，持续过度自卑、自责、忧郁、焦虑、烦躁、恐惧，且不能自我调适。

（2）行为，不想见人、持续旷课，失眠健忘、注意力难以集中，重修、延期毕业、找工作失败，人际冲突、失恋、独来独往者。

（3）境遇，父母婚姻破裂，亲子关系不良，如冲突、遗弃等；自感有引发心理创伤的早期负性事件，如留守、寄养、家暴，或有家族精神疾病史。

（4）人格，高自尊、高完美、高敏感、高孤僻等。

4. 深度访谈：有效应对

（1）切入点：询问饮食起居的生活适应情况，尤其留意睡眠情况。

参考对话：

你对学校的环境满意吗？

这里的气候 / 学校的饭菜 / 南方的语言对你来说适应吗？

你需要睡多长时间就够了？

（2）核心点：了解学业进展，专业兴趣、学习方法等专业学习情况。

参考对话：

你最想做什么活动 / 事情？你对你的专业满意吗？

对你来说什么活动 / 事情较难？

你对什么较有兴趣？

（3）共鸣点：倾听情绪，了解人际交往、心理资源等情感生活状况。

参考对话：

当你有困扰的时候，你向谁倾诉？

你认为哪些人难以交往和相处？

你是否特别在乎别人的议论？

（4）加强点：探讨未来发展，了解职业规划和定位的心理动力状况。

参考对话：

你觉得放弃自己的兴趣爱好有困难吗？

你是否记得儿时的梦想？

你是否可以想象一下你十年后的图景？你在哪？在做什么？还可以更深入地想象，在这幅图景里你穿着什么样的衣服，和什么样的人在一起。

…………

◆ **理论知识点六：心理危机转介**

朋辈辅导员发现同学遭遇心理危机后，虽无生命安全之忧，但在伸出援手无果时需要及时做好转介工作（图 12-10）。

图 12-10　心理危机转介

1. 转介前观察

（1）是否有幻觉

正常人是没有幻觉的，常见的幻觉有幻听、幻视等，这是精神异常的表现。

（2）判断后觉察

没有幻觉，可继续观察其情绪状态：时间超两周及以上的低落、焦虑、恐惧等，属于正常的成长困扰，转介学校心理辅导中心接受专业帮助；出现幻觉，需认真观察其精神状态：认知歪曲、言语紊乱、情绪躁郁、严重失眠、行为冲动或退缩、恶心，属于偏常的精神疾病，转介学校心理辅导中心和专科医院进行专业干预。

2. 转介时准备

（1）激发求助动机

处于困境中的学生常常表现为自我成长意识和责任感不足，回避问题、放弃改变，向心理辅导中心求助意味着主动选择成长。

（2）介绍心理辅导

专业谈话形式，可以帮助来访者认识自己，发现潜力；保密性高，不会对外泄露。

（3）促成同学预约

确认同学自行预约或帮忙预约心理辅导。

3. 转介中协助

（1）心理问题

主要表现：神经症、人格障碍。

协助策略：理解、适度关心，陪同或协助辅导员转介心理辅导中心。

（2）精神疾病

主要表现：精神分裂症、双相情感障碍（躁郁症）。

协助策略：充分理解、关怀，24 小时陪伴，立即报告学院辅导员，转介心理辅导中心，协助学院联系其监护人，及时送医。

4. 转介后援助

使用关怀技巧，适时关怀，理解倾听、关心支持，疏泄情绪、调整认知，协助解决实际问题。

◆ 理论知识点八：自杀危机干预简明方案

1. 自杀危机干预简明方案简介

自杀危机干预简明方案（QPR）即询问（question）、劝说（persuade）、转介（refer），是当下最有效的自杀预防方法之一，下面从立场、性质、内容、作用四个方面进行介绍（图 12-11）。

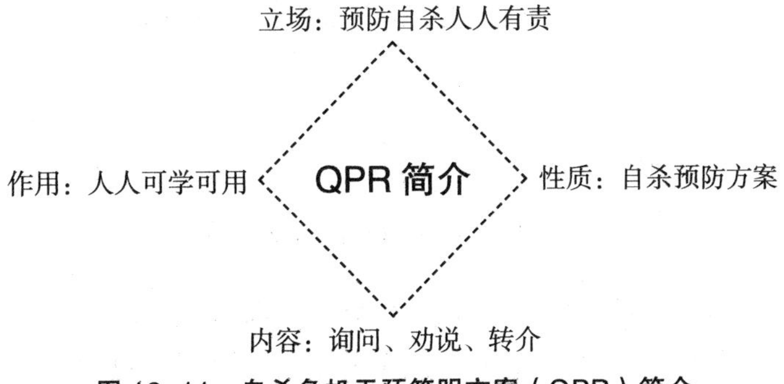

图 12-11　自杀危机干预简明方案（QPR）简介

（1）立场

美国 QPR 预防自杀机构秉承“一旦我们有所了解，我们就会关注和处理，而我们一旦开始关注和处理，我们就能改变”的信念，采取及时有效的干预措施，阻止自杀行为的发生。

（2）性质

QPR 旨在通过积极的行动唤起处于困境中的人活着的希望，它教会我们当发现别人的自杀危机信号、线索或言语时如何用自己的行动（知识、关心和转介）努力制止可能发生的悲剧。

（3）内容

QPR 干预简明方案就是通过询问、劝说、转介的方式对有自杀倾向的人予以帮助。它不是心理辅导专业人员的专用工具，并非一种辅导服务或治疗形式，这个方法不需要任何医学或者心理学教育背景，人人都可以学习。预防自杀不只是专业人士的工作，而是每个人的责任。

（4）作用

QPR 比较适合朋辈辅导员掌握，可以提升心理危机干预的能力和效果。QPR 干预可能需要 1 小时，尽量在无人的或一些私人场所进行。

2. QPR 操作

（1）询问

询问对方的困境和自杀意图，意在关心问一句，挽救一个生命。询问是 QPR 中最重要的一个步骤，也是最难的，但对有自杀危机者来说又是最有帮助的一步（图 12–12）。

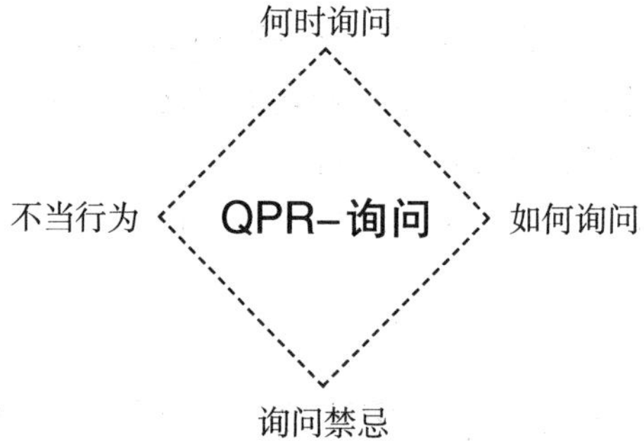

图 12–12 QPR–询问

① 何时询问：当下面时机形成之后可开始询问。

在双方良好的关系建立之后；在当事人感觉你能理解他时；在当事人很自如地表达自己的感受时；当事人正在倾诉孤独、无助等负面情感时。

② 如何询问：以一种关心的语气、使其感到温暖的方式提问。

不直接问法：

你知道，当人们处于沮丧或混乱不堪的时候，他们可能希望自己死了算了。我想知道你是不是有同样的感觉。

你是不是有睡过去再也不要醒来的想法？

直接问法：

最近你看起来真的非常低落，有时候，当人们处于你这样的情况下，会感到没什么希望。我想知道你是不是想过结束自己的生命。

我很担心你，我想知道你是不是想过自杀。

你是不是正在考虑自杀的事情？

进一步询问：

是否有明确的自杀计划：你是否已想好怎样实施你的计划？

是否已选定自杀方法：你有没有准备好药物等自杀工具；你的意思是你已经准备好了，是吗？

是否已选定自杀时间：你决定什么时间结束自己的生命；你准备什么时候采取行动？

③ 询问禁忌：询问无法理解当事人的内心感受，阻碍有效的交流。

“你没想过要自杀吧，是不是？”

“你不会傻到有这么糟糕的想法，对不对？”

“自杀是非常愚蠢的行为，你不会那样做，对吧？”

④ 不当行为：对事态严重性认识不足；表现震惊、困窘、惊恐；空洞地说教；刺激当事人加速实行自杀；认为当事人的难题微不足道；给予虚假的承诺；答应保密对方想自杀的事情；离开当事人，让其独处。

（2）劝说

了解到对方有自杀想法后，应该进一步进行劝说。劝说对方寻求帮助解决问题，找准着力点，撬动内在资源（图 12–13）。

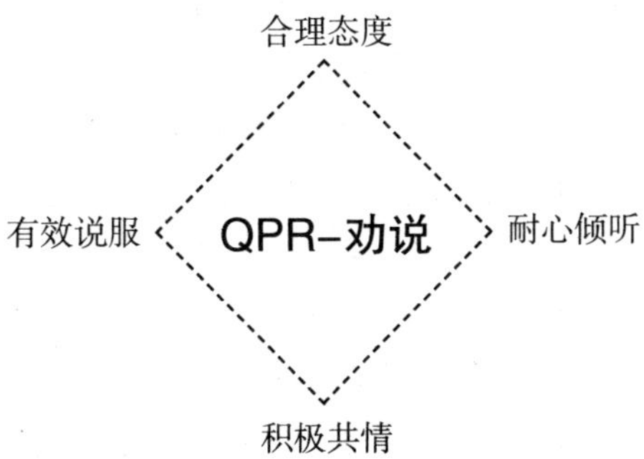

图 12–13　QPR–劝说

① 合理态度。自杀不是一个好的解决问题的办法，一定能找到更好的解决办法。着重解决引起自杀的问题，而不是自杀本身。接受自杀危机者痛苦的事实，但是接下来要提供另外的解决方案。给予希望，无论以什么形式、什么方式。

② 耐心倾听。劝说的第一步是倾听，倾听是两人建立良好信任关系的开始，是劝说对方继续活下去的关键所在。自杀危机者在被问及是否有自杀想法时，其中很多人会有强烈的倾诉需要。倾听是一个人所能给予他人的最好馈赠。

倾听需要时间、耐心和勇气。要成为一个好的倾听者，必须全神贯注，仔细倾听他遇到的麻烦，可以从“我想知道你遇到什么麻烦了”开始；不要打断对方的话，只在对方说结束后才说话；不要匆忙地下判断，不排斥或试图否认任何自杀念头的“合理性”；保持自身冷静，让对方感到安全。

③ 积极共情。劝说的第二步就是共情，提供情感支持在劝说阶段很重要，尝试去接纳有自杀倾向的人的情绪表达，理解其所有情绪，使他的情绪得以缓解。当人的情绪逐步平静下来，其理性思考可能慢慢恢复过来，这才有可能重新面对困境、重新思考生命选择。

④ 有效说服。在询问并讨论了自杀问题之后，第三步就是劝说。

劝说的目的很简单。所有我们想要得到的就是对方说“是”，这样的话，有自杀危机者将会接受帮助。可以试着问以下一些问题：

“你愿意和我一起去看看心理辅导老师吗？”（或者他们想见的任何专家）

“你愿意让我帮助你预约……”

“你能向我保证……”

劝说的态度在于给予希望。处于危机中的人需要有坚定、具体的指导者。坚持并反复告诉对方自杀不是解决问题的好办法，要对对方遭遇的困难感同身受、充分理解，帮助对方牢固树立积极结果的信念，相信事情可以好起来。告诉对方“事情确实很困难，但并非没有希望”。通过恳谈，讨论如何解决问题而强化自身的积极力量，放弃自杀的念头。

（3）转介

多数有自杀想法的人，其实都希望找到活下去的办法。如果不能解决，就应及时将有自杀倾向的人转介给专业援助机构和其他援助资源，给其希望，找到帮助资源（图 12–14）。

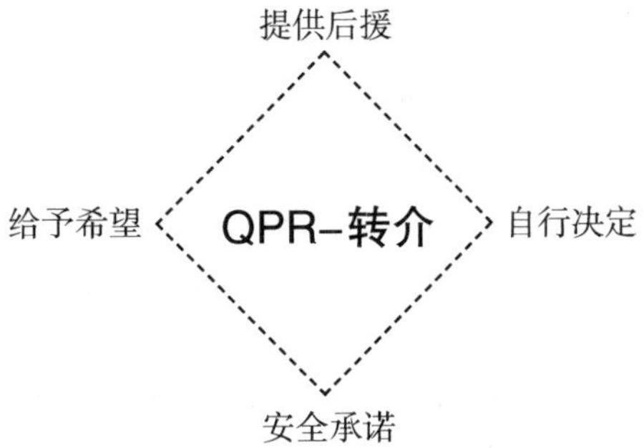

图 12-14　QPR-转介

一个人的力量有限，需要后援共同帮助有自杀倾向的人。我们可以邀请其他人一起来帮助，询问还有谁可以提供帮助：家人、朋友、兄弟、姐妹、老师、医生……第一时间寻求相关专业人员的帮助也很重要。

可以问他：“你对于其他哪个人知道你的事情不会感到为难？我们可以打电话给他 / 她，请他 / 她来一起帮助你。你愿意和我一起去寻求帮助吗？你愿意让我帮你去寻求帮助吗？”请让其自行做决定，这个决定在一定程度上给予这个人对事情一定的控制，对降低焦虑有很大帮助。

与自杀危机者达成所谓的“不自杀协议”通常是一个不错的办法。“不自杀协议”就是一个简单的承诺，承诺在接受帮助之前不伤害自己，就是得到对方的承诺：“你答应我在我们寻找到帮助之前不伤害自己，好吗？”

告诉对方，“我希望你活下去”，或者“我在你身边，我们一起来克服困难、渡过难关”。心怀自杀意念的人常常感到孤单、疏离，请一定要帮助他们感受到你就在他身边，你和他在一起！

【课中研习】

◆ 研习一：头脑风暴

心理危机的发生，一方面取决于个体本身所面临的社会环境，长期处于高压以及精神紧张的状况下，容易造成个体神经过敏等症状，从而诱发心理危机的发生；另一方面取决于个体本身的状况，个体对外在压力的反应不尽相同，面对压力的不同处理方式也是造成一部分个体心理危机高发的原因。

请分析大学生中有哪些高危个体？其表现特征有哪些？

◆ 研习二：角色扮演——心理危机关怀对话

面对处在心理危机初期的同学，朋辈辅导员应以尊重和平等的姿态开展关怀对话，探索困境，应对困境。

请分享关怀对话的态度与原则，并练习关怀对话。

◆ **研习三：小组讨论**

请分析判断下列说法正确与否，正确的在括号内打"√"，错误的打"×"。

（　）1. 自杀事件往往是一时冲动，一般是没有任何征兆的，无规律可循的。

（　）2. 与可能自杀的人讨论自杀将会诱导其自杀。

（　）3. 表明想自杀的人通常不会自杀。

（　）4. 自杀者都有精神病。

（　）5. 下决心自杀的人都是坚决想死的。

（　）6. 想过一次自杀就会总是想要自杀。

（　）7. 自杀未遂者并非真正想死，所以自杀威胁可能减少或消失。

◆ **研习四：小组讨论**

关于心理危机预防与干预工作，朋辈辅导员（心理委员）的具体工作有哪些？

【课后实践】

（1）适时学习评估与转介，包括觉察情绪、观察行为、观摩思维。

（2）练习关怀对话。

（3）了解心理危机干预的援助资源。

【理论解析】

◆ **研习一：头脑风暴**

小组讨论——大学生高危个体

大学生中主要有五类高危个体，主要表现如下：

（1）父母离异或家庭失和的学生。家庭是人出生后最先接触的社会关系，是人生活的第一个环境，一个人的成长环境以及来自家庭成员的潜移默化的影响对其心理发展极具影响力，尤其是父母之间的关系对一个人的心理起着非常关键的作用。父母之间相互信任、关怀体贴、相亲相爱，不仅能使孩子安全、幸福地生活，而且会使他们对生活充满希望，养成尊重他人、关心他人、自信、乐观等良好的个性品质。相反，父母长期不和，经常发生冲突甚至最终离异，会使孩子受到伤害，容易使孩子形成抑郁、焦虑、自卑、孤僻等消极心理。从心理测试的结果来看，父母离异和家庭失和的大学生心理问题比较多，轻者表现为不良情绪和不良性格，重者不能进行正常的学习。

（2）来自偏远地区、家庭经济困难的学生。作为社会的一分子，环境的变化对每个人的心理都会产生影响，对特定的群体则会造成重大的心理压力。来自偏远地区的学生原来生活在相对封闭、落后的环境中，升入大学后，忽然进入一个与以前成长环境完全不同的世界，与周围同学在语言、服饰、言谈举止上的差异往往会造成他们对自我认知的失调，从而产生自卑心理，与其他同学相比，自己在经济状况方面的困窘又会造成心理上的种种失衡。这些学生如果得不到及时引导，性格就容易变得孤僻，甚至对经济状况优于自己的同学产生敌视心理。

（3）高中成绩特别优秀、大学成绩平平的学生。在应试教育的现实中，"考上大学"成为家长和学生在中学阶段的唯一目标。很多学生一味地追求高分而忽略了其他方面素质的培养。但是到了大学以后，教学方法较中学灵活多变，学生不能只是被动地接收，更多的是需要自学的能力和创造性思维的发挥。衡量一个人能力的标准不再只是学习成绩，而是综合素质。另外，很多学生习惯了中学阶段在外在条件控制下，为一个具体的目标（上大学）而学习，且不善于为自身确立一个长远的目标。由于不能掌握正确的学习方法，和其他学生相比缺乏诸多方面的能力，加之缺乏长远的学习目标，一些高中成绩特别优秀的学生上了大学以后就会出现学习困境，进而出现自卑和目标迷失等问题。

（4）对所学专业缺乏兴趣的学生。大学生常见的心理问题之一是缺乏学习动力，而对所学专业缺乏兴趣是学习动力缺乏的一个重要原因。一些学生考大学的时候，迫于家长或其他方面的压力填报了自己不感兴趣的专业，或者受考试成绩的影响，不能如愿学习自己喜欢的专业，而服从调剂，学了自己不感兴趣的专业。心理学认为兴趣是力求认识、探究某种事物的心理倾向，是一个人对某事物所抱的积极态度。如果对所学专业没兴趣，必然就不会有学好它的积极态度。因此，这类学生容易产生厌学心理。

（5）恋爱受到挫折的学生。大学生在人际交往，特别是与异性的交往过程中遇到的挫折，也会对心理产生一定的影响。恋爱挫折主要有失恋和单相思。失恋是恋爱过程的被迫中断，失恋者往往表现出悲伤、绝望、空虚、忧郁等情绪。单相思在大学生中时有发生，它表现为一方非常爱慕另一方，希望能得到对方的爱，但求爱信息发出后未得到回应。有的人虽然知道对方不爱自己，但仍苦苦追求，甚至不能进行正常的学习。失恋和单相思带来的消极情绪若不能及时化解，会导致身心疾病，严重者会做出伤害对方的举动。

◆ **研习二：角色扮演——心理危机关怀对话**

1. 对话态度

（1）建立尊重、合作、保密的关系。

（2）保持接纳、真诚、同理心的陪伴。

2. 对话原则

（1）尽量不要打断对方的话，不批评，避免给予没有效用的建议，如“振作起来”“看开点”“提起精神”，协助将问题具体化（如书面化）。

（2）随时鼓励对方：“还有呢？”“可否多说一些？”关注对话中的新词、新意，善用语言。

（3）尽量少说多听，多用“嗯”“哦”等字眼（正向专注力、鼓励对方表达）。

3. 对话准备

（1）主动连接。选择合适时间和地点，主动打开话题（可由关心身体话题开始）。

（2）打开身体。身体开放、前倾，面向求助同学，眼睛看向其脸部，不环抱手臂。

4. 参考对话

（1）你目前思考或苦恼的事情是什么？

（2）这件事存在多久了？

（3）自从出现这件事，你的想法、态度和情绪发生了哪些变化？你最担心 / 恐惧 / 焦虑 / 愤怒……的是什么？

（4）想象一下这件事解决了之后，你会是什么样子？事情又会变成什么样子？（尽量想象出具体的细节）

（5）你认为哪些因素导致这件事变成了现在的样子？

（6）哪些因素是关键的？为什么？

（7）这件事存在的好处是什么？

（8）面对此事情，你已做了哪些努力？取得了哪些进展？

（9）在过去，你是怎么做的，让这个事情没有变得更糟糕？

（10）你有什么资源和优势？

（11）你将来怎么做会有助于事情的解决与改善？

◆ **研习三：小组讨论**

对于自杀，普遍存在大量的误解，我们有时会被一些假象弄得混淆不清，需要以正视听。

（1）自杀事件常常带有突发性，一旦发生了，周围的人常感到非常惊诧，自杀看上去可能是一时冲动的结果，但从其背后原因和信息上看是经过一段时间酝酿的。其实大部分的自杀者在实施自杀之前会通过口头或行为来传递他们意图伤害自己的信息，这些就是明显的直接或间接的求助信息，他们往往会在自杀前因为内心的痛苦和犹豫而发出种种求救信号。因此大家也要有效识别，给予关注。

（2）与可能自杀者讨论自杀，并不会导致其自杀，至少是可以与专业心理辅导工作者、心理医生讨论的。因为与一个想自杀的人讨论自杀，可能使其产生信任的感觉，能够帮助他正确处理一些重大问题，并缓解他的压力，使其愿意花时间重新获得面对生活的勇气。也就是说，有一些人一直跟你谈论自杀，你却回避不谈，反而阻断了他的一个心理疏泄渠道。重要的是要知道他为什么自杀，自杀的起因是什么，然后帮助他分析问题、排解压力。

（3）总是在说要自杀的人，自杀风险还是很高的，应该引起重视。事实上，大量的自杀身亡者曾经对他人公开过自己的想法。根据科学统计，自杀成功者绝大部分不止一次说过我要自杀，甚至很冷静地谈论过这个话题。这是值得我们警惕的信号。

（4）自杀确实是一种极端的行为，但不一定就是精神病，自杀者也有苦衷，他们本应该好好活着，值得被关注。从自杀者的角度看，几乎所有采取自杀行动的人都有充足的理由，自杀干预者如果不能接纳或理解他们，那么信任的关系就难以建立，有效的干预就难以进行。所以，作为专业人士还是要信任他们，建立良好的咨访关系，早期干预、早期治疗。

（5）想要自杀者并不是真的想死，实际上很多轻生者不是真的想离开人世，他们只是想要逃离那个令人无法忍受的压抑环境。在巨大的压力面前，他们太无助了，或太痛苦了。有调查发现，大部分曾经想过要自杀的人，现在很庆幸自己还活着。他们说当时他们并不想要结束自己的生命，只是想终止自己的痛苦。所以，求助意味着我也想好好活下去，愿意配合辅导者或心理医生来帮助我。

（6）想过一次自杀在可理解的范畴内，之后若是心情好了就不会多想了，可能慢慢就回归到正常的生活了。实际上，大部分人只是在他一生中的某个阶段、某个时候产生过自杀的想法。可能当时的状态对当事人压力较大，有些想不开。但如果他自己能够从暂时的威胁中恢复过来，学会适应与控制，克服了那个难关，回过头来看，他就会觉得当时的想法太极端了，也会责备自己，自己也会吸取教训，开始积极思考。

（7）一个人真的实施过自杀行为以后，自杀的威胁还是很大的，还是需要加强对他的心理援助。要知道，自杀最危险的时候可能就是在情绪恢复期，当想自杀的人处在重度抑郁期或刚刚实施了自杀而未遂，变得情绪活跃起来的时候，自杀的危险反而最大。通俗点说，有点像“回光返照”似的，这个时候他的家人及医生更应该警觉，做好监护，及时进行生命安全的保护。

◆ **研习四：小组讨论**

朋辈辅导员在心理危机干预工作中是重要的及时发现者、协助监护者和适时关怀者（图 12−15）。

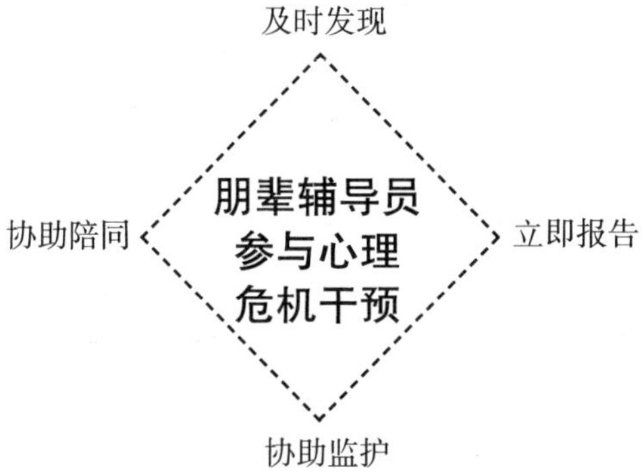

图 12−15　朋辈辅导员参与心理危机干预

1. 及时发现

用心留意、及时发现有自杀倾向的同学。

（1）言语上的征兆

言语上的征兆见图 12−16。

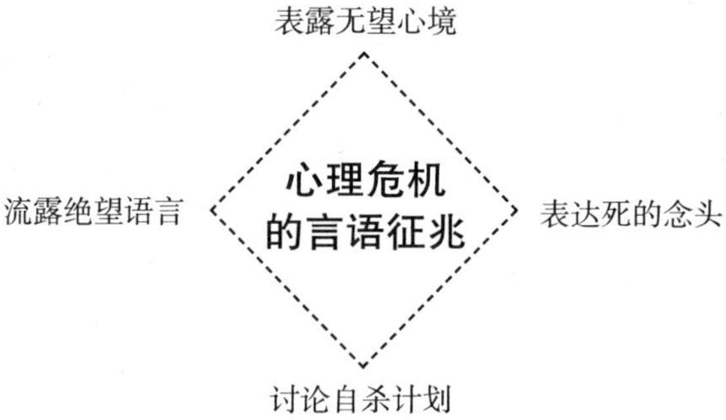

图 12−16　心理危机的言语征兆

① 表露无望心境，即无助或无望的心情或无价值感。

② 表达死的念头，谈论与自杀有关的事或开自杀方面的玩笑。

③ 讨论自杀计划，包括自杀方法、日期和地点、易获得的自杀工具等。

④ 流露绝望语言，一是直接说出“我希望我已死去”“我再也不想活了”，二是间接说出“我所有的问题马上就要结束了”“现在没人能帮得了我”“我再也受不了了”“我的生活一点意义也没有”等。

（2）身心上的征兆

身心上的征兆见图 12-17。

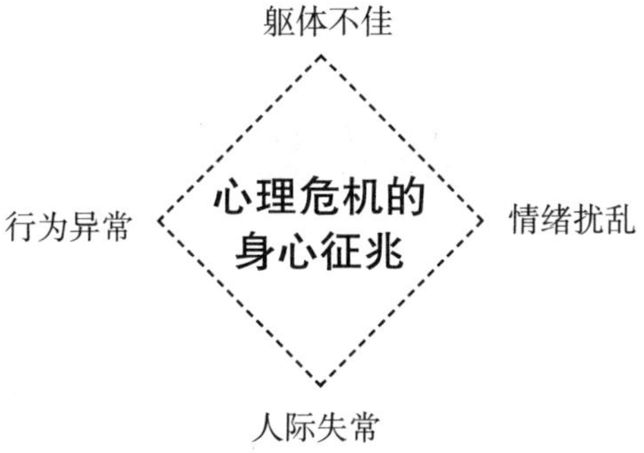

图 12-17　心理危机的身心征兆

① 躯体不佳，睡眠、饮食或体重明显增加或减少，体质或个人卫生状况下降。

② 情绪扰乱，持续不断地悲伤或焦虑，易激惹、常常流泪。

③ 人际失常，经常缺勤，孤僻、人际交往明显减少，无缘无故地生气或与人敌对。

④ 行为异常，出现突然的、明显的行为改变，如情绪曾一直低迷，突然变得很平静甚至比较高兴；突然把个人有价值、有纪念性的物品送人，与亲朋告别。

2. 立即报告

发现有自杀危机倾向的人，第一时间及时报告给辅导员、学院主管学生工作的领导。

3. 协助监护

家长到达学校之前，协助学院做好监护工作。一般是 24 小时监护。最好选择一楼的房间，同时有两人以上的辅导员或学生干部陪伴。

4. 协助陪同

协助学院处理其他善后工作。学生家长到校时，若有需要可协助学院辅导员一起陪同有心理危机的学生和家长求助专业干预和医疗干预。

参考文献

艾伯特·埃利斯，2004. 别和自己过不去[M]. 刘守峰，译 . 北京：中信出版社 .

艾伦 · 艾维，玛丽 · 布莱福德 · 艾维，2005. 心理咨询的技巧和策略：意向性会谈和辅导[M]. 5版 . 时志宏，高秀苹，译 . 上海：上海社会科学院出版社 .

爱利克·埃里克森，2021. 身份认同与人格发展[M]. 王东东，胡蘋，译 . 北京：世界图书出版公司 .

安芹，2022. 心理咨询与治疗伦理[M]. 北京：中国人民大学出版社 .

芭芭拉 · 鲁宾 · 韦恩瑞伯，艾琳 · 布罗契，2003. 危机干预与创伤反应理论与实务[M]. 黄惠美，李巧双，译 . 广州：广东世界图书出版公司 .

保罗 · 艾克曼，2008. 情绪的解析[M]. 杨旭，译 . 海口：南海出版公司 .

贝克，2001. 认知疗法：基础与应用[M]. 翟书涛，等译 . 北京：中国轻工业出版社 .

布莱克曼，2011. 心灵的面具：101种心理防御[M]. 毛文娟，王韶宇，译 . 上海：华东师范大学出版社 .

陈国海，刘勇，2001. 心理倾诉：朋辈心理辅导[M]. 广州：暨南大学出版社 .

戴维 · 谢弗，2012. 社会性与人格发展[M]. 5版 . 陈会昌，译 . 北京：人民邮电出版社 .

黛安娜 · 帕帕拉，萨莉 · 奥尔茨，露丝 · 费尔德曼，2013. 发展心理学：从生命早期到青春期：上册[M]. 10版 . 李西营，等译 . 北京：人民邮电出版社 .

段鑫星，程婧，2006. 大学生心理危机干预[M]. 北京：科学出版社 .

法伯，等，2006. 罗杰斯心理治疗：经典个案及专家点评 [M]. 郑钢，等译，北京：中国轻工业出版社 .

樊富珉，何瑾，2010. 团体心理辅导 [M]. 上海：华东师范大学出版社 .

傅小兰，2016. 情绪心理学 [M]. 上海：华东师范大学出版社 .

戈尔茨坦，2015. 认知心理学：心智、研究与你的生活 [M]. 3 版 . 张明，等译 . 北京：中国轻工业出版社 .

何怀宏，2008. 伦理学是什么 [M]. 2 版 . 北京：北京大学出版社 .

吉拉德 · 伊根高明，1999. 心理助人者：心理咨询的操作过程与技能 [M]. 郑维廉，译 . 上海：上海教育出版社 .

吉利兰，詹姆斯，2000a. 危机干预策略：上册 [M]. 肖水源，等译 . 北京：中国轻工业出版社 .

吉利兰，詹姆斯，2000b. 危机干预策略：下册 [M]. 肖水源，等译 . 北京：中国轻工业出版社 .

卡尔 · 罗杰斯，2015. 论人的成长 [M]. 石孟磊，邹丹，张瑶瑶，译 . 北京：世界图书出版公司 .

科尔斯基，等，2004. 危机干预与创伤治疗方案 [M]. 梁军，译 . 北京：中国轻工业出版社 .

科里，2010. 心理咨询与治疗的理论及实践 [M]. 8 版 . 谭晨，译 . 北京：中国轻工业出版社 .

科米尔，纽瑞尔斯，2004. 心理咨询师的问诊策略 [M]. 5 版 . 张建新，等译 . 北京：中国轻工业出版社 .

莱恩 · 斯佩里，2012. 心理咨询的伦理与实践 [M]. 候志瑾，译 . 北京：中国人民大学出版社 .

李灿，2014. 国内高校朋辈心理咨询研究综述 [J]. 新课程研究（中旬刊）（11）：3.

李泽厚，2011. 哲学纲要 [M]. 北京：北京大学出版社 .

李中莹，2006. 重塑心灵 [M]. 北京：世界图书出版公司 .

林方，1987. 人的潜能和价值：人本主义心理学译文集 [M]. 北京：华夏出版社 .

林孟平，2005a. 辅导与心理治疗 [M]. 上海：上海教育出版社 .

林孟平，2005b. 小组辅导与心理治疗 [M]. 上海：上海教育出版社 .

陆卫明．李红，2006. 人际关系心理学 [M]. 西安：西安交通大学出版社．
露丝·本尼迪克特，2009. 文化模式 [M]. 王炜，等译．北京：社会科学文献出版社．
马斯洛，1987. 自我实现的人 [M]. 许金声，刘锋，等译．北京：生活·读书·新知三联书店．
马斯洛，2007. 动机与人格 [M]. 许金声，译．北京：中国人民大学出版社．
马歇尔·卢森堡，2016. 非暴力沟通 [M]. 阮胤华，译．北京：华夏出版社．
孟昭兰，2007. 情绪心理学 [M]. 北京：北京大学出版社．
牛格正，王智弘，2008. 助人专业伦理 [M]. 台北：心灵工坊．
欧文·亚隆，2014. 给心理治疗师的礼物：给新一代治疗师及其病人的公开信 [M]. 张怡玲，译．北京：中国轻工业出版社．
欧文·亚隆，2015. 存在主义心理治疗 [M]. 黄峥，张怡玲，沈东郁，译．北京：商务印书馆．
乔布斯，2020. 自杀风险的评估与管理：一种合作式的方法 [M]. 2 版．李凌，刘新春，译．北京：中国轻工业出版社．
莎拉·贝克韦尔，2017. 存在主义咖啡馆 [M]. 沈敏一，译．北京：北京联合出版公司．
石芳华，2007. 美国学校朋辈心理辅导述评 [J]. 上海教育科研（8）：52–55.
史蒂芬·柯维，2013. 第三选择：解决所有难题的关键思维 [M]. 李莉，石继志，译．北京：中信出版社．
提摩西·威尔逊，2014. 最熟悉的陌生人：自我认知和潜能发现之旅 [M]. 段鑫星，武瑞芳，范韶维，译．北京：人民邮电出版社．
田上孝一，2021. 这就是伦理学 [M]. 杨红霞，彭赛赛，译．广州：广东经济出版社．
威廉·米勒，2021. 同理倾听 [M]. 于娟娟，译．北京：华夏出版社．
温迪·德莱顿，迈克尔·尼南，2013. 理性情绪行为咨询实务 [M]. 3 版．王蕾，鲁侃，译．北京：中国人民大学出版社．
谢斌，2016. 心理治疗的法律与伦理 [J]. 四川精神卫生，29（6）：556–560.
亚瑟·乔拉米卡利，2011. 你的感觉，我懂：与对方感同身受的能力与技巧 [M]. 张迪，译．海口：南方出版社．

杨眉，欧嘉瑞，2018. 人际沟通分析学 [M]. 2 版 . 北京：中国人民大学出版社 .
杨治良，郝兴昌，2016. 心理学辞典 [M]. 上海：上海辞书出版社 .
尧新瑜，2006. “伦理”与“道德”概念的三重比较义 [J]. 伦理学研究（4）：21–25.
詹妮斯 · L. 迪露西亚瓦克，黛博拉 · A. 格里提，辛西亚 · R. 卡伦娜，等，2014. 团体咨询与团体治疗指南 [M]. 李松蔚，鲁小华，贾烜，等译 . 北京：机械工业出版社 .
詹启生，2007. 心理委员工作手册 [M]. 哈尔滨：哈尔滨工业大学出版社 .
张葳，2013. 中西融合构建高校心理危机预防的新模式：国外“自杀守门人培训”的启示 [J]. 思想理论教育（15）：71–75.
郑希付，2008. 心理咨询原理与方法 [M]. 北京：人民教育出版社 .
周红，曾庆璋，2012. 大学生心理成长论 [M]. 北京：科学出版社 .
朱继光，2009. 英国高校心理辅导服务概况与启示 [J]. 中国青年研究（10）：4.
朱瑟琳 · 乔塞尔森，2016. 我和你：人际关系的解析 [M]. 鲁小华，孙大强，译 . 北京：机械工业出版社 .

后　记

我从事心理学学习、教学、研究与心理辅导工作已经整整40年了，从无意的选择到认真的学习，从投入的工作到热爱的事业，心理学将我引进门，心理辅导助我成长，我从青涩稚嫩的女生，成长为成熟坚定的女性。

生命影响生命，是日常心理辅导的工作立场。心理辅导是一种“予人玫瑰，手有余香”的职业。“助人自助”的真谛，就是在帮助别人解决问题的同时也是自我审视的一个过程。让我们在课室、辅导室相遇、对话、互助，见证各自生命的美妙与努力。

生命高于一切，是心理危机干预的工作态度。心理辅导是一种“生命流露，心灵同在”的事业。“生命丰盈”的本义，就是赶走心灵深处的阴霾，让自己的内心晴朗、生命开花。让我们在感受、前行中相伴、鼓励、陪伴，亲历各自人生的荣耀与奋斗。

感恩所有在我的事业中出现的人，感恩老师给予我专业方向的指引，感恩同仁给予我专业工作的支持，感恩学生给予我专业能力的肯定，让我深深地感受到心理学的神圣与温暖，体悟到心理辅导的智慧与力量。

生命不息，事业不止！

周　红

写于深圳大学凌霄斋113

2023年2月28日